中国经济文库·应用经济学精品系列（二）

· 本书出版得到以下项目（单位）的资助：
广东海洋大学科研启动经费资助项目
广东海洋大学公共管理重点学科经费

侯晓梅◎著

河北海湾扇贝养殖产业可持续发展能力研究

A Study on the Ability of Sustainable Development of the Bay Scallop Farming Industry in Hebei, China

中国经济出版社
CHINA ECONOMIC PUBLISHING HOUSE
北 京

图书在版编目（CIP）数据

河北海湾扇贝养殖产业可持续发展能力研究/侯晓梅著. --北京：中国经济出版社，2021.9
ISBN 978-7-5136-6587-2

Ⅰ.①河… Ⅱ.①侯… Ⅲ.①海湾-扇贝养殖-可持续性发展-研究-河北 Ⅳ.①F326.4

中国版本图书馆 CIP 数据核字（2021）第 169270 号

责任编辑　叶亲忠
责任印制　马小宾
封面设计　华子图文

出版发行　中国经济出版社
印 刷 者　北京建宏印刷有限公司
经 销 者　各地新华书店
开　　本　710mm×1000mm　1/16
印　　张　14.25
字　　数　210 千字
版　　次　2021 年 9 月第 1 版
印　　次　2021 年 9 月第 1 次
定　　价　78.00 元
广告经营许可证　京西工商广字第 8179 号

中国经济出版社 **网址** www.economyph.com **社址** 北京市东城区安定门外大街 58 号 **邮编** 100011
本版图书如存在印装质量问题，请与本社销售中心联系调换（联系电话：010-57512564）

序言

虽然自1995年以来，全球海洋鱼类上岸量一直相对稳定在8000万吨左右，但世界渔业资源的可持续性继续下降。鱼类种群在生物可持续水平上的比例从1974年的90%下降到2017年的65.8%。在渔业资源日益衰退的背景下，海水养殖成为人类开发利用海洋生物资源、弥补水产品供应巨大缺口的主要渠道。

改革开放以来，中国渔业发展取得了举世瞩目的成就，成为海水养殖第一大国，养殖水产品产量占世界总产量的70%左右，从业人员近千万人，中国成为世界上唯一养殖水产品总量超过捕捞总量的渔业国家。中国特色海水养殖业的发展，不仅引导中国渔业生产增长方式和产业结构发生了根本的改变，同时也促进了世界渔业生产增长方式和产业结构的重大转变，保障了中国和世界水产品——优质蛋白的增长和供给。海水养殖绿色发展将为创造人民美好生活、健康中国建设、生态文明建设和农业现代化强国建设做出新贡献。

我国海水养殖品种众多，其中贝类产业是我国渔业的重要组成部分，贝类养殖产量约占我国海水养殖总产量的70%。海洋贝类营养丰富、肉质鲜嫩、味道鲜美，深受消费者喜爱。近年来，全球贝类养殖产量稳定增长，且在水产养殖中的产值逐年增加，贝类已成为海水养殖业中的第二大养殖种类。目前，世界上贝类养殖种类主要包括牡蛎、贻贝、扇贝、鲍、菲律宾蛤仔、蚶等，主要养殖国家有美国、法国、英国、日本及中国等。

从世界来看，自2004年起，我国成为世界最大的贝类生产国，占世界养殖总产量的68%，无论从养殖总产量还是各物种组养殖产量方面看，我国都占据绝对主导的地位。

从国内来看，贝类养殖和采捕是遍布我国沿海地区的一类重要产业活动，在某些偏远地区甚至是当地的主导产业。2017 年，我国海水贝类养殖总产量已达到 1437.13 万吨，在渔业经济中占有十分重要的地位，极大地满足了人们对优质蛋白质的需求。我国海水贝类养殖种类主要有长牡蛎、菲律宾蛤仔、贻贝、海湾扇贝、鲍、虾夷扇贝、泥蚶、缢蛏、栉孔扇贝、螺类等。

我国贝类产业持续向好发展，与此同时，在迅猛发展过程中，产业也面临着养殖结构和养殖模式相对单一、养殖方式粗放、生产效率低下、超容量养殖等诸多问题和挑战。在“绿色发展”理念的引领下，探索、实践“高效、优质、生态、健康、安全”的养殖模式成为浅海贝类养殖业健康可持续发展的必由之路。

在贝类养殖业发展的历史中，海湾扇贝引领了我国第三次海水养殖的浪潮，其能否实现可持续发展对于我国海水养殖业来说具有重要影响。河北是我国海湾扇贝主产区之一，研究其海湾扇贝养殖产业可持续发展能力在经济、社会、生态等方面都具有重要意义。2012—2017 年，课题组对河北省海湾扇贝养殖产业进行了跟踪调查，深入政府、企业、养殖户和市场，收集了大量一手数据和材料并进行分析，旨在为河北海湾扇贝养殖产业的持续发展提供思路。

目　录

1 绪论

1.1 研究背景和意义

据《2018 年世界渔业和水产养殖状况》，全球海洋渔业资源状况持续恶化，在生物可持续限度内捕捞的海洋鱼类种群比例呈下降态势，由 1974 年的 90%降低到 2015 年的 66.90%。与之相反的是，海洋鱼类种群在生物不可持续水平上的捕捞比例从 1974 年的 10%上升到 2015 年的 33.10%。与此同时，世界人口持续增长，从 1950 年的 25 亿人增加到 2015 年的 73 亿人，据联合国人口司预测，到 2030 年世界人口将达到 85 亿人，之后人口将继续增长，于 2050 年将达到 97 亿人，到 2100 年将达到 112 亿人。联合国粮食及农业组织（Food and Agriculture Organization of the United Nations，FAO）预计，至少在未来十年内，多数渔业种群仍面临资源逐渐枯竭的局面，同时，随着全球人口数量的增长和收入水平的提高，对水产品的需求也会与日俱增，这种供给与需求之间逐步扩大的缺口必须由水产养殖来填补[1]。近年来，全球贝类养殖产量稳定增长，且在水产养殖中的产值逐年增加，贝类养殖已成为海水养殖业中的第二大养殖种类。

改革开放以来，中国政府确定了“以养为主”的渔业发展方针，之后中国水产养殖取得了举世瞩目的成就，水产养殖总产量占世界总产量的 70%左右，成为世界上水产养殖产量最高的国家。海水养殖作为中国水产养殖的重要组成部分，对保障我国粮食安全、改善人民膳食结构、提高渔民收入、优化产业结构、出口创汇和生态环境保护等方面意义重大[2]。贝类养殖是我国海水养殖产业的重要支柱，产量占海水养殖总产量的 70%以上。我国贝类养殖产量较大的有长牡蛎、菲律宾蛤仔、贻贝、海湾扇贝、鲍、虾夷扇贝、泥蚶、缢蛏、栉孔扇贝、螺类等。新中国成立特别是改革开放政策实施以来，我国贝类产业规模呈现出持续扩大的趋势，总产量不断增加。联合国粮食及农业组织 FishStatJ 数据库中的数据显示，1950 年我国贝类产量仅为 1 万吨，1978 年增加到 39.35 万吨，2006 年飙升至 892.97 万吨，2016 年再次刷新纪录，达到 1333.94 万吨，在当年世界贝类总产量 1729.14 万吨中占比高达 77%（见表 1-1）。

表 1-1　中国与世界贝类产业诸指标

	1950 年		1978 年		2006 年		2016 年	
	中国	世界	中国	世界	中国	世界	中国	世界
总产量（万吨）	1.00	103.87	39.35	338.41	892.97	1332.46	1333.94	1729.14
捕捞产量（万吨）	—	75.80	—	163.95	—	188.33	—	159.18
养殖产量（万吨）	1.00	28.07	39.35	174.47	892.97	1144.12	1333.94	1569.96
养殖产值（亿美元）	—	—	—	—	67.49	103.46	209.63	276.28
单位养殖产值（千美元/吨）	—	—	—	—	0.76	0.90	1.57	1.76
进口量（万吨）	—	—	—	19.50	1.80	63.87	6.18	83.41
进口额（亿美元）	—	—	—	3.03	0.23	27.71	3.23	44.14
进口均价（千美元/吨）	—	—	—	1.55	1.28	4.34	5.23	5.29
出口量（万吨）	—	—	—	14.70	8.72	59.95	21.26	89.47
出口额（亿美元）	—	—	—	2.36	1.90	25.69	13.46	51.54
出口均价（千美元/吨）	—	—	—	1.61	2.18	4.29	6.33	5.76
出口量/总产量（%）	—	—	—	4.34	0.98	4.50	1.59	5.17

我国是世界上养殖贝类种类最多、产量最高的国家。无论从养殖总产量还是各物种组养殖产量方面看，我国都占据绝对主导的地位。以 2006 年

和2016年为例，我国贝类养殖总产量分别为892.97万吨和1333.94万吨（我国没有向FAO报告贝类捕捞产量，故养殖产量数据与总产量相同），在相同年份世界贝类养殖总产量1144.12万吨和1569.96万吨中占比分别高达78%和85%；从各主要物种组方面看，上述两个年份我国蛤类、牡蛎、扇贝、贻贝及鲍养殖产量分别为361.53万吨和536.34万吨、345.55万吨和483.45万吨、106.49万吨和187.91万吨、54.00万吨和87.88万吨及2.00万吨和13.97万吨，在世界各主要物种组养殖产量中占比分别高达93%和96%、80%和86%、82%和88%、33%和44%及78%和89%。

由表1-1可知，我国也是世界上最大的贝类出口国和主要进口国，且近年来进口（特别是高端贝类进口，表现在进口均价从2006年的低于世界平均水平到2016年的赶上世界平均水平）规模呈现出扩大趋势。我国贝类出口量在总产量中占比近乎忽略不计，这表明我国还是世界上最大的贝类消费国。

与庞大的规模形成鲜明对比的是，我国贝类产业的效益和贝类产品在国际市场上的竞争力都明显偏低。衡量养殖效益的一个指标是单位养殖产值（产值/产量）。以2006年和2016年为例，我国贝类整体的单位养殖产值分别约为0.76千美元/吨和1.57千美元/吨，普遍低于相同年份世界平均水平的0.90千美元/吨和1.76千美元/吨。各主要物种组的情况也是如此。衡量贝类产品竞争力的两个指标是出口均价（出口额/出口量）和出口量在总产量中的占比，同样以2006年和2016年为例，我国在上述两个指标的世界排名中均明显靠后。

有必要特别指出的一个可喜现象是，无论是养殖效益还是贝类产品的国际竞争力，我国在2016年的表现都明显好于2006年。

我国主要养殖贝类包括牡蛎、蛤、扇贝、鲍和珍珠贝等，其中，扇贝养殖业是我国海洋贝类的标志性产业，推动了第三次海水养殖浪潮。2016年我国扇贝产量187.91万吨，占世界总产量的88%以上，位居世界第一，具有广阔的养殖前景（见表1-2、表1-3）。

表 1-2 选定年份中国在世界扇贝产业诸指标排名中的位次

项目		1950 年		1978 年		2006 年		2016 年	
		中国	有效报告国（地区）数量	中国	有效报告国（地区）数量	中国	有效报告国（地区）数量	中国	有效报告国（地区）数量
位次	总产量	—	10	—	22	1	37	1	31
	捕捞产量	—	10	—	22	—	34	—	29
	养殖产量	—	—	—	2	1	12	1	14

资料来源：FAO 数据库 Fishstat Plus。

表 1-3 选定年份中国与世界扇贝产量

项目		1950 年		1978 年		2006 年		2016 年	
		中国	世界	中国	世界	中国	世界	中国	世界
产量（万吨）	总产量	—	10.00	—	43.84	106.49	206.83	187.91	269.62
	捕捞产量	—	10.00	—	37.06	—	76.19	—	56.92
	养殖产量	—	—	—	6.78	106.49	130.63	187.91	212.69

资料来源：FAO 数据库 Fishstat Plus。

我国扇贝养殖产业的快速发展在很大程度上得益于从 20 世纪 80 年代末开始的海湾扇贝规模化养殖，此后短短十几年，我国就成为世界海湾扇贝产量最高的国家。河北作为我国海湾扇贝主产区之一，既区别于兼养海湾扇贝和栉孔扇贝的山东，也有别于以虾夷扇贝为主的辽宁。据《中国渔业统计年鉴》，2017 年河北海湾扇贝养殖产量为 42.42 万吨，占全国扇贝养殖总产量的 21.13%，养殖面积为 51179 公顷，占全国扇贝养殖总面积的 11.10%，为我国海湾扇贝养殖产业发展做出了巨大贡献。然而历经多年发展，河北海湾扇贝养殖产业面临经济效益下滑、环境外部性凸显、资源日益紧缺和社会效益降低等多重压力；产业能否持续健康发展，该如何应对挑战等问题亟待解决。出于以上原因，本研究选择河北海湾扇贝养殖产业可持续发展能力为研究对象。

研究河北海湾扇贝养殖产业可持续发展能力具有理论意义和现实意义。理论意义层面，近年来，李聪明（2013）[3]和于千钧（2014）[4]关于莱州和中国海湾扇贝产业结构方面的研究较详细地描述了研究区域的产业现状，但均未高度聚焦河北海湾扇贝养殖产业，且缺乏对产业可持续发展能力的评价和影响因素的深入分析，难以有效选择产业未来的发展路径。探究河北海湾扇贝养殖产业现状，对其可持续发展能力进行研究，并深度剖析产业可持续发展的影响因素，能够为相关研究提供新视角。

现实意义层面，海湾扇贝养殖产业的可持续发展，对于保障国家粮食安全、丰富动物蛋白种类、维持沿海地区稳定、拓宽就业渠道，增加渔农收入、扩大出口创汇、清洁海域水质和固碳汇碳等方面，都发挥着重要作用。河北省作为我国海湾扇贝主产区之一，其海湾扇贝养殖产业能否持续健康发展将会对全国海湾扇贝养殖产业产生重大影响，研究其可持续发展能力有利于促进全国海湾扇贝养殖产业的可持续发展。

1.2 研究目标和内容

本书以河北海湾扇贝养殖产业可持续发展能力为研究对象，旨在梳理河北海湾扇贝养殖产业现状，构建产业可持续发展能力评价指标体系，运用科学评价方法和标准对产业可持续发展能力进行评价，探讨产业可持续发展能力的有利因素和制约因素，并针对性地提出对策建议，为提升产业可持续发展能力提供支持。

具体目标包括：①掌握与研究主题相关的理论，梳理前人成果，并根据研究需要和海湾扇贝养殖产业实际情况甄选有效信息；②系统整理调研信息和数据等一手材料，结合政府文件和宏观统计年鉴等资料，厘清河北海湾扇贝养殖产业现状；③总结前人研究成果，分析已掌握资料，结合专家意见，构建海湾扇贝养殖产业可持续发展能力评价指标体系，确定评价方法和标准，以河北海湾扇贝养殖产业可持续发展能力为研究对象，进行科学评价；④基于评价结果、产业现状和其他一手数据、材料，分析产业可持续发展的有利因素和制约因素，提出提升产业可持续发展能力的思路和对策建议。

为实现上述研究目标，本书将分为 8 个章节进行论述，具体内容安排如下：

第 1 章为绪论，先阐述研究背景和意义、研究目标和内容，然后提炼技术路线和研究方法，再阐释主要概念和理论基础，并对国内外主要相关文献进行梳理，最后总结本研究的创新点。

第 2 章为河北海湾扇贝养殖产业现状。首先介绍河北省区域环境和海水养殖情况，梳理产业发展历史和养殖区域分布情况；其次从养殖面积和产量方面分析产业在河北海水贝类养殖和全国扇贝养殖中的地位；最后利用一手数据和材料从产业链、产业成本效益和产业价值链方面入手，进一步分析产业现状。

第 3 章为海湾扇贝养殖产业可持续发展能力评价指标体系的构建。通过实地调查、咨询专家意见和参考相关文献，遵循评价指标体系构建原则，分一级指标、二级指标和三级指标三个层次，完成评价指标体系的构建。

第 4 章为海湾扇贝养殖产业可持续发展能力评价方法。汇总常用评价方法，并比较其优劣势，选定海湾扇贝养殖产业可持续发展能力评价方法。根据产业实际情况，结合专家意见和相关文献，制定评价指标体系中各项指标评分标准。

第 5 章为河北海湾扇贝养殖产业可持续发展能力评价。立足于评价指标体系，全面结合已掌握的宏微观数据，运用层次分析法完成评价过程，得出评价结果。

第 6 章为河北海湾扇贝养殖产业可持续发展能力影响因素。根据已得出的评价结果和一手数据、材料，深度探究产业可持续发展的有利因素和制约因素。

第 7 章为提高河北海湾扇贝养殖产业可持续发展能力的思路与对策。

第 8 章为结论与展望。梳理总结研究结论，找出不足，提出展望。

以上 8 个章节的逻辑关系如下：绪论起引领全文作用；第 2 章通过介绍产业现状为构建评价指标体系（第 3 章）、选取评价方法和评分标准（第 4 章）奠定现实基础；第 3 章和第 4 章是本研究得以继续开展的基础；第 5 章河北海湾扇贝养殖产业可持续发展能力评价是对第 3 章和第 4 章的实证应用，同时为深入剖析产业可持续发展影响因素（第 6 章）提供支撑；第 6 章是第 7 章针对性提出提高产业可持续发展能力思路与对策的木本水源；第 7 章立足于前文分析，提出思路与对策，为利益相关者提供参考；第 8 章是全书的总结与展望。

1.3 技术路线和研究方法

本书的技术路线见图 1-1。

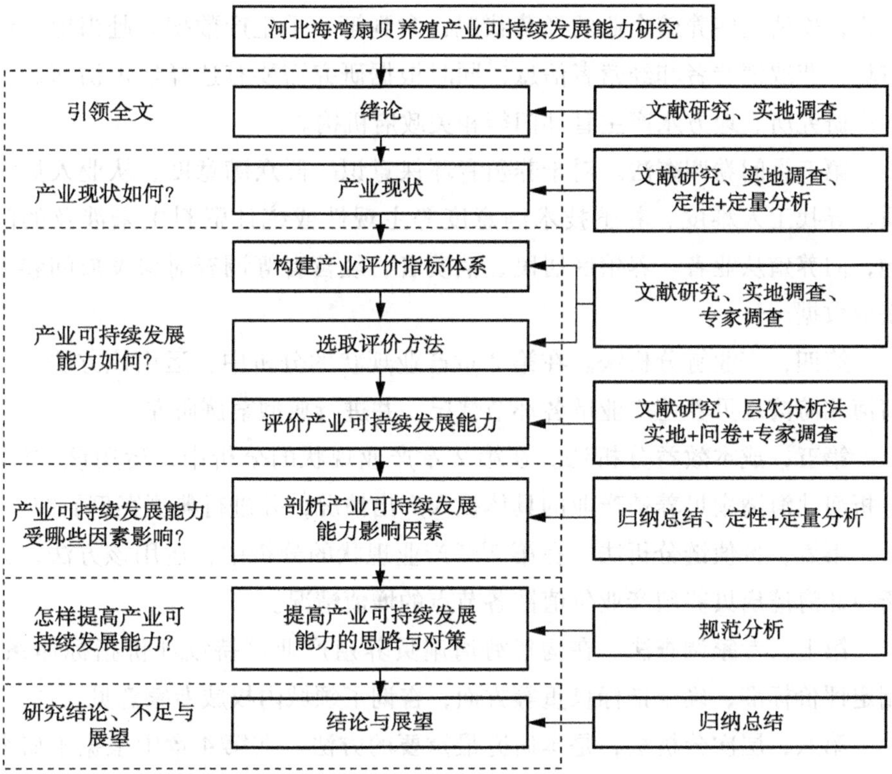

图 1-1 本书的技术路线

研究方法主要包括文献研究法，实地考察和访谈、入户调查、市场调查法，问卷调查法，产业链分析法，成本效益分析法，价值链分析法，专家调查法，层次分析法等。

第一，文献研究法。围绕本研究主题，从知网、万方、维普、Elserver、Wiley 和 Springer 等学术平台通过搜索关键字收集国内外相关文献，获取有效信息，并进行梳理；阅读《河北省志》、各县县志等历史材料，追溯产业渊源；查阅国家统计局、国家自然资源部、河北省自然资源厅、河北省人民政府、河北省统计局、河北省生态环境厅、河北省水产研究所等政府部门和研究机构资料，以及各类统计年鉴、公报、网站的信息，以获取研究所需资料与数据。

第二，实地考察和访谈、入户调查、市场调查法。笔者多次深入抚宁、昌黎、乐亭等养殖区域，跟踪生产过程，选取典型关联企业开展入户调查，摸清这些养殖企业的经营状况，拿到第一手生产数据。赴当地水产市场，获取消费者和经营者信息，同时根据研究需要有选择地走访河北省水产研究所、地方水产主管部门等相关政府机构。

第三，问卷调查法。对于养殖者环保意识、群众满意度、从业人员素质、寻找工人难度、养殖技术满意度等主观性或统计资料中未涉及的问题，向养殖从业者、养殖区居民、消费者、经营者等调查对象发放问卷以获取数据。

第四，产业链分析法。在第 2 章产业现状的分析中，运用该方法，厘清河北海湾扇贝养殖产业链各环节情况，并进行典型案例研究。

第五，成本效益分析法。在第 2 章产业现状的分析中，运用该方法，分析河北海湾扇贝养殖产业的具体投入产出情况，并进行典型案例研究。

第六，价值链分析法。在第 2 章产业现状的分析中，运用该方法，分析河北海湾扇贝养殖产业价值链各节点的增值情况。

第七，专家调查法。在构建海湾扇贝养殖产业可持续评价指标体系、制定评价标准、确定指标权重等方面，咨询了领域内权威专家意见。

第八，层次分析法，是本研究最重要的方法。在第 4 章中根据本研究指标体系特征，选取层次分析法作为分析方法，并对该方法的原理进行说明。第 5 章运用层次分析法对河北海湾扇贝养殖产业可持续发展能力进行实证分析。

1.4 主要概念和理论基础

1.4.1 主要概念

本研究需明确的概念主要有三个，分别为海湾扇贝、海湾扇贝养殖产业和海湾扇贝养殖产业可持续发展，下面将对这些概念进行解释说明。

1.4.1.1 海湾扇贝

2008年《海湾扇贝》国家标准（GB/T 21443—2008）发布实施，该标准对海湾扇贝外部形态特征、内部结构特征、生长与繁殖特征、细胞遗传特征和生化遗传学、分子遗传学以及检测方法等给出了判定的依据，适用于海湾扇贝的种质监测和鉴定。根据该标准，海湾扇贝（学名：*Argopecten irradians* Lamarck）是软体动物门（Mollusca），瓣鳃纲（Lamellibranchia），珍珠贝目（Pterioida），扇贝科（Pectinidae），海湾扇贝属（*Argopecten*）。从外部形态特征来看，贝壳扇形，两壳几乎相等，右壳稍高，后耳大于前耳。前耳下方生有足丝孔，成体无足丝，绞合部相连且平直，肋较宽而高起，肋上无棘。生长纹较明显。壳面有放射肋17条至18条，壳面呈黑褐色、褐色、黄色或灰白色，成贝壳高6cm左右。

1.4.1.2 海湾扇贝养殖产业

产业是社会分工的产物，我国早在古代就衍生出了"产业"一词，多指占有的财产，如田地、房屋等。在西方早期传统产业组织理论中，产业是指生产或提供同类产品和服务的企业。传统社会主义经济学理论认为，产业指经济社会的物质生产部门，即每个部门专门生产某种独立产品，则每个部门在一定意义上就成为一个相对独立的产业，如养殖业、运输业等。我国著名产业经济学家杨公朴认为，产业是指生产同类或有密集替代关系产品、服务的企业集合，当以整个产业或不同产业为考察对象时，使用同样原材料、生产技术或产品用途一致的企业集合被称为产业[5]。从此定义出发，文中的"海湾扇贝养殖产业"是以海湾扇贝养殖为同类属性的经济活动的集合，即以海湾扇贝苗种为"原材料"，按照海湾扇贝生态习性，在适宜海域，利用浮筏等养殖技术，对海湾扇贝进行人工养殖，生产以贝柱为主的最终产品的企业集合。

1.4.1.3 海湾扇贝养殖产业可持续发展

产业可持续发展是指在考虑自身规律的同时，产业还必须兼顾长远规划，并且确保资源和环境能够持续为产业提供服务，强调从产业层面实现经济、环境、资源和社会四大系统的协调发展，以期尽可能公平地满足当代人的需要，同时又不损害后代人的利益[6~8]。即从基本目标来看，广义的可持续发展与某产业的可持续发展之间，存在异曲同工之处。从此定义出发，海湾扇贝养殖产业可持续发展，是指在可持续发展思想指导下，使海湾扇贝养殖产业实现经济效益稳定提高、海域资源永续利用、生态环境不断优化、社会公平和需求日益满足。

1.4.2 理论基础

一是公地悲剧理论。哈丁教授于1968年在 *The Tragedy of the Commons* 一文中以草地放牧为例首先提出公地悲剧理论模型。该理论模型的前提是，作为理性人，每个牧羊者都希望自己的收益最大化。该模型是站在整个社会的角度，说明为什么公共资源的使用大于合意的水平的一个关于草原牧羊的寓言：居民免费在固定数量的土地上牧羊，随着羊群数量的增加，超过土地的承受能力，导致土地贫瘠无法长草供羊食用，最终居民无法牧羊，失去生活来源。为什么牧羊人让羊群数量无限增长呢，究其根源在于社会激励与私人激励的不同。公地作为一项资源或财产有许多拥有者，他们中的每一个都有使用权，但没有权利阻止其他人使用或者阻止他人使用的权利有限，从而造成资源过度使用和枯竭。如果牧羊人统一行动，羊群数量就可以控制在合理范围内，然而因为每个家庭的羊群数量都只是导致这种后果的一小部分原因，所以并没有任何一个家庭有主动减少自己羊群数量的激励。过度砍伐的森林、过度捕捞的渔业资源及污染严重的河流和空气，都是公地悲剧的典型。之所以叫悲剧，是因为每个当事人都知道资源将由于过度使用而枯竭，但每个人对阻止事态的继续恶化都感到无能为力，而且都抱着及时捞一把的心态加剧事态的恶化。公共物品因产权难以界定（界定产权的交易成本太高）而被竞争性地过度使用或侵占是必然的结果。

渔业的发展中存在显著的公地悲剧问题，当然，海湾扇贝养殖也不例外，近些年来的海域环境污染问题和海湾扇贝产品质量问题等，都与公地悲剧理论有密切关系，作为产业主体的养殖户，常常会因为个人利益而忽视产业整体利益。运用该理论，有助于揭示产业内部问题的根源，对于产业未来的发展提出思路。

二是信息不对称理论。该理论是由美国经济学家约瑟夫·斯蒂格利茨、乔治·阿克尔洛夫和迈克尔·斯宾塞于20世纪70年代提出的。该理论从二手车市场入手，就买卖双方获取信息不完整的现象展开了调查。而后，斯宾塞等又阐述了企业和消费者在万千商品中进行最优选择的办法，对信息不对称理论进行了拓展性的研究。信息不对称理论是指在市场经济的背景下，信息对于相互作用的经济个体或者团体所呈现出不均匀、不对称的分布状态，即有些人对于某种特定事物所了解的信息多一些，而另一些人掌握的信息要少一些，拥有充足信息的一方占据优势地位。

信息不对称理论有两个核心内容，依据信息不对称发生的时间划分为事前信息不对称和事后信息不对称，即逆向选择和道德风险。其中逆向选择指在市场交易过程中，处于信息优势地位的一方，为了获取额外收益而隐瞒相关信息的行为，客观上扭曲了价格，导致了市场的失衡，造成了市场的不合理分配。如在拍卖中，买卖双方出现的信息不对称就是典型的事前信息不对称。道德风险是指在市场中处于信息优势地位的一方或者掌握信息较多的一方，为了增进自己的效益而对另一方造成损害的行为，亦即不顾后果风险使自身效益最大化的自私行为的现象。如缴纳过车险的人出现谨慎驾车概率降低的现象就属于事后信息不对称。

信息不对称现象可以说是无处不在，但大体上可分为三类：第一类是买卖双方之间的信息不对称，表现为卖方掌握完全信息，而买方具有零信息，卖方总是比买方具有相对优势；第二类是买方和买方之间的信息不对称，即买方和买方因获取信息能力的不同，导致的买方和买方获取到的信息出现差异化；第三类是卖方和卖方之间的信息不对称。比较而言，第一类最为常见。

信息不对称现象在海湾扇贝养殖产业中也常常出现，如消费者不清楚扇贝的品质，养殖者不知道政府对于养殖业的态度或者是远期的安排等，这也使得消费者、养殖者和政府之间可能会出现一些矛盾，阻碍产业的发展。借鉴信息不对称理论，有助于深入剖析产业发展过程中的一些负面现象的原因，以便提出更有效的解决方案。

三是产业链和价值链理论。产业经济学中还有两个重要概念，即产业链和价值链。产业链理论最早源于亚当·斯密的社会分工理论，现在是指产业根据前、后向间的关联关系组成的网络结构[9]。简单地说，产业链是指从原材料一直到终端产品制造的环环相扣的完整链。

海湾扇贝养殖产业链主要包括苗种、养殖、加工和销售环节，此处需要说明的是，海湾扇贝养殖产业中的“养殖”较产业链环节中的“养殖”含义更广，涵盖了产业链四个环节，而产业链中的“养殖”环节指从苗种入海到收获的具体过程，是相对狭义上的养殖。

1985 年，迈克尔·波特在其著作《竞争优势》中提到价值链理论。在他看来，企业是一个集合体，是由一系列可以创造价值的活动构成的。他还指出，某一行业企业间的竞争活动并不局限于其具体环节之间的竞争，它还牵扯价值链包含的所有环节的全程的竞争。价值链较为全面体现的是在整个价值系统内，那些更加能表现出宽泛的一系列连续的企业运作的活动。

企业价值链是由其内部的各个业务单元的关联所构成的，企业最后可以实现怎样的价值是由该价值链中每个价值活动所决定的。依照企业与供需双方的联系，价值链在无形中会往上或往下延长，最后产生该企业的价值链条。企业会用其产业内特定的活动来区分和界定各个环节上所形成实际的经济利益。各产业都存在着独树一帜的产业价值链，不尽相同的价值链的构成又无形地决定该产业内价值的高低。在价值链理论中，对于某个产业价值的剖析会得到每个节点上特有定量的核算，这也为某个产业的竞争力研究提供了崭新的视角，也就是说，某一产业竞争力间的比较不一定要构建在最后的产品和服务的对比上，它也可以仅是若干个环节的对比，也可以是中间产品与半成品的对比[10]。波特指出，价值链出现转移的问题是会直接作用于产业政策，进而推动产业结构、产业行为的变化。

对于海湾扇贝养殖产业而言，同样存在价值链，从苗种到成贝再到贝柱等产品就是一个不断增值的过程，在价值链上，包含多个环节，如苗种、养殖、加工等，每个环节的增值率都是不同的。从购进苗种，到收获成贝，再到加工成贝柱出售的整个过程，伴随着各项成本的不断投入，海湾扇贝的价值量也随之增加，这就是现阶段海湾扇贝养殖产业价值的增值过程。其主要包括苗种、成贝、贝柱等节点，可分为两部分，一是从苗种入海到收获成贝过程中的增值；二是从成贝到被加工成贝柱过程中的增值。利用价值链理论，可以找出海湾扇贝养殖产业中增值率最高的环节，对于增值率低的环节可以采取针对性措施，来提高产业的增值率。

四是产业政策理论。在1970年的经济合作与发展组织大会上，产业政策一词首次出现。国际上对于产业政策尚无标准的定义。在我国，通常认为产业政策是由政府制定的一系列能够干预产业发展的政策之和，以实现一定的经济、社会目标为目的。这种干预的含义涵盖了引导、规划、保护、调整、限制、扶持和促进等。

产业政策包括产业组织政策、产业技术政策、产业布局政策、产业结构政策等内容。产业组织政策，即通过优化产业组织形式，提高资源利用率，进行供给侧改革，缓解供需之间的矛盾；产业技术政策，即政府制定并实施的，以实现产业技术进步为直接目标的，促进产业发展的政策；产业布局政策，即通过合理布局，产生产业生产的集聚效应，缩小产业主体密度及结构的不同导致的发展水平的差异；产业结构政策，即政府以某一产业在某一时期内的产业结构为根据，对产业结构进行调整，以推动产业结构按照其发展规律改进，协调产业供求结构的矛盾。

产业政策的构成要素包括政策对象、政策目标、政策手段与措施、政策实施机构及决策程序与方式等方面。产业政策的实施方式有直接干预，如许可证制度等；间接引导，如税收、补贴和指导等；法律法规，如《水污染防治法》等。

产业政策理论的指导意义在于，海湾扇贝养殖产业发展中遇到的问题，可能并非某些个别因素导致的，也不仅仅是由于市场失灵造成的，还与政府未制定与产业匹配的政策管理框架密切相关。海湾扇贝养殖产业要实现可持续发展，产业政策当有所作为，需要根除问题产生的制度性诱因，引导产业转型升级。

五是产业生命周期理论。产业生命周期指的是每一个产业都需要经历一个从成长至衰退的演变过程，即由产业出现直到完全退出社会经济活动所经历的时间。产业生命周期不考虑产品的具体信息之间的差异，如型号、质量、规格等，而是从整个产业的角度来考虑问题。产业生命周期一般可分为初创、成长、成熟和衰退四个阶段。

在初创阶段，因为新产业刚诞生或建立不久，仅有少量创业公司参与这种新兴产业的投资，且该阶段产业的创立和产品研发费用较高，而与此同时，大众对该产业产品知之甚少，产品市场需求很少，销售收入很低，所以，这些处于初创阶段的创业公司也许不仅没有盈利，反而大部分会出现亏损的局面；另外，高昂的产品投入和价格以及很低的市场需求，还使得这些企业面临巨大的风险，企业也许会因财务困难进而导致破产，因此，这个时期更适合于投机者参加，而不是投资者。该时期市场增长率高，技术变动大，需求增加快，产业主体致力于占领市场和开辟新用户，但产业技术方面存在较大不确定性，对产业各方面信息的掌握并不多，企业进入产业的壁垒低。在初创阶段后期，随着生产成本下降、市场需求扩大和技术提高等，产业逐步从低收益、高风险的初创期转进高收益、高风险的成长期。

在成长阶段，一些较大的企业开始主导市场，它们往往具备一定的能力和财务基础，资本结构也比较稳定，这些企业开始扩大经营。在该阶段，企业产品经过前期的广泛宣传以及消费者试用，逐渐赢得消费者的喜爱，市场需求随之上升，产业也越发繁荣。与这些变化相协调的是，在产品的供给方面也表现出一系列变化。产业内厂商的数量大量增加，产品种类不断丰富，质量不断提高，价格逐渐降低，出现了厂商之间的竞争局面，这种竞争的局面将持续数十年。因此，这一时期也被叫作投资机会阶段。市场的需求会随着生产厂商数量的不断增加而逐渐饱和，单纯的增加产量已经无法满足市场的需求，很难提高市场竞争力，必须依靠技术创新降低成本或研发新产品，才能获取在众多厂商中的竞争优势，以维持企业的生存。成长阶段的特点是市场需求高速增长，技术逐渐定型，产业相关信息都已经比较明确，新厂商进入产业的壁垒相较之前有所提高，产品种类以及竞争者的数量也逐渐增多。

在该阶段企业利润的增长很快，但其面临的竞争风险也很大，合并率与破产率极高。那些财力薄弱或经营不善的企业，或新加入行业的企业常常面临着被市场淘汰或被其他企业兼并的风险，只有资本雄厚，掌握先进生产和管理技术的企业才能占据稳定的市场地位。由于面临上述这种优胜劣汰的市场环境，在该阶段的后期，企业的数量在大幅减少后开始逐渐趋于稳定。市场需求的逐渐饱和，使产业快速获得高利润的可能性降低，整个产业逐渐稳定。在成长阶段，产业虽然仍在增长，但因为不确定性因素的减少，使此时的这种增长具备了可测性，产业波动也随之降低，投资者投资损失或失败的可能性也大幅下降。

产业成熟阶段相对来说是一个比较长的时期，在这一阶段，少数大厂商从激烈的竞争中存活下来，进而垄断了整个市场。由于这些厂商之间势均力敌，厂商之间的竞争从关注价格转向了提高质量和服务等方面，利润也由于垄断达到了很高水平，而厂商面临的风险却比较稳定了，新企业进入市场的机会也减少了很多，很难立足于已经成熟的市场。在该时期，产业的特点表现为市场需求增长率不高，技术成熟，产业信息非常清晰和稳定，买方市场形成，产业盈利水平降低，开发新产品的难度提高，行业的进入壁垒很高。

在较长的稳定期之后，企业进入衰退阶段。在该阶段出现之前，市场中出现了大量替代品和新产品，导致原产业的市场需求逐渐缩小，产品销量也开始减少，某些企业开始把资金转移到其他利润更高的产业，原产业就会出现厂商数量减少、利润降低的萧条景象。到此，整个产业迈进生命周期的最后阶段——衰退阶段，厂商的数目持续减少，市场渐渐萎缩，利润停滞或不断下降，直至无法保持正常利润，现有投资折旧完毕，整个产业便逐渐解体了。

产业生命周期理论同样也适用于海湾扇贝养殖产业。在该产业的初创阶段，产业驱动因素是某地区的资源禀赋，也就是说，该地区的自然资源推动了产业的发展，在这个时期，企业数量少，产业信息不明确，风险较大，产业进入壁垒低。在成长阶段，大量同类企业涌入产业，竞争出现，一些前期就进入产业的中小养殖户开始转型，成为龙头企业，产业的技术等信息也逐渐明朗，产品受到消费者喜爱，产业进入壁垒相对提高。在成熟阶段，产业内基本都是具有一定规模的养殖企业，经验丰富，占据了一定的市场地位，一些小企业很难进入产业内，产业的升级也面临瓶颈。在衰退阶段，海湾扇贝养殖产业可能会出现截然不同的情况，一种是企业不能承受成本的上升和竞争的加剧，逐渐退出市场；另一种是产业转型升级，集群合作，推动产业朝向更高级的形态转变。合理运用产业生命周期理论，有助于定位当前河北海湾扇贝养殖产业处于怎样的阶段，应采取何种措施促进产业的持续健康发展。

六是产业集群理论。产业集群理论是 20 世纪 80 年代出现的一种西方经济理论，由美国哈佛商学院竞争战略领域的权威研究者迈克尔·波特创立。该理论是指在一个特定区域内的某个特别领域，一些有着关联的公司、供应商以及其他主体集聚在一起，通过在区域内的集聚，从而形成有效的市场竞争，构建出专业性生产要素优化集聚地，使企业间能够共享区域内的市场环境、公共设施和外部经济等，进而降低信息、技术交流和物流运输成本，形成区域规模效应、外部效应、集聚效应和区域竞争力。

我国海水养殖的产业集群基本属于资源型，即依靠当地的自然禀赋形成的地理集聚。海湾扇贝养殖产业作为我国海水养殖主要产业之一，也不例外，集中分布在北方沿海地区。刚开始，只是养殖者的集聚，在发展的过程中，为节约成本、分享信息，逐渐形成了集养殖、加工、销售为一体的综合性集群模式。利用产业集群理论，可对海湾扇贝养殖产业形成规模效应、提高其竞争力起到重要作用。

1.5 文献综述

1.5.1 可持续发展理论的形成

1962 年，美国生物学家 Rachel Carson 发表了环境科普著作《寂静的春天》，引发广泛关注，现代可持续发展思想由此孕育[11]。1972 年，Meadows 等发表《增长的极限》，得出人类无法根本解决发展无限性和地球有限性的矛盾的结论[12]，同年 6 月，联合国人类环境会议在斯德哥尔摩召开，发表《联合国人类环境会议宣言》，指导世界人民保护人类环境[13]。1980 年发表的《世界自然资源保护大纲》，第一次提出了“可持续发展”概念[14]。1981 年发表的《保护地球》认为，可持续发展的目标是在生态系统的承受能力内，提高人类生活质量[15]。1987 年，世界环境与发展委员会发表题为《我们共同的未来》报告，对可持续发展理论的发展起到巨大的促进作用，该报告把可持续发展定义为在满足当代人需要的同时不损害后代人满足其需求的能力[16]。这一概念在 1992 年联合国环境与发展大会上成为共识，大会通过《里约环境与发展宣言》《21 世纪议程》，首次把可持续发展由理论推向行动，在世界范围内掀起可持续发展热潮[17~18]。1994年，我国制定并出台《中国21世纪议程》，将可持续发展作为国家重大发展战略之一，在很大程度上推动了我国的可持续发展进程[19]。

1.5.2 水产养殖可持续发展

（1）水产养殖可持续发展定义。

水产养殖是世界上增长最快的食品生产部门[20]，通过提供更高质量的鱼、贝类等蛋白质，为世界人口改善饮食[21]，同时，对于减轻野生鱼类资源压力[22]、改善水体环境[23]、增加就业机会和繁荣经济也起着重要作用，特别是对于沿海地区的经济发展意义重大[24]。然而，不恰当的水产养殖存在经济效率低下、市场失灵和环境恶化等负外部性，这些负外部性威胁着水产养殖的可持续发展[25]，在这种情况下，如何才能实现水产养殖的可持续发展急需解决。可持续水产养殖概念最早是从农业中引申出来的，1972年，William McLarney 和 Bardach 等共同著作的《水产养殖安全守则》中首次提及类似可持续水产养殖的概念[26]。至今已有很多学者致力于理解和定义可持续水产养殖，达成的共识可以从四个角度理解水产养殖的可持续发展：环境、资源、经济和社会学方面[27~29]。环境和资源问题涉及土地、水和能源的使用效率、水质和废水排放量等，经济问题主要是盈利能力、市场需求，社会利益集中在就业、所有权和资金补贴等方面[30]。随着世界范围内水产养殖经验的增长，可持续水产养殖的概念越来越被认为包括环境、资源、经济和社会在内的空间和时间维度，即可持续养殖业不仅必须使利益最大化，也必须使对自然和社会环境的负面影响最小化[31]。

（2）水产养殖可持续发展能力评价。

随着水产养殖发展的速度越来越快，可持续水产养殖的概念越来越受到关注，问题已不再集中于如何界定什么是可持续水产养殖，而是如何衡量水产养殖是否可持续[32]，因此涵盖上述环境、资源、经济、社会等方面用于评估水产养殖可持续性的各种指标应运而生，最重要的是，定量指标为评估水产养殖可持续性提供了新工具[33~34]。

拿部分研究举例来说，在资源和环境方面，水产养殖业因资源浪费和环境负面影响而受到环境学家的广泛批评[35~36]，其面临越来越大的压力。在大多数水产养殖“实践守则”和BMP汇编中，显而易见的是，缺乏对有用的环境绩效指标的关注。指标往往是“不痛不痒”和定性的，导致在实践应用时很难衡量生产效率是否提高、负面影响是否减少的问题。因此，需要关于衡量资源利用效率和水产养殖产生的废物数量的定量指标。为此，很多学者进行了研究，如Boyd C. E.等（2007）[37]建立了饲料、蛋白质、鱼粉、营养物质、石灰材料、水、土地和能量在水产养殖中的效率指标，旨在揭示每单位生产所使用的资源量或排放量，此外，提出了评价生产过程中可能产生的其他污染物的方法。Martins等（2010）[38]也从环境可持续视角研究了欧洲循环水产养殖系统的新发展。对于水产养殖可持续发展来说，除环境和资源的影响外，还应该对经济和社会的公平性增加关注度[39~41]。

比如Najma等（1998）[42]认为水产养殖为农村失业人口提供了工作机会，他们对西开普省的一个水产养殖项目创造持续农村生计的能力进行评估，结果表明，该项目具有创造可持续生计的潜力，同时提出社会政治应和生物技术、经济可行性等问题同等考虑。Lai等（2004）[43]提出了若干鱼类养殖的宏微观经济指标，这些指标符合衡量可持续发展这一以人为中心和以发展为导向概念的基本标准。这些指标作为全要素生产率（TFP）和相对劳动生产率（RLP）方法的补充，可从宏观、部门和企业角度评价水产养殖的经济可持续性。Giap等（2009）[44]研究了泰国对虾养殖经济和社会方面的可持续发展情况，旨在促进泰国对虾养殖政策和技术的融合。Delgado等（2011）[45]从空间可用性、环境保护情况、水质和不同产业间的冲突等方面，对墨西哥沿海水产养殖的发展潜力进行了评估。Carrie J.等（2015）[46]认为可持续资源管理需要提高对复杂生态过程的理解以及形成人与环境相互作用的社会经济驱动力。为了更好地理解生态和经济系统之间的复杂相互关系，他们将沿海海洋生态系统模型与相关沿海经济模型结合。通过对不同生态和社会经济情景的模拟，用于预测牡蛎养殖生态和经济价值，为可持续海洋资源开发提供支持。

改革开放至今，中国水产养殖业得到了快速发展，其成就举世瞩目[47]，但由于早期发展理念问题，水产养殖业出现了一定程度的资源[48~49]、环境[50~51]、社会[52]、经济[53]等问题。针对水产养殖的一系列问题，必须从过去以资源和环境为代价的发展转变为以健康养殖模式为核心的可持续发展，这是水产养殖的发展前途所在[54~56]。为此，首先要明确可持续发展的目标，才能更专业地评估一个产业是否可持续，只有条件适合并且能够长期良好保持下去的时候，才能够实现产业的可持续发展，这些条件一般包含资源、环境、生态、社会和经济等方面[57~59]。

目前国内也有部分从资源、环境、生态、社会和经济等方面对水产养殖可持续发展能力进行评价的相关文献，如宋春晓等（2012）[60]、田传远等（2015）[61]通过对以往国内外文献的回顾，建立了包括经济效益、社会效益、生态效益在内的水产养殖业综合评价体系。蒋涛等（2016）[62]采用层次分析法和德尔菲法，选择了18个经济、社会和生态效益指标，建立了水产养殖综合效益评价指标体系。黄康康等（2016）[63]利用熵值法从经济、社会、生态三个方面对湖北浠水水产养殖进行了评价。此外，还有一些学者研究了水产养殖经济、社会和生态的某一或两方面的可持续发展情况。如车斌等（2007）[64]主要基于经济角度，利用TOPSIS模型构建指标体系，对区域水产养殖业的竞争力进行评价。罗国芝等（2008）[65]通过筛选影响因素，建立了水产养殖规划环境影响评价指标层次模型。陈昕（2008）[66]采用层次分析法，建立水产养殖区环境质量评价指标体系，并实际应用于某地胭脂鱼养殖区。黄世英等（2009）[67]建立了海水养殖企业经济评价指标体系，并以某公司为例进行实证分析。刘超等（2010）[68]选取7类19项指标构建了台风灾害对水产养殖影响的评价指标体系，并运用层次分析法确定指标权重。马从国等（2011）[69]以池塘养殖水质为研究对象，构建评价指标体系和评价标准，设计了池塘养殖水质模糊综合评价系统。李京梅等（2012）[70]构建了海水养殖生态预警评价指标体系，并使用实际观测数据进行模拟分析。蒲新明等（2012）[71]运用层次分析法构建了海水养殖生态系统评价模式。郑伟等（2012）[72]基于压力—状态—响应框架，建立了海水养殖生态系统健康评价模型，为海水养殖环境管理提供技术支撑。王晓蓉等（2013）[73]基于Delphi-AHP方法、ArcGIS和IDRISI软件，通过指标体系的评价结果为武清区淡水养殖发展的区域发展布局提供依据。陈丹琴等（2015）[74]以宁波网箱养殖为研究对象，运用层次分析法，构建了海水网箱养殖环境质量评价指标体系并对研究对象进行评价。

上述研究为水产养殖产业可持续发展研究奠定了一定基础，然而这些研究中或缺乏实证分析，或只关注了经济、环境、资源、社会中的部分方面，或无关于扇贝养殖。事实上，目前国内关于扇贝养殖产业可持续发展能力评价的研究凤毛麟角，少数研究也都集中在养殖适宜性[75]、重金属污染[76]、水体质量[77~78]、表层沉积物[79]和经济效益[80]等方面的评价。若把研究内容进一步细化到海湾扇贝养殖产业可持续发展能力的评价方面，则尚无相关文献可参考。基于此，本研究深入探析河北海湾扇贝养殖产业现状，从可持续发展内涵出发，尝试从经济、资源、环境、社会和发展潜力等方面构建较为全面的海湾扇贝养殖产业可持续发展能力评价指标体系，以期推动河北乃至全国海湾扇贝养殖产业的持续健康发展。

1.6 创新点

本研究主要任务是分析河北海湾扇贝养殖产业现状，完成产业可持续发展能力的评价，根据评价结果找出产业可持续发展能力的影响因素，并提出提升产业可持续发展能力的思路和对策建议。本研究创新之处包括以下几点：

（1）通过实地调查、问卷调查和电话回访等方法掌握了大量翔实的一手数据，从宏观和微观两个层面，基本上厘清了河北海湾扇贝养殖产业链环节、成本效益和价值链增值等情况。

（2）较为全面地构建了海湾扇贝养殖产业可持续发展能力评价指标体系，并以我国海湾扇贝主产区之一的河北为例展开实证分析，对河北海湾扇贝养殖产业可持续发展能力进行评价，使理论与实际相结合，在一定程度上丰富、充实了既有研究。

（3）与以往很多研究不同，本研究在深入剖析河北海湾扇贝养殖产业可持续发展能力的影响因素，尤其是制约因素时，不只是停留在理论层面，而是运用了大量一手数据及材料，使分析结果更贴合实际。

2 河北海湾扇贝养殖产业现状

掌握产业发展概况是对其进行可持续发展能力评价的现实基础，因此，本章将对河北海湾扇贝养殖产业的区域环境、海水养殖概况、历史沿革、产业地位、产业链环节、产业成本效益和产业价值链进行分析。

2.1 区域环境

产业发展与区域环境密不可分，因此，分析河北海湾扇贝养殖产业现状有必要简介当地自然环境、行政区划、经济等状况。

就自然环境而言，河北位于东经113°27′~119°50′，北纬36°05′~42°40′之间。管辖海域面积为7228km^2，占全国的2%，大陆海岸线长约487km，占全国的3%，在11个沿海省区市中位列第9。沿海地区依山傍海，属大陆性季风气候，岸线类型丰富，包括淤泥、基岩、砂质岸线等，海岸带总面积11379.88km^2。有海岛132个，岛岸线长199km，海岛面积8.43km^2。海洋经济发展潜力很大，主要体现在港口、石油、旅游、海洋生物和盐等丰富的海洋资源，适宜发展多种海洋产业。①

从行政区划来看，河北沿海紧邻北京和天津，位于环渤海中心区，是连接西北、华北、东北的要塞，现包括沿海市共3个、沿海县（市、区）共11个、经济开发区共7个。②

经济方面，2018年，河北省海洋生产总值为2548亿元，同比增长6.8%，占地区生产总值的比重约7.1%。统计局数据显示，2018年，全省

① 河北省政府，http：//www.hebei.gov.cn/。

② 河北省自然资源厅，http：//www.hebgt.gov.cn/。

农林牧渔业总产值为 5707 亿元，按当年价格来算，比 1949 年增加约 280 倍，年均增长约 8.5%。农林牧渔业增加值由 1952 年的 25.2 亿元增加到 2018 年的 3521.7 亿元，增加 138.8 倍，年均增长 7.8%。

据《中国渔业统计年鉴》，2013—2018 年，河北省渔业经济总产值整体上呈现上升的态势，从 2013 年的约 225 亿元增加到 2018 年的约 265 亿元，增幅为 17.78%。同时，渔业产值也有较大幅度的增长，2013 年约为 191 亿元，2018 年达 222 亿元，增幅为 16.23%。从渔民收入来看，2018 年，河北省渔民人均纯收入为 16791 元，同比增长 10.82%。

从细分产业来看，2018 年河北省海水养殖产值为 105 亿元，约占渔业产值的 47.30%；淡水养殖产值为 49.34 亿元，约占渔业产值的 22.22%；海洋捕捞产值为 45.62 亿元，约占渔业产值的 20.55%；淡水捕捞产值为 7.30 亿元，约占渔业产值的 3.30%；水产苗种产值为 14.61 亿元，约占渔业产值的 6.58%。可以看出，海水养殖产值在渔业产值中占比最高，即海水养殖在河北渔业生产中具有重要地位。

从产量方面来看，受水产养殖面积减少的影响，河北省水产品养殖产量也出现了逐年下降的情况。2018 年，全省水产品养殖产量约为 78 万吨，与 2017 年的 83.3 万吨相比，下降约 6.36%。2018 年，全省海水养殖产量为 48.98 万吨，占比 63.11%；淡水养殖产量为 28.64 万吨，占比 36.89%。

2.2 海水养殖概况

从上面的数据中可以看出，河北省水产养殖以海水养殖为主，接下来将对河北省海水养殖的一些基本情况进行梳理，为后续分析海湾扇贝养殖所处的产业环境奠定基础。

据《中国渔业统计年鉴》，河北省海水养殖品种主要有鱼类、甲壳类、贝类和藻类等。产量方面，2008—2017 年，河北省海水养殖产量除2011 年有小幅度下降外，其他年份整体呈现上升趋势（如图 2-1 所示），从 2008 年的 29.60 万吨上升为 2017 年的 52.92 万吨，增长了 23.32 万吨。面积方面，如图 2-2 所示，2008—2017 年，河北省海水养殖面积呈现出明显的上升和下降两个阶段，其中 2008—2012 年为上升阶段，养殖面积从 10.98 万公顷上升到 13.47 万公顷，增长了 2.49 万公顷；2013—2017 年为下降阶段，2017 年面积降至 10.76 万公顷，比 2008 年还低。

通过上述分析发现，2008—2017 年，河北省海水养殖面积从 2013 年开始出现下降的情况，而产量却整体保持了上升态势，原因可能在于养殖密度增加和技术进步等方面。

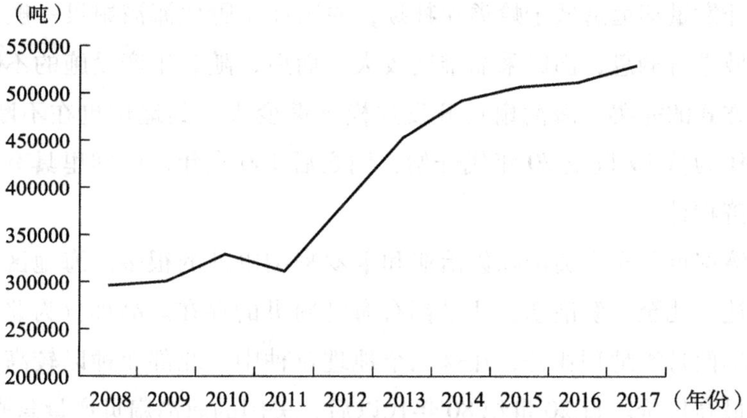

图 2-1　2008—2017 年河北省海水养殖产量

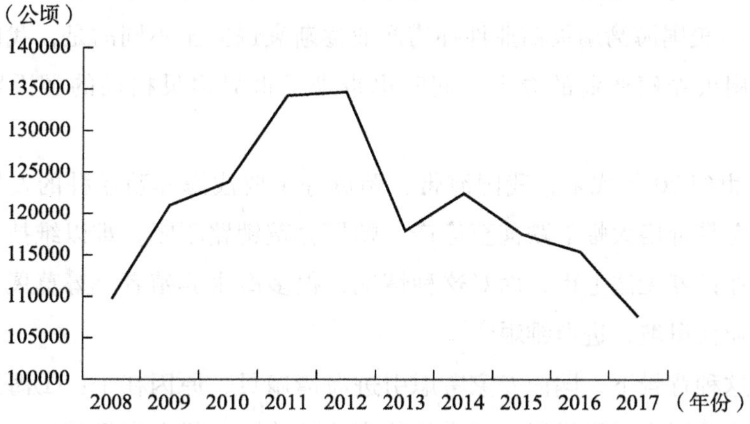

图 2-2　2008—2017 年河北省海水养殖面积

2.3 历史沿革

2.3.1 产业发展历史

从世界的视角来看，对海湾扇贝进行商业性质的开发可以追溯到19世纪50年代左右。与其他贝类相比，海湾扇贝的商业价值是比较高的，但在当时的开发量却远远低于蛤类和牡蛎，原因在于野生海湾扇贝一般会选择较深水域进行栖息，渔民采捕难度较大。而后，随着生产设施的不断改进和采捕方式的完善，海湾扇贝开发规模逐渐变大，其地位也在不断提高，被美国作为从19世纪70年代开始，到之后100余年的时间里具有重要地位的经济物种。

海湾扇贝分布在美国除佐治亚和卡罗来纳以外的很多沿海地区，南起佛罗里达，北至马萨诸塞，几乎都有海湾扇贝的存在。品种分为北部、南部以及墨西哥湾地理亚种，在这三个地理亚种中，北部亚种以较高的品质获得了最高售价。自20世纪80年代以后，美国的海湾扇贝产量急剧下降，幅度高达85%。2000年之后，仅存南塔克特岛和马萨葡萄园等个别区域还具备商业开发的规模，据FAO数据，到2007年，美国海湾扇贝产量仅约85吨。与美国海湾扇贝商业性捕捞产业逐渐衰退完全不同的是，我国迎来了海湾扇贝养殖产业的春天，同时也带来了世界扇贝格局的翻天覆地的变化。

20世纪70年代末，我国海带、贻贝等主要浅海养殖品种的发展陷入困境，海带价格大幅下跌甚至停产，贻贝养殖销路不畅，难以维持，栉孔扇贝仍在试养无法上市，面对这种情况，很多海水养殖者一筹莫展，海水养殖产业大滑坡，进退维艰[81]。

在这种背景下，国内专家考虑引进海湾扇贝，原因在于：①海湾扇贝原产地为美国太平洋沿岸，以生长速度快著称，与栉孔扇贝相比，其生长周期大大缩短，可在一年左右养成，能够赶在冬季寒冷恶劣天气到来之前完成收获，有利于降低养殖成本和风险。②历史上，扇贝在我国为海珍品，寻常百姓鲜有机会食用扇贝柱等产品，依赖进口来满足社会需求，且价格昂贵。一旦育苗和养殖技术有所突破，在高利润激励下，海湾扇贝养殖业必然会蓬勃发展。③海湾扇贝为广盐性种，加之其原产地环境与我国东海、黄海沿岸相似，若成功引进，能够适应我国广阔的浅海养殖，有望挽救当时萎靡不振的海水养殖业。① 但想要漂洋过海把海湾扇贝运回我国是极具难度的，因为海湾扇贝一旦离开海水，处于高温环境就会很容易死亡。1981 年到 1982 年，在曾呈奎院士和刘瑞玉院士等的帮助下，张福绥院士先后三次引进亲贝。前两次均未成功，海湾扇贝苗还未能排卵就已全部死亡。张福绥院士等并未因此气馁，而是刻苦钻研，开始了第三次引种。经过三次不懈努力，张福绥院士等专家终于从美国成功引种海湾扇贝[82]。1982 年 12 月，张福绥院士用浸透海水的纸包裹扇贝，再放进密封保温箱内，加上降温袋，辗转带回 128 枚海湾扇贝，但后续海湾扇贝陆续死亡，到 1983 年 1 月仅存亲贝 26 枚。张福绥院士等专家就是利用这 26 枚仅存亲贝培育出近万粒苗种，1984 年在继续育苗的同时开展中间养殖实验，结果当年就完成了育苗、养成和收获。1985 年海湾扇贝养殖开始被推广，主要面向山东，养殖面积约 20 公顷，1986 年开始推向全国[83]。

在结束栉孔扇贝的引进工作后，时任河北省水产研究所的科技人员，开始努力引进海湾扇贝，并于 1987 年在抚宁县海水育苗场和水产研究所实验室获得产卵亲贝，产出 1180 万粒商品苗，首次为河北省海湾扇贝养殖提供了苗种，随后河北省开始养殖海湾扇贝[84]。之后几年，海湾扇贝养殖技术在山东、河北、辽宁等地广泛推广，养殖面积飙升。1991 年我国海湾扇贝养殖面积就达到近 2000 公顷，产量 7 万~8 万吨，产值高达 2.5 亿~3 亿元，全球首个海湾扇贝养殖产业就此形成[85]。世界著名贝类养殖专家、美国华盛顿大学教授赵晋德曾在 1990 年的世界水产养殖学术讨论会上评价我国海湾扇贝是一次很成功的引种。

1992 年，河北省开始规模化养殖海湾扇贝，获得了较高效益，看起来，海湾扇贝养殖产业的发展是迅速而成绩显著的，然而，实质上产业的

① 海湾扇贝引种研究［N］. 光明日报，1999-12-14.

成长也并非一帆风顺。1997 年之后，海湾扇贝育苗过程中出现面盘幼虫解体等问题，养殖中存在不明原因死亡等现象，使产业蒙受严重损失，专家推断造成这些问题的原因可能是种质退化[86~87]，很多专家开始着手从国外重新引种。河北省水产局王玉枢等专家也于 1998 年、1999 年分两批从美国北纬 42°~35°的马萨诸塞州和弗吉尼亚州沿岸引进海湾扇贝原种。1999 年成功在河北水产学校养殖试验场繁育出种质纯正的子一代，为河北省海湾扇贝种质更新奠定基础[88~89]。据《中国渔业统计年鉴》数据，到 2000 年，河北海湾扇贝养殖面积首次超过 1 万公顷，达到 1.47 万公顷。此后，海湾扇贝养殖面积整体呈现增长态势，到 2012 年达到近些年来的巅峰，养殖面积为 7.89 万公顷，此后养殖面积保持在 5 万公顷以上，至 2017 年为 5.12 万公顷。历经多年，海湾扇贝养殖已发展为河北海水养殖的支柱产业。

从区域来看，山东的莱州等地在海湾扇贝养殖产业中依然占据非常重要的地位，尤其是对于育苗等产业的上游环节来说。河北省在产业的养殖、加工和贸易等中下游环节也具有举足轻重的地位。而辽宁目前养殖扇贝的主要品种已经转变为虾夷扇贝，其海湾扇贝养殖规模自 1999 年左右已开始逐渐缩减。据课题组调查，从整体上来看，海湾扇贝养殖产业的发展趋势为从黄海逐渐向渤海集聚，河北在海湾扇贝养殖产业内的地位也水涨船高。

海湾扇贝能够在我国蓬勃发展的原因归纳起来主要有以下三点：首先，市场决定销路。海湾扇贝能够受到消费者喜爱，才是产业能够持续发展的重要因素，如果无人问津，无论如何拯救，产业也终将会走向灭亡。海湾扇贝畅销，其自身营养价值是非常重要的。海湾扇贝肉质部较肥满，味道鲜美，软体部分皆可食用，其闭壳肌肥大味美，营养丰富，加工后成“干贝”。富含蛋白质、脂肪、碳水化合物、钙、磷、铁等无机盐类以及多种微量元素，此外，还含有丰富的维生素 A 及 B 族维生素，牛磺酸、不饱和脂肪酸 DHA（二十二碳六烯酸）和 EPA（二十碳五烯酸）等多种人体必需的氨基酸活性物质，能够产生降血压、抗衰老和抗肿瘤的功效，具有滋阴补肾和理气调中的效果，还可以从其内脏团里提取小分子水溶性多肽，这是一种效果很显著的天然抗氧化剂。此外，扇贝还具有药用价值，其闭壳肌中可提取出破坏癌细胞的成分，据报道，1977 年 4 月 6 日在日本名古屋召开的日本药科会上，宣布了一个令人振奋的喜讯：日本国立癌症中心利用扇贝中提取物为小鼠治癌，取得了显著的疗效，这给癌症患者带来了福音。① 可以说，海湾扇贝几乎全身都是宝。

其次，政府的干预作用。海湾扇贝养殖产业初创时期能够得到很大的发展空间，政府的支持功不可没。但近年来，出于产业自身发展存在问题等原因，政府对于产业的未来发展也做出了一些安排，如何加速产业的转型升级，成为产业寻找未来出路的重中之重。

最后，技术的发展。海湾扇贝又称大西洋内湾扇贝，原产于美国大西洋沿岸，似乎与我国不会产生任何关系。但依靠着众多专家学者的努力，实现了人工引种、育苗技术，才能使海湾扇贝这一物种扎根我国海域，时至今日，仍难以实现海湾扇贝在我国海域的规模化自然产苗，所以，技术成为海湾扇贝进入我国的敲门砖。此后，工厂化育苗、新品种研发等与苗种相关的技术不断发展，也为产业的持续发展提供了保障。不仅苗种，在养殖、加工等环节也无法脱离技术的更新，体现在养殖地点、水层、密度、周期和加工等各个环节。但不可否认的是，在某些环节，我国的机械化水平与发达国家相比仍有较大差距，这就使产业所面临的人工成本增加、效率不高等挑战越发明显，说明产业在技术方面，仍有很大提升空间。

2.3.2 养殖区域分布

河北省沿海地区主要有秦皇岛市、唐山市和沧州市等，观察期内海湾扇贝养殖区域集中在秦皇岛市昌黎县、秦皇岛市抚宁区和唐山市乐亭县等地，秦皇岛市北戴河新区和山海关区也有零星分布[90]。

2012—2017 年河北海湾扇贝各主产区规模情况见表 2-1。三个主产区中，昌黎无论是养殖面积还是养殖笼数都占据第一位，其次为乐亭，抚宁则排在末位。

① http：//www. nongyie. com/zshenghuoys/2017/43876. html。

表 2-1 2012—2017 年河北海湾扇贝主产区规模情况

年份	主产区	养殖面积（万公顷）	养殖笼数（万笼）
2012	乐亭	1.00	600
	昌黎	2.67	1600
	抚宁	0.53	320
2013	乐亭	1.33	710
	昌黎	2.67	1420
	抚宁	0.40	210
2014	乐亭	1.33	500
	昌黎	4.00	2000
	抚宁	0.53	250
2015	乐亭	2.00	600
	昌黎	4.13	1800
	抚宁	0.53	300
2016	乐亭	2.00	1000
	昌黎	3.00	2300
	抚宁	0.53	500
2017	乐亭	2.00	1000
	昌黎	4.00	2500
	抚宁	0.55	600

资料来源：国家贝类产业技术体系秦皇岛综合试验站。

2.4 产业地位

河北海湾扇贝养殖产业既是河北海水贝类养殖产业，又是中国扇贝海水养殖产业的组成部分。为了便于理解河北海湾扇贝养殖产业在宏观产业中的地位，下文选用 2008—2017 年养殖面积和产量作为指标，把河北海湾扇贝养殖情况分别与河北海水贝类养殖和中国扇贝养殖情况进行对比分析。

2.4.1 在河北海水贝类养殖产业中的地位

2008—2017 年，河北海水贝类养殖包括海湾扇贝、牡蛎、螺、蚶、贻贝、蛤和蛏等，各品种历年养殖面积和产量见表 2-2 和表 2-3。无论在养殖面积还是养殖产量方面，海湾扇贝在河北海水贝类养殖中均位居第一，遥遥领先于其他品种（如图 2-3 和图 2-4 所示），占比都在 50%以上。

表 2-2 2008—2017 年河北海水贝类养殖面积① 单位：公顷

年份	总面积	海湾扇贝	牡蛎	螺	蚶	贻贝	蛤	蛏
2008	77712	41389	157	—	8451	432	27283	—
2009	89836	52024	—	100	2676	381	34474	100
2010	92964	64729	20	100	1592	311	26012	100
2011	101550	78507	55	—	2907	772	19309	—
2012	103013	78903	55	15	5288	835	17917	—
2013	85003	58571	—	15	4382	345	15290	—
2014	85483	59005	—	15	11438	345	14680	—
2015	83277	53993	—	964	9229	445	14590	—
2016	79931	50488	—	946	7602	640	14590	—
2017	73401	51179	—	—	2835	540	14948	13

注：河北省海水贝类养殖中不包括鲍和江珧。

表 2-3 2008—2017 年河北海水贝类养殖产量 单位：吨

年份	总产量	海湾扇贝	牡蛎	螺	蚶	贻贝	蛤	蛏
2008	259711	131122	3467	—	5427	1840	66309	—
2009	264007	174114	—	20	8390	250	80983	65
2010	291124	242422	50	24	3750	638	43093	82
2011	272552	234362	30	—	6794	491	27375	—
2012	341718	296015	20	28	9389	1050	29753	—
2013	409779	338877	—	27	35159	558	35158	—
2014	448766	375762	—	25	35246	770	36913	—
2015	460009	391148	—	1525	25899	1045	37590	—
2016	459272	389520	—	1576	27212	1643	37319	—
2017	474748	424233	—	1376	7002	950	38923	38

① 为方便比较，本章数据除特别说明外都来自《中国渔业统计年鉴》，会与国家贝类产业技术体系数据有一定差异。

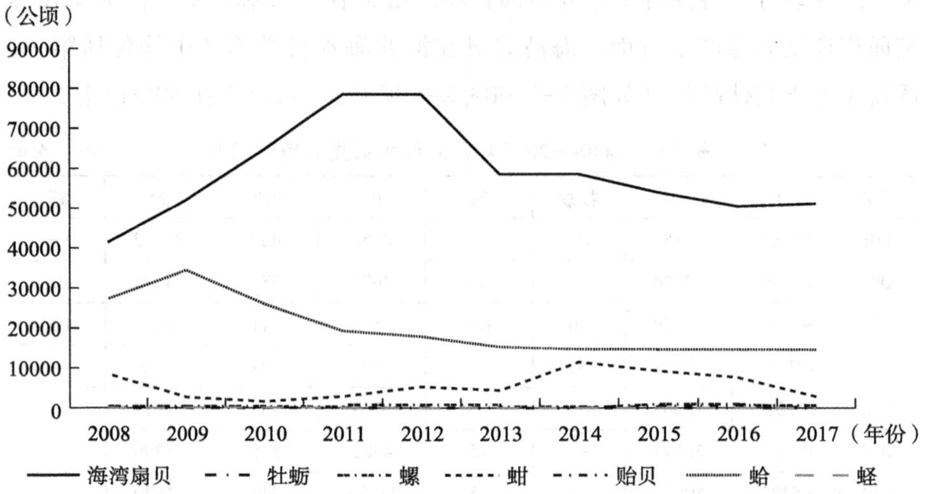

图 2-3　2008—2017 年河北海水贝类养殖面积

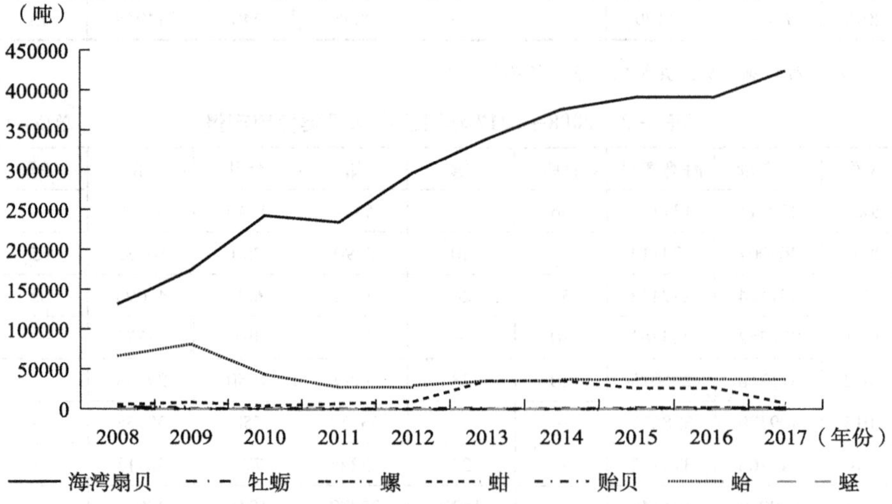

图 2-4　2008—2017 年河北海水贝类养殖产量

2.4.2　在全国扇贝养殖产业中的地位

2.4.2.1　养殖面积

2008—2017 年，河北扇贝海水养殖面积保持了较稳定态势，一直居全国第三位，占比均在 8%以上，仅次于辽宁和山东（见表 2-4、图 2-5）。

表 2-4 2008—2017 年中国扇贝海水养殖面积 单位：公顷

年份	全国	河北	辽宁	江苏	浙江	福建	山东	广东	广西	海南
2008	208153	41389	99357	—	306	468	62050	4462	117	4
2009	274590	52024	146175	—	303	370	70379	5216	118	5
2010	399705	64729	227736	367	278	341	99362	6713	179	—
2011	506015	78507	320892	—	275	370	99743	6042	181	5
2012	542056	78903	356617	—	51	201	100111	5986	182	5
2013	639139	58571	469714	—	68	222	103923	6453	183	5
2014	639942	59005	470216	—	73	248	102842	7009	184	365
2015	651036	53993	474130	2	87	668	114593	7015	184	364
2016	474983	50488	298391	2	84	262	118299	6979	186	362
2017	462927	51179	273294	106	74	231	131678	5821	184	360

注：天津、上海没有扇贝海水养殖，所以剔除。

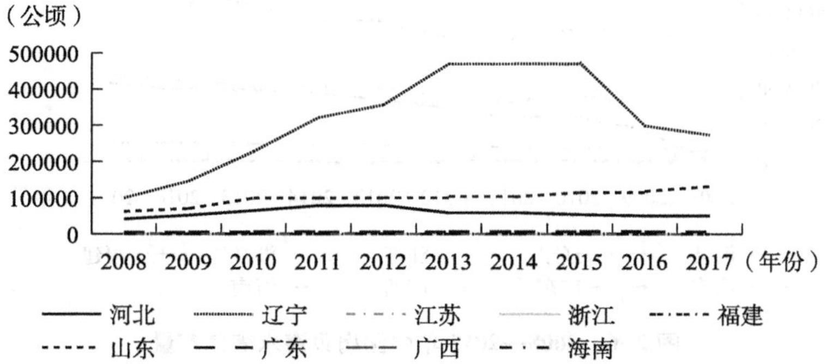

图 2-5 2008—2017 年中国扇贝海水养殖面积

2.4.2.2 养殖产量

观察期内，河北扇贝海水养殖产量整体呈上升趋势，除 2008 年，一直位列全国第三，占比均在 13%以上，与居第一位的山东相比，差距较大，与居第二位的辽宁相比，较为接近且差距呈缩小趋势（见表 2-5、图 2-6）。

表 2-5　2008—2017 年中国扇贝海水养殖产量　　单位：吨

年份	全国	河北	辽宁	江苏	浙江	福建	山东	广东	广西	海南
2008	1137039	13122	289384	—	2203	10122	647161	56296	706	45
2009	1276770	174114	312599	—	1964	10234	702345	74730	741	43
2010	1407467	242422	363043	10	2142	8741	714363	74740	1963	43
2011	1306124	234362	319765	10	2208	9272	655775	82637	2052	43
2012	1419956	296015	352734	—	350	6159	674034	88474	2140	50
2013	1608201	338877	403138	10	310	6981	761035	95588	2207	55
2014	1649399	375762	405896	13	310	7833	756815	97608	2255	2907
2015	1785342	391148	415158	11	395	12848	856400	104208	2271	2903
2016	1860534	389520	439116	11	715	8954	911159	105633	2479	2947
2017	2007529	424233	472230	48	750	8586	984217	111887	2661	2917

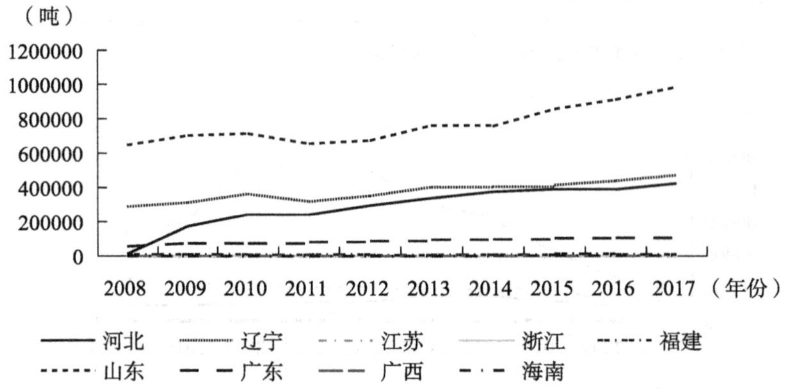

图 2-6　2008—2017 年中国扇贝海水养殖产量

2.5　产业链环节

总体来看，河北海湾扇贝养殖产业链主要涉及苗种、养殖、加工和销售四个环节（如图 2-7 所示）。

图 2-7　河北海湾扇贝养殖产业链

2.5.1 苗种来源

我国最早于1982年引入海湾扇贝，该品种在多年繁育后已出现明显退化。1999年我国再次从美国引进海湾扇贝（黑贝、红贝、紫贝混合），其生长情况显著优于上一品种，后选育出中科红（红贝）和中科红二代（紫贝），这也是目前河北海湾扇贝养殖最广泛的品种。据调查，因为黑贝壳较红贝和紫贝厚，不受养殖者喜爱。据政府相关工作人员介绍，河北省目前共有5~6家海湾扇贝育苗企业，其中仅有2家规模较大，全省年育苗量只能满足需求量的10%左右，其余均购自山东莱州等地。原因有二：一是河北海湾扇贝养殖起步较晚，只有海湾扇贝一个品种，苗种需求单一，限制了本地育苗业的发展。二是出于河北省所处纬度的原因，海水温度上升略晚于山东省，水温较低不利于海湾扇贝保苗。而莱州湾处于渤海最南部，海域风浪小、水温高、水质好，适宜扇贝苗的生长，入海后也能极快适应海洋环境，是渤海湾最优的扇贝育苗区。因此，每年5月中旬左右，河北大部分海湾扇贝养殖者或直接从山东莱州等地购买商品苗，用“水车”① 打氧运回，或于4~5月赴莱州湾进行保苗。在这种自然赋予的优势作用下，莱州也渐渐成为我国海湾扇贝人工育苗重要基地，每年全国约80%的海湾扇贝苗种都来自莱州。

2.5.2 养殖模式

一是养殖方式。河北适合筏式养殖的浅海海域面积为61.39万公顷，为海湾扇贝筏式养殖创造了条件，加之海湾扇贝抗寒能力较差，北方冬季寒冷，需尽量缩短生长周期，而筏式养殖具有养殖数量多、单产较高、扇贝生长速度快、易采捕、适合分散经营等优势，因此，河北海湾扇贝养殖方式为筏式（如图2-8所示）。

具体方法标准为选择水深3~5m，水温15℃~30℃，盐度25‰~33‰，水体透明度60cm以上，海水流速10~40cm/s，饵料充足的海域进行养殖。利用橛子、橛绠、浮绠、浮球、网笼搭建浮筏，橛子一般为木质（于1/3

① 冷藏车，因苗种运输需海水，当地养殖户称之为“水车”。

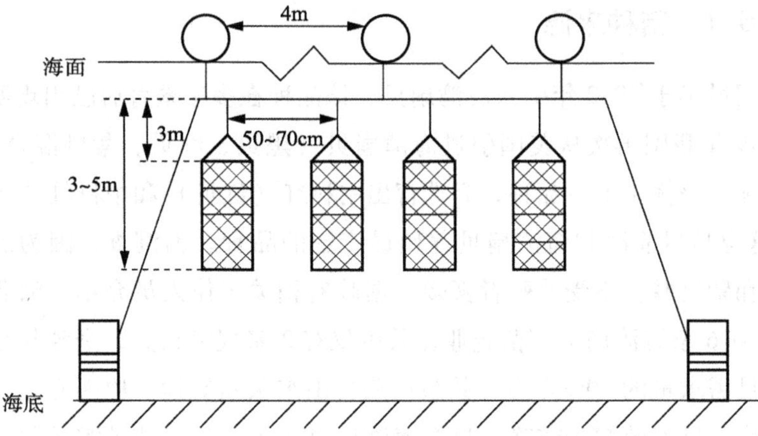

图 2-8 河北海湾扇贝养殖方式示意

长度处削成有棱角的尖，中下部钻直径 2cm 的圆孔），也可用水泥浇筑而成，直径约 12~15cm。绠绳一般选择耐腐蚀性较好的聚乙烯绳或朝鲜麻，直径一般为 2cm，橛绠长度一般为水深的 2.5 倍，浮绠长度一般小于 100m。浮球为塑料球体，直径约 30~35cm，球体两端带环，方便穿绳。养成笼网片由 18~24 股聚乙烯线编织而成，网目 2.8~3.0cm，分层用的塑料盘直径为 30cm 左右，盘上有小孔，直径约 1cm，2013 年之前，10~12 层的网笼居多，之后 13 层网笼占据市场，近几年 15 层网笼越来越普遍。养成期最上层网笼距水面 3m，笼间距 50~70cm，每隔 4m 挂一个浮球，浮筏行距在 10~20m，留出航道。同时随着海湾扇贝的生长，养殖者还会进行调节水层的工作，调节范围为水下 3~5m，因为这个范围内的饵料和光照都适合海湾扇贝生长。随着海湾扇贝个体变大，体重增加会导致网笼下沉，但水层深则温度低，饵料少，不适合扇贝生长，所以养殖者会适当增加浮球数量，以提高养殖水层。

二是养殖周期。养殖户一般在 5 月中旬至 5 月底购买苗种（规格为 3~5mm），苗种下海时间一般在每年的 5 月 15 日之后，即海域水温高于 16℃~17℃为宜，但不应晚于 6 月上旬，否则会影响海湾扇贝养成规格。苗种入海 3~4 天后分苗入 30 目纱窗网袋中，密度为 300~500 粒/袋，每串挂 10~12 袋。当苗种在苗袋中经过约 15 天的暂养后，苗种生长到 8mm 以上，即可入小眼板笼（养成笼外套网而成，网目规格为 6~8mm，防止苗种漏出），每层放苗150~200粒。到6月下旬至7月上旬，进行大眼板笼（养成笼外套网而成，网目规格为1.2~1.7cm）分苗，每层放苗60~70粒，此时苗种规格一般为2.5cm左右。到8月中旬，苗种规格为3.5~4cm，即可视情况入养成笼（每层35~40粒）进行养殖[91]。养殖至10月中旬至11月底即可收获，整个养殖过程约6个月（如图2-9所示）。

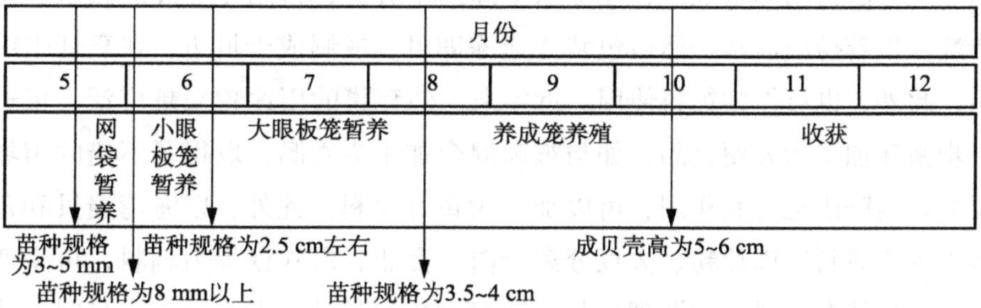

图2-9 河北海湾扇贝养殖周期

2.5.3 加工方式

河北海湾扇贝养殖户在收获扇贝后，除少数被鲜销到饭店、市场外，95%以上都会被加工。加工几乎全部为人工操作，收获一船加工一船，海湾扇贝裙边较短，通常会加工成贝柱，采用开壳取柱的初级加工方式，即把鲜活扇贝洗净，一般由来自各地的临时工聚集在距离海湾扇贝上岸点比较近的地点，每个工人独立作业，即一手持海湾扇贝，一手用曲刃小刀从足丝孔插入扇贝，紧贴贝壳一面剥离闭壳肌，去掉一面的贝壳，除掉外套膜和内脏团，剥下闭壳肌（贝柱）。

就海湾扇贝养殖产业来说，一般直接销售鲜贝柱（水柱），但有少数养殖者为增加收益，也会自己进行焯贝柱加工。干贝柱的制作方法一般大致为取出闭壳肌后，用海水清洗，放入沸腾的海水中，为防止闭壳肌变成扁平状，在此过程中尽量不要搅动，海水再次沸腾后去除水中杂质，在煮扇贝的过程中，火候非常重要，火大则贝柱容易有裂痕，火小则贝柱不平整。再将贝柱放进海水中清洗干净，前后两次用海水清洗贝柱，是保持贝柱色泽亮丽的重要环节。最后捞出贝柱控干水分，晒干即可。在晾晒制干的过程中要经常翻动贝柱，防止因晾晒不均导致的贝柱质量差异，还要注意通风，否则贝柱内部不易晒干，容易变质。由于海湾扇贝水分大，所以出柱率低于栉孔扇贝，大约 6 斤鲜贝能够晒制出 1 斤干贝。贝体较小时，很多养殖者会采取使用机械直接爆开扇贝壳，取出整个贝肉。

虽然闭壳肌是养殖者们普遍利用的部分，但除闭壳肌以外，海湾扇贝几乎所有部分都可进行加工，进而产生经济价值。其外套膜，即裙边，常用加工方法为用海水洗净，在沸水中焯约半分钟，再用冷却过的熟水进行清洗，接着捞出沥水，然后包装并速冻即可，或制成干贝边，在烹饪中应用，此外，也可作为饵料使用。近年来，外套膜的用途越来越广泛，可进一步精深加工为方便食品，如与鸡肉混合加工为香肠，取得了不错的市场反响。内脏团也有其作用，可以加工为鱼虾饲料。此外，以海湾扇贝和鱼肉为主要原料，以淀粉、大豆分离蛋白、食盐、白砂糖等为辅料，可生产出具备独特海鲜风味的调理食品；还可制成扇贝汁，即在加工干贝时，蒸煮多遍鲜柱成原汤，这些汤里含有多种物质，具有独特风味，山东、辽宁等地有厂商收集扇贝汁，经多次提炼，用以制成扇贝油等调味剂。

对于养殖户来说，贝壳一般会被直接遗弃，但近年来，养殖者逐渐认识到海湾扇贝壳的作用，开始拓展其更多用途，如以前养殖者没意识到贝壳粉富含碳酸钙和微量元素，现在扇贝壳的营养价值被重视，有些养殖户就会把贝壳卖给加工厂，再由加工厂加工成饲料，饲养海蛎子或作为禽畜饲料的添加剂。近年来，秦皇岛市北戴河新区大蒲河的邱营村，每年加工大量贝壳粉，除供本地使用外，还销往东三省、山东、内蒙古等地（见专栏 2-1）。此外，扇贝壳还可串起来作为牡蛎等贝类养殖用的附着基使用；形状完整、颜色艳丽的扇贝壳还可以用来做贝雕，价值大幅提高。

专栏 2-1

河北秦皇岛年产 16 万吨扇贝壳变废为宝成畜禽饲料添加剂

河北省秦皇岛市沿海大规模养殖扇贝，剔除贝柱剩下大量扇贝壳，如今，这些废弃的扇贝壳已经从影响环境的渔业废弃物，变成受畜禽养殖场欢迎的钙质饲料添加剂。

2013 年 11 月 22 日，北戴河新区大蒲河管理处邱营村扇贝壳加工户张香军的加工厂里，一批批晒干的扇贝壳经过粉碎机，被加工成颗粒状畜禽钙质饲料添加剂。贝壳粉富含碳酸钙和畜禽体内所需的微量元素，容易吸收，很受养鸡养鸭等畜禽养殖户欢迎。“我们加工的贝壳粉广销东三省、山东、内蒙古等地。”张香军说。

以前每年11月收扇贝，剔取贝柱贝边，丢弃的扇贝壳就堆放在路边、坑塘里，腥臭刺鼻，严重影响环境。“现在，我们自己到养殖户家里把扇贝壳拉回来，加工成饲料。”张香军说，养殖户再也不用愁贝壳没地儿放了，还净化了村里的环境。张香军告诉记者，这一季扇贝壳的收购量近千吨，都是从附近村的扇贝养殖户那儿收来的，除了扇贝壳，还有一部分杂色蛤壳。

在位于邱营村的鑫德食品有限公司，工人们正在把刚收获的扇贝剔取贝柱。公司负责人邱德才说，他们公司每年养殖扇贝两三万笼，眼下正是扇贝收获季节，每天都会有车将加工后剩下的扇贝壳拉走，解决了企业扇贝壳处理难题。

秦皇岛市农业局水产技术推广站站长饶庆贺说，目前，秦皇岛市年扇贝总产量在20万吨左右，加工后产生的16万吨左右扇贝壳全部实现了再利用。①

2.5.4 销售渠道

每至收获季节，养殖户家家都是热火朝天的景象，从早到晚忙于收获、加工扇贝，焯干柱企业、冷冻厂和加工厂等贝柱需求企业也会纷纷来到养殖区。这些企业中有与养殖户达成长期合作关系，每年如约而至的，可称之为“合同模式”；也有从多家养殖户的扇贝中择优选购的，可称之为“市场模式”，交易场所一般为码头或养殖场的院子里。贝柱被收购后，再由这些企业进一步加工，销往国内外。这些企业中有一些规模较大的龙头企业，对产业的发展能够起到一定的支撑作用，如果仅靠养殖产业链中的作坊式加工则很难满足产业的发展需求。下文中将选取几个具有代表性

① 河北秦皇岛年产16万吨扇贝壳变废为宝成畜禽饲料添加剂［EB/OL］. 水产养殖网，http：//www.shuichan.cc/news_ view-163043.html.

的河北省水产品加工龙头企业进行简介。[①]

一是昌黎县禄权水产有限责任公司，成立于1996年，是一家私营进出口企业，是当地农副产品出口创汇龙头企业。公司占地面积4000余平方米，建筑面积3000平方米，固定资产500万元，流动资金800万元，年产值1800万元。拥有固定员工200余人。公司位于秦皇岛市黄金海岸经济技术开发区，大蒲河工贸小区，地理环境优越，交通便利，水电充足，景色优美。该开发区为昌黎县重点开发区域，所以前景非常广阔。公司主导产品为鱼类、虾类及双壳贝类、河豚。公司年加工生产能力1500吨，冷库储存能力500吨，日速冻能力10吨，年出口创汇150万美元。主要生产出口冻煮杂色蛤肉（单冻）、冻扇贝柱（单冻）、冻煮扇贝壳柱（单冻）、章鱼（块冻）、冷冻及冰鲜河豚、单冻虾仁等水产品。产品畅销日本、韩国、美国、中国台湾及东南亚等国家和地区，已形成稳定合作关系，正在不断扩大出口市场。另外，公司产品在国内同样占有很大的市场份额，尤其是京津唐及东北地区。公司注重发挥农业产业化龙头企业的作用，扶持带动了一批扇贝养殖户和河豚及其他水产品养殖户。通过合同、合作等方式联结养殖户330户，其中扇贝270户，河豚等60户，基地总面积浅海约167公顷水面，滩涂134公顷，为企业提供了稳固的原料供应，企业的发展也为养殖户提供了较好的发展空间，取得了良好的经济效益和社会效益。

二是昌黎县嘉辉水产食品有限公司，这是一家集水产养殖、深加工、冷藏及进出口贸易为一体的专业化水产公司。公司位于秦皇岛辖区昌黎县黄金海岸开发区港口，始建于2000年，总投资1100万元。占地面积1.8万平方米，高标准生产车间3500平方米，速冻生产线3条，冷藏能力1000吨。于2004年取得进出口经营权，并通过了美国HACCP等国际认证。公司拥有先进的加工速冻设备及双配套实验室，在消化并吸收国际先进技术与科技含量的基础上建立高标准、全封闭无菌车间，IQF速冻车间，自然解化车间及低温包装车间。平板单冻机日总冻结能力达到18吨。整体布局科学合理而紧凑，并具备24小时监控管理设备。公司主导产品为双壳贝类、虾类及软体类。虾夷扇贝及海湾扇贝为每年产量最高的产品，主要

① 资料来自各公司网站。

销往美国、韩国、澳大利亚、新西兰等国家。公司正以制度化的管理、标准化的运作、严格的质量保证体系不断地扩大国内外市场。

三是昌黎县海东水产食品有限责任公司，成立于2000年1月24日，位于昌黎县团林乡赤洋口村南，注册资本2000万元，公司是一家以水产研发、孵化、养殖、加工、出口为一体的专业型水产企业，是秦皇岛市农业产业化重点龙头企业，河北省出口基地企业。主要产品有冻煮杂色蛤、单冻扇贝柱、冻半壳虾夷贝、江珧贝、裙边虾夷贝、冻章鱼等。产品主要出口韩国、日本、美国、加拿大、俄罗斯等国家。公司现有员工300人，其中具有大专以上学历的人员20余人，拥有一支高素质、高水准、经验丰富的生产技术管理队伍，能满足企业水产品加工、研究、开发的技术要求。公司占地面积约2万平方米，包括两条生产线、四个速冻库、两条超低温隧道式单冷机，日速冻能力80吨，冷藏能力3000吨，拥有1500平方米全封闭式车间和中型标准化实验室，具备先进的水产加工技术和检验设施，同时拥有8000平方米水体育苗室一座，养殖基地一个，占有滩涂约213.33公顷。公司建立和完善了安全卫生质量体系，并在实际加工和生产中严格执行，能够实现从原料到成品，从成品到原料的全程追溯，确保了出口水产品的安全。为了确保原料供应并带动周边养殖户，公司与养殖基地农户签订采购合同，与周边地区养殖户以市场化收购的方式收购公司所需原料。目前公司与周边县区1200户养殖户签订了采购合同，带动基地养殖面积约667公顷，辐射带动周边地区3000多户养殖户养殖水产品，同时拉动了周边群众的就业，促进了周边经济的发展，带动了更多的渔业捕捞船和渔业养殖户，充分发挥了企业的龙头作用。

接下来，对上文中界定的“市场模式”和“合同模式”进行阐释。具体而言，合同模式下，养殖户和收购方形成一种以合同为联系的上下游关系。这种合同一般又分为书面合同和口头合同两种，其中应用更广泛的是口头合同，即双方口头达成一种合作关系，养殖户每年把海湾扇贝留给指定收购商，而不卖给其他第三人；收购商每年也会按照约定上门收购，而不会轻易毁约。市场模式下，养殖户和收购商不存在固定搭配关系，双方遵从市场规律，价高者得。在销售过程中，养殖户之间也会有一些联系，大致上可归纳为以下几种模式：一是自行收集信息，听到有收购商给出较高价格的时候，主动去售卖；二是形成共享机制，几户联结起来，实现信息共享，或者抱团，形成统一价格，一起出售，不“单打独斗”；三是以大带小，即规模较大的养殖户带动多户规模一般或较小的养殖户，在买卖双方中占据更多话语权，为养殖户争取更多利润；四是存在销售中介，有中间人在买卖双方间协调，中间人一般掌握多方信息，有利于降低信息不对称造成的影响，但这种模式中间人需获取一定的收益作为报酬。除此之外，还存在多种多样的其他销售模式。

海湾扇贝目前在国内的销售情况与20世纪90年代是有很大区别的。扇贝味道鲜美，营养丰富，与海参、鲍鱼齐名，并列为海味中的三大珍品。曾经是属于珍贵海产品之一，平常百姓很少吃到，而现在，扇贝成为价格相对较为低廉的常见海鲜，消费者在日常生活中经常会食用，一个重要原因就是其价格的变化。据小范围调查，20世纪90年代左右，鲜活扇贝的售价为3元/千克左右，2004年为3.6元/千克左右，到2017年也仅为6元/千克左右。对比社会中其他物品的价格上涨情况，扇贝的价格变得越来越贴近普通消费者的生活水平。第二届全国创新争先奖获得者、中国工程院院士、中国海洋大学教授包振民曾说：“曾经名贵的海珍品扇贝，如今走上了千家万户的餐桌，我们育种人员感到既高兴，又失落。高兴的是，扇贝成了大众贝类，价格很便宜，老百姓吃得起；失落的就是，名贵的海珍品，价钱越来越低，变得不那么珍贵了。我们想培育一些品种更好的、品质更高的扇贝，有利于大家的身体健康。”专家学者对扇贝的关注也为海湾扇贝未来的发展提供了广阔空间。

近年来，河北省在水产品出口方面做出诸多努力，取得了显著成绩，海湾扇贝在河北海水养殖中居主要地位，是河北出口创汇的重要途径之一[92]。2014年，河北省水产品出口企业44家，出口总量达4.47万吨，总值4.56亿美元，位列全国第八，其中扇贝出口居全国首位，年出口量1.43万吨，总值2亿美元[93]。2015年，河北省水产品出口4.69万吨，总值4.56亿美元，一跃成为全国第六大水产品出口省，其中扇贝出口也有所增长[94]。出口方面，主要分为两种类型：①出口至美国、日本、韩国等，主要产品为冻贝柱；②出口至东南亚各国，主要产品为干贝柱。国内主要是销至广东、福建等南方省份，主要产品为干贝柱。此外，2016年，河北省首个出口水产品质量安全示范区——曹妃甸国家级出口食品农产品质量安全示范区通过国家质检总局的现场考核，由于曹妃甸国家级出口食品农产品质量安全示范区的创建，当地 7 家企业成为市级以上水产龙头企业，增加了 6 个注册商标，推动成立了 47 家水产合作组织，带动了周边养殖户 2500 户，有效推动了曹妃甸水产养殖企业和合作社制定生产操作规范、广泛采用健康的养殖技术。[①] 曹妃甸国家级出口食品农产品质量安全示范区的未来发展也为海湾扇贝产品的出口创造了重要条件。

另外，在调查中，笔者通过与某扇贝加工企业的访谈得知了加工厂销售扇贝时关于定价的趣事，以该加工厂为例，其产品基本全部出口到日本。买卖双方根据每年的扇贝质量定价。具体操作是由中方报价，日方根据自己掌握的市场行情和当年扇贝的生长情况评估报价是否合理，然后再和中方讨价还价。日方掌握的行情信息来源于日方公司在中国各地设置的办事处，办事处的职责就是搜集市场关于原料、扇贝长势、产量、市场价格等各方面的信息，但最重要的成本数据掌握在中方手中，所以最终双方协商的价格是比较公平的。某扇贝加工厂产品销售定价过程示意如图 2-10 所示。

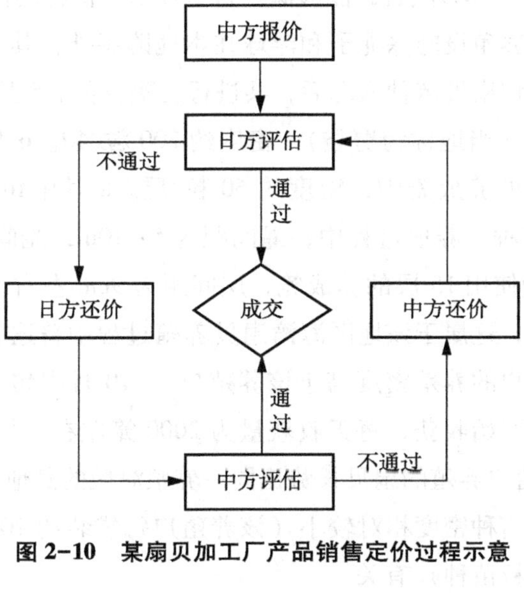

图 2-10 某扇贝加工厂产品销售定价过程示意

① 水产养殖网，http：//www. shuichan. cc/news_ view-289378. html。

2.5.5 案例分析

抚宁县某养殖户于1996年开始养殖扇贝，是河北省第一批养殖者之一，当时海湾扇贝养殖产业处于初创阶段，产业内养殖户数量较少，行业进入壁垒低，投资也都不太高。该养殖户当时的养殖规模较小，为2万笼左右，2007—2009年，该养殖户的养殖规模为历年最高，数量达15万笼，是1996年的7倍之多。2010年开始，由于精力不足和缺乏人手等，养殖规模缩小到12万笼左右，2018年进一步减少为10万笼，养殖海域一直在人造河口2.5~5海里，养殖水深6~8米，这其实也反映出当地养殖户的一个普遍特点，即养殖海域不会轻易变更，基本是一直延续使用，甚至有些海域的使用是从父辈传递下来的。养殖品种主要为中科红和中科红二代。

苗种环节。考虑到自己保苗出苗率较好，该养殖户从1998年起开始自行保苗，曾在青岛、胶州、薛家岛等地进行保苗，但效果均不如莱州好。于是，自2000年起，每年由养殖者亲属负责，运输苗种到山东莱州进行保苗，自3月20日左右出发，5月20日左右返回河北，保苗时间约为2个月，苗种成活率在70%左右，能够满足自身养殖对苗种的需求。

养殖环节。养殖设施除绳子和浮球在本地购买外，其他器材均购自山东。每年5月下旬扇贝苗种入海后，共进行三次分苗。5月下旬至6月初，分苗入纱窗网袋（当地称为劈袋），密度约200粒/袋。6月下旬至7月上旬，分苗入套网的养成笼中，密度约60粒/层。8月中旬分苗入养成笼，每层42~43粒苗种。养成过程中，绳间距为5~10m，笼间距为40cm。从2017年起，开始使用15层的养成笼，层间距为9cm左右（上述养殖密度均高于养殖标准，这属于该地区海湾扇贝养殖过程中普遍存在的现象，甚至还有很多养殖户的养殖密度高于该养殖户）。10月中旬，海湾扇贝规格达到上市要求，开始收获，每天收获量为2000笼左右，每年收获期很长，近50天。该养殖户养殖的扇贝长势比同一养殖海域的其他养殖户略好，原因可能与劈袋时苗种密度相对较小（该养殖户每袋装约200粒苗种，其他养殖户装300多粒苗种）有关。

加工与销售环节。与其他大部分养殖户相比，该养殖户养殖规模较大，销售环节也有自身特点，主要销售渠道不是给加工干贝柱企业，而是选择销售给冷冻厂。具体情况为工人对收获上岸的鲜贝进行开壳取柱粗加工，每日晚饭后，会有与养殖户存在长期合作关系的冷冻厂上门收货，数量为4000~5000千克/天。据养殖户介绍，该冷冻厂每年加工约1500吨贝柱，全部用于出口美国、俄罗斯等国家。如果遇到贝柱品质差的年份，冷冻厂给出的价格较低，无法达到养殖户的心理预期，养殖户就会改变把鲜贝柱全部卖给冷冻厂的策略，而倾向于出价更高的焯贝柱企业，但考虑到后者很难消化如此大量的货物，以及需要保持和冷冻厂长期的合作关系，所以只能把约20%的鲜贝柱卖给焯贝柱企业。

2.6 产业成本效益

2.6.1 投入成本分析

河北海湾扇贝养殖每年投入的现金成本主要包括人工、苗种、养殖器材、海域租金和其他，相关计算公式和详细解析如下：

总成本=人工成本+苗种成本+养殖器材成本+海域使用成本+其他成本

人工成本=临时工工资+长期工工资及伙食费

=(分苗+剥柱)工资+(船长+养殖工人+管理人员)工资及伙食费

苗种成本=苗种数量×单价

养殖器材成本=器材年折旧费+网笼修补费+新购置设施费

$$=\left(\frac{\text{器材原值}-\text{残值}}{\text{使用寿命}}\right)+\text{网笼修补费}+\text{新购置设施费}$$

海域使用成本=单位海域费用×养殖海域面积

其他成本=养殖船维修费+看护费+待客费

人工成本主要包括临时工成本和长期工成本。临时工一般是外地人，主要有两点原因：一是本地劳动力供应不足，无法满足忙时（如分苗、剥柱）需求；二是外地临时工吃住在养殖场，比本地工尤其是家比较远的本地人，节省了很多从家到养殖场的往返时间，可以从每天早晨3点半一直工作到深夜。与长期工相比，临时工成本往往较高，这是因为临时工与长期工有本质区别。虽然临时工能拿到相对高的工资，但是他们得到的其他福利也少，且临时工工作时间一般只持续一个多月，干完活儿就卷铺盖走人，无法带来长期收益。长期工主要包括船长、养殖工人和管理人员，养殖户负责他们的工资和外地长期工的食宿，住宿一般在场内，所以不计算货币成本。船长具备较高的技术水平，在干活的同时还负责监管工作，所以工资略高于其他长期工；养殖工人负责日常的养殖作业；管理人员负责养殖场的日常运营。

苗种成本是河北海湾扇贝养殖产业成本的重要构成部分，其高低与每年的养殖规模和密度呈正相关，即养殖规模越大，密度越高，所需苗种数量越多，成本也随之增加。

浮筏所需养殖器材主要包括桩、橛绠、浮绠、浮球、网笼，此外，还包括吊绳、套网等。这些设施都有一定的使用寿命，再结合其总价值，则可以计算出每年的器材折旧成本，若某些设施（主要是网笼）出现损坏，则需要对其进行修补。若设施不再具有使用价值，则需要重新购买替换，遗弃的设施残值很低，可忽略不计。另外，由于各养殖户购买养殖设施的渠道和材质不同，使用寿命也会有较大差异，所以，基于数据统计和计算的现实性，此处养殖器材成本只包含每年的现金成本，而不考虑器材折旧成本。

海域使用成本主要是指海域使用金，根据《中华人民共和国海域使用管理法》的规定，使用海域需缴纳海域使用金。通过咨询当地主管部门，本研究海域使用成本的计算标准约为0.6元/笼。

除上述成本之外，在养殖过程中还会产生其他开支，如养殖用船的修理、雇用看护人员工资和客户来访时的接待费等，这些费用共同计入其他成本。

2.6.2 产出效益分析

河北海湾扇贝养殖产业的产出主要是指鲜贝柱的产值，相关计算公式如下：

$$\text{总产出}=\text{单笼产出}\times\text{总笼数}$$
$$=\text{单笼鲜贝柱产量}\times\text{单价}\times\text{总笼数}$$
$$\text{总利润}=\text{总产出}-\text{总成本}$$

按照上述方法，计算出2012—2017年河北海湾扇贝养殖总投入产出情况，见表2-6。

表2-6 2012—2017年河北海湾扇贝养殖成本效益情况

	项目	2012年	2013年	2014年	2015年	2016年	2017年
养殖规模	养殖面积（万公顷）	4.20	4.40	5.86	6.66	5.53	6.55
	养殖数量（万笼）	2520	2340	2750	2700	3800	4100
收入情况	总收入（万元）	168000	82000	68200	216000	255000	194000
成本情况	人工成本（万元）	53424	59904	69025	60750	98420	108486
	苗种成本（万元）	12348	9126	15125	12420	17480	16400
	养殖器材成本（万元）	11340	10530	12375	12150	17100	18450
	海域租金（万元）	1512	1404	1650	1620	2280	2460
	其他成本（万元）	1260	1170	1375	1350	1900	2050
	总成本（万元）	79884	82134	99550	88290	137180	147846
	单笼成本（元）	31.70	35.10	36.20	32.70	36.10	36.06
利润情况	利润（万元）	88116	-134	-31350	127710	117820	46154
	单笼利润（元）	34.97	-0.06	-11.40	47.30	31.01	11.26

资料来源：国家贝类产业技术体系秦皇岛综合试验站。

如图2-11所示，2012—2017年的养殖成本占总收入的比例均在40.88%以上，分别为47.55%、100.16%、145.97%、40.88%、53.80%和76.21%。

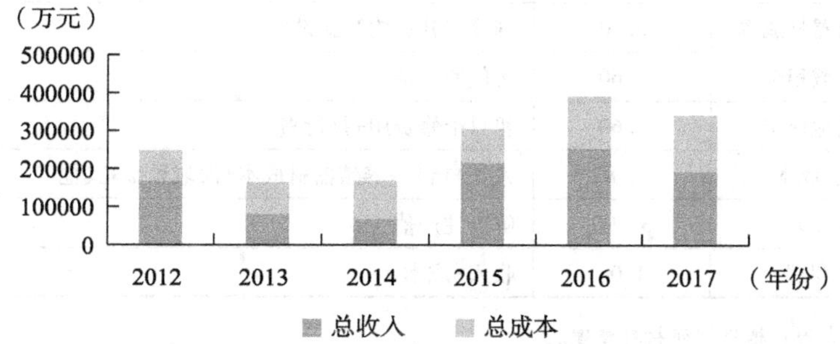

图2-11 2012—2017年河北海湾扇贝养殖总成本与总收入情况

考虑到每年的养殖规模不同，为进一步分析成本构成情况，本研究计算了每年的单笼成本，如图2-12所示，2012—2017年，人工成本占总成本比重最高，均在66.88%以上，其次为苗种和养殖器材，三者占总成本比例在90%以上。

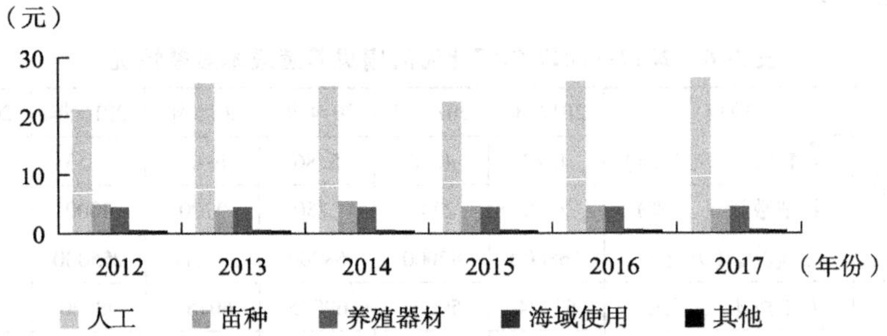

图 2-12　2012—2017 年河北海湾扇贝单笼养殖成本构成情况

2.6.3　案例分析

2017 年抚宁县某养殖场养殖规模为 10 万笼，养殖面积约为 167 公顷，总投入成本约 338.20 万元，总收入约 349 万元。具体成本收益情况见表 2-7。

表 2-7　2017 年河北海湾扇贝某养殖户单笼成本效益情况

项目	金额（元）	说明
单笼人工成本	22.97	船长工资+船员工资+主管工资+分苗工人工资+剥柱工人工资
单笼苗种成本	3.15	苗种单价×数量
单笼养殖器材成本	5.50	网笼修补和购买新设施
单笼海域租金	0.60	海域使用金
单笼其他成本	1.60	船只维修费用+接待费
单笼总成本	33.82	人工+苗种+养殖器材成本+海域租金+其他
单笼收入	34.90	鲜贝柱产值
单笼利润	1.08	收入-成本

资料来源：根据调研材料整理。

（1）人工成本。该养殖场共有 4 艘养殖船，1 艘看护船。共有 5 个船长，工资为 5 万元/人/年；共 10 个船员，工资为 4 万元/人/年。每条船负责一块指定养殖海域，扇贝生长状况责任到人，日常作业由船长监督，但分苗时间、养殖密度、收获时间等由场长决定。此外，还有主管 1 人，负责养殖场的日常运营，工资为 4 万元/人/年。上述 16 个长期工均为本地男性，养殖场不提供住宿，饭费包括在工资内。分苗和剥柱环节均为临时工，分苗工人工资为 265 元/人/天，工作量约为 130 笼/人/天，每年共需分苗工人约为 39 人，工作时间共 20 天左右。剥柱成本约为 14 元/笼。

单笼人工成本=船长工资+船员工资+主管工资+分苗工人工资+剥柱工人工资=(5 万元/人/年×5 人+4 万元/人/年×10 人+4 万元/人/年×1 人+265 元/人/天×39 人×20 天)÷10 万笼+14 元/笼=22.97 元/笼

(2) 苗种成本。投苗密度约为 700 粒/笼，购苗价格约为 0.0045 元/粒。

单笼苗种成本=0.0045 元/粒×700 粒/笼=3.15 元/笼

(3) 养殖器材成本。主要是养殖网笼修补和购买新设施替换报废设施等，每年该项总成本约为 55 万元。

单笼养殖器材成本=55 万元÷10 万笼=5.50 元/笼

(4) 海域租金成本。依据前文分析，单笼海域租金成本按照 0.6 元计算。

(5) 其他成本。主要为 5 艘船的修理费用和接待费用等。由于其养殖船都有合法证件，每年领取的燃油补贴基本可弥补养殖用燃油费。5 艘船的维修费用共约 6 万元/年，接待费约 10 万元/年。接待费较高，考虑与该养殖户同时经营多种生意有关。

单笼其他成本=(6 万元/年+10 万元/年)÷10 万笼=1.6 元/笼

(6) 收入。单笼鲜贝柱产值为 34.90 元，扣除成本，单笼利润为 1.08 元，总利润=1.08 元/笼×10 万笼=10.80 万元。据该养殖户反映，与 2016 年相比，2017 年利润少了很多。

据笔者调查，该养殖户所在区域受饵料不足、养殖密度较高和降水偏少的影响，贝柱规格较小（为 320~700 粒/千克，大部分为 500~600 粒/千克），出柱率较低，养殖利润明显低于昌黎（大滩）和乐亭等地。

对该养殖户 2017 年的成本—效益情况进行分析，发现单笼养殖成本占收入的比例高达 96.91%，明显高于全省平均水平。如图 2-13 所示，成本构成中，人工成本最高，占比为 67.92%，其次为养殖器材成本和苗种成本，三项成本共占比 93.49%，与全省的成本构成情况基本一致。

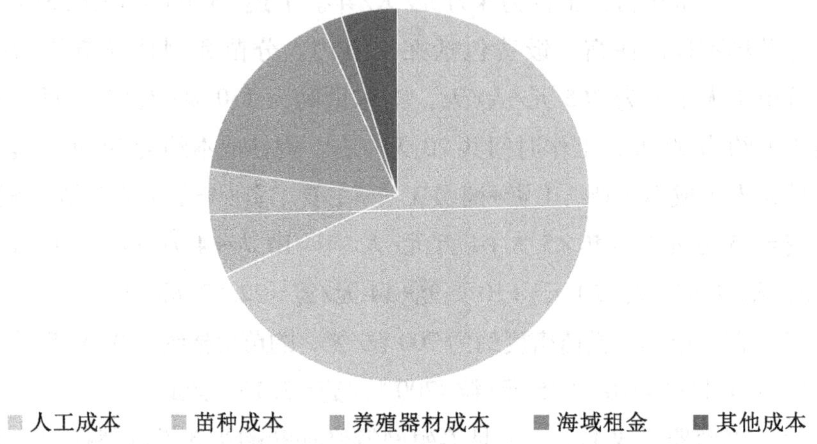

图 2-13 2017 年河北海湾扇贝某养殖户单笼成本效益构成

关于人工成本占比较高的情况，不仅体现在河北海湾扇贝养殖产业，在国内整个扇贝养殖产业内普遍存在，有养殖户表示高额的人工成本是贝类产业逐渐衰退的重要原因之一。如笔者对山东某养殖场进行调研时获知，1997 年山东烟台扇贝养殖工人一年工作 12 个月的工资共计 3500 元，而 2017 年，养殖工人每年只需工作 10 个月，工资共计 9 万元，涨幅达 25 倍之多，但同时扇贝价格却基本没有上涨。还有，加工企业通过压缩养殖户的利润来达到盈利的目的，如某加工企业从养殖户手中收购扇贝柱的价格 1997 年是 14～16 元/千克，2017 年是 40 元/千克，仅增长了 2～3 倍，这其中价格与成本不成比例的压力大部分都由养殖者承担了，给产业的发展带来了挑战。经分析，在这种情况下，产业还能继续发展的原因可能在于两方面：一方面，养殖主体的规模在不断扩大，规模效益在一定程度上弥补了人工成本的增加；另一方面，养殖户通过增加工人的劳动量来缓解人工成本快速上涨的压力。

2.7 产业价值链

现阶段海湾扇贝养殖产业链主要包括三个环节：一是从育苗场购买苗种；二是扇贝生长至成贝规格，被收获上岸；三是对成贝进行开壳取柱，把鲜贝柱销售给收购商。其分为两个过程，即从苗种生长至成贝的过程和把成贝加工成鲜贝柱的过程。

河北海湾扇贝养殖户大部分直接对鲜贝进行开壳取柱后出售，加工率95%以上，因此，本研究不再单独计算苗种到成贝的增值量，而是分析苗种到鲜贝柱的增值量。下面以笼为衡量单位，对2012—2017年河北海湾扇贝养殖产业价值链增值情况进行分析，结果见表2-8，除异常年份2013年和2014年外，河北海湾扇贝养殖产业价值链增值倍数均高于11.83，说明产业增值率较高。

表2-8 2012—2017年河北海湾扇贝养殖产业价值链增值情况

年份	节点	价值量（元/笼）	增值量（元/笼）	增值倍数
2012	苗种	4.90	—	—
	贝柱	66.67	61.77	13.61
2013	苗种	3.90	—	—
	贝柱	35.04	31.14	8.99
2014	苗种	5.50	—	—
	贝柱	24.80	19.30	4.51
2015	苗种	4.60	—	—
	贝柱	80.00	75.40	17.39
2016	苗种	4.60	—	—
	贝柱	67.11	62.51	14.59
2017	苗种	4.00	—	—
	贝柱	47.32	43.32	11.83

资料来源：国家贝类产业技术体系内部数据。

3 海湾扇贝养殖产业可持续发展能力评价指标体系的构建

本书在第2章中详细分析了河北海湾扇贝养殖产业现状，本章将以上一章为现实基础，结合相关文献和专家意见，根据指标体系构建原则，构建海湾扇贝养殖产业可持续发展能力评价指标体系。

3.1 指标体系构建原则

3.1.1 系统性原则

由于海湾扇贝养殖产业是一个复杂的综合系统，具有综合性和整体性的特点，对于该产业可持续发展能力的评价必须体现整体性和系统性，从产业发展的全过程进行考虑[95]。这就要求把指标体系视为一个整体，指标覆盖范围要尽可能全面，不仅要考虑影响产业发展的直接因素，还要考虑对产业发展有重要影响的间接因素，以综合体现产业可持续发展评价指标体系的综合性和可信度[96]，此外，还要注意各层指标间逻辑关系的清晰明确。本研究以经济、环境、资源、社会和发展潜力等为基础，试图构建一个全面而系统的海湾扇贝养殖产业可持续发展能力评价指标体系。

3.1.2 科学性原则

根据海湾扇贝养殖产业的实际情况，其可持续发展能力的指标设计、指标选取和计算方法等都要具备科学依据，能够反映产业可持续发展的内涵。尽可能使各个指标都有明确的目标导向和释义，避免概念含糊不清的指标。此外，还要注意全面客观反映产业的发展现状，并能较好地反映产业发展主要目标的完成程度[97]。本研究中海湾扇贝养殖产业可持续发展能力评价指标体系是在对前人研究成果去粗取精的基础上，结合专家意见和实际情况构建的，力求指标体系的科学性。

3.1.3 客观性原则

海湾扇贝养殖产业的发展是有多年历史和现实基础的，其所取得的经济效益、赖以生存的自然资源和环境、所处的社会环境等是真实存在的，因此为保证海湾扇贝养殖产业可持续发展能力评价结果的准确性以及时效性，评价必须立足于客观实际，以事实为出发点，不能全然凭借主观臆想。在进行针对各对象的问卷调查和与专家访谈的过程中也必须遵循客观性原则，避免脱离实际情况。

3.1.4 可行性原则

可行性原则是科学评价海湾扇贝养殖产业可持续发展能力的基础，评价指标体系的构建一定要切实可行。指标体系中的各指标所涉及的资料或数据能够通过查阅现有资料或借助调查、咨询等渠道获取。各指标在时间、空间和隶属关系上应尽量保持概念清晰、层次分明且易于量化[98]。另外，指标并非越多越好，应尽可能用较少的指标诠释评价指标体系，计算方法也要简单可行[99]。

3.2 一级指标的构建

海湾扇贝养殖产业是以海湾扇贝自身的生长规律为基础，以满足人类的消费需求，有目的地利用技术手段，在以自然海域为主的环境中进行养殖活动所形成的产业。通过梳理总结已有学者对海水养殖的相关研究，立足于可持续发展的内涵，结合研究对象的实际情况，本研究拟从经济、环境、资源、社会和发展潜力等方面入手，建立海湾扇贝养殖产业自身经济水平、产业发展自然环境、产业发展资源条件、产业发展社会环境和产业持续发展潜力5个一级指标。

3.2.1 产业自身经济水平

产业自身经济水平是指海湾扇贝养殖产业本身能够为社会带来的经济成果，最直接表现就是货币收入。可持续发展的核心是发展，如果没有发展，就没有研究可持续的必要。经济发展是发展的重要组成部分，尤其是对于经济落后的地区来说。海湾扇贝养殖产业对中国沿海地区来说，是很多渔民赖以生存的活动，产业经济的发展对于提高沿海渔民的生活水平和全面实现小康社会具有重要作用。可以说，产业自身经济的发展是海湾扇贝养殖产业持续发展的原始动力。基于此，本研究把产业自身经济水平作为海湾扇贝养殖产业可持续发展能力评价指标体系的一级指标。

3.2.2 产业发展自然环境

产业发展自然环境是指海湾扇贝养殖所处的自然环境质量情况。海湾扇贝养殖以近海水域为主，对环境质量有较高要求，养殖环境对海湾扇贝生长和品质至关重要[100]。但近年来，在自然因素和人为因素的双重作用下，海湾扇贝养殖区环境逐渐恶化。由于双壳贝类的滤食习性，海湾扇贝在生长中很容易富集环境中的有害物质，不仅会损害海湾扇贝的生长生理和免疫活力，消费者食用遭到污染的海湾扇贝后也容易引起食物中毒[101]。养殖环境的恶化已经成为阻碍海湾扇贝养殖产业可持续发展的瓶颈，对产业发展自然环境进行评价，对于促进产业可持续发展具有重要作用。基于此，本研究把产业发展自然环境作为海湾扇贝养殖产业可持续发展能力评价指标体系的一级指标。

3.2.3 产业发展资源条件

产业发展资源条件是指影响海湾扇贝养殖产业发展的资源情况。可持续发展以合理利用资源为基础，对于海湾扇贝养殖产业而言，资源是养殖者进行养殖活动的基本条件，包括自然资源和生物资源，是其他一级指标存在的基础。资源具有稀缺的性质，评价资源是否能为产业提供长久的支持很有必要。基于此，本研究把产业发展资源条件作为海湾扇贝养殖产业可持续发展能力评价指标体系的一级指标。

3.2.4 产业发展社会环境

产业发展社会环境是指海湾扇贝养殖产业对社会的影响以及社会环境对产业发展的促进情况。可持续发展以人为本，人与人形成的关系总和即为社会，因此社会环境是海湾扇贝养殖产业可持续发展必须考虑的重要方面。具体说来，二者之间是相辅相成的关系。一方面，产业的发展能够带来社会效益，造福于社会；另一方面，产业发展又不能脱离于社会，需要社会为其提供生长的土壤，产业所处的社会环境越进步，越能促进产业的可持续发展。基于此，本研究把产业发展社会环境作为海湾扇贝养殖产业可持续发展能力评价指标体系的一级指标。

3.2.5 产业持续发展潜力

产业持续发展潜力反映了海湾扇贝养殖产业的发展能力。海湾扇贝养殖产业在发展过程中，除需要经济、环境、资源和社会的依托外，还需要衡量产业自身各方面是否具备发展潜力。如果产业自身都不具备继续发展的能力，则无论其他方面的条件如何优越，产业必然不能实现可持续发展。基于此，本研究把产业持续发展潜力作为海湾扇贝养殖产业可持续发展能力评价指标体系的一级指标。

3.3 二级指标的构建

第 3.2 节中，本研究已选取产业自身经济水平、产业发展自然环境、产业发展资源条件、产业发展社会环境和产业持续发展潜力 5 个指标为海湾扇贝养殖产业的一级指标。本节将对上述一级指标的二级指标进行说明。

3.3.1 产业自身经济水平的二级指标

产业自身经济水平的高低是决定产业能否继续前进的动力，借鉴前人研究，经济水平高低的评价指标可总结为总量和效益两方面。因此，本研究选取总量情况和效益情况作为产业自身经济水平的二级指标。

3.3.2 产业发展自然环境的二级指标

海湾扇贝的养殖环境主要为自然海域，环境污染程度体现了海湾扇贝生长的环境质量，尤其是水质的好坏。该指标的高低直接作用于海湾扇贝的生长情况，环境污染程度越低则海湾扇贝长势越好，反之则会造成海湾扇贝的滞长，甚至是死亡。即使保持了良好的水质，海湾扇贝的养殖还会受到海洋自然灾害的影响，并且海洋自然灾害具有不确定性、不可避免性、波及范围广泛性和严重危害性等特点，[①] 极易对海湾扇贝养殖产业造成恶劣影响，一次严重的自然灾害甚至会导致养殖者“颗粒无收”。因此，在产业发展过程中必须重视海洋灾害情况。此外，海湾扇贝养殖产业发展自然环境还与海域生态是否平衡有关，若海域生态系统存在问题则可能导致海湾扇贝死亡，甚至会爆发严重生态问题。面对产业发展环境承受的种种威胁，利益相关者是否会重视环境保护十分重要，保护力度大则可减缓环境的恶化速度，或者减轻环境恶化造成的后果。因此，本研究把环境污染程度、海洋灾害情况、海域生态系统和环境保护情况 4 个指标作为产业发展自然环境的二级指标。

3.3.3 产业发展资源条件的二级指标

资源禀赋学说理论产生的背景是瑞典经济学家赫克歇尔和俄林对李嘉图比较优势理论的解说。产业发展所需资源的丰度越高，比较优势就越明显，产业越能更好发展。自然资源是海湾扇贝养殖产业生产的重要物质基础，自然资源问题是目前产业发展面临的重要问题之一。除自然资源外，从产业经济学角度来看，某地海湾扇贝生物资源的丰度对于该地海湾扇贝养殖产业的产业集聚也具有重要意义。此外，在资源日益紧缺和使用矛盾不断加深的背景下，资源是否得到了有效的使用，或者说是最大程度上发挥了资源的价值，也是一个值得思考的问题。出于以上考虑，本

---

① https：//baike. so. com/doc/5034871-5261390. html。

研究把资源禀赋情况和资源利用效率设置为产业发展资源条件的二级指标。

3.3.4 产业发展社会环境的二级指标

海水养殖具有较好的社会效益[102]，蒋涛等（2016）[62]和黄康康等（2016）[63]都证明了海水养殖能够为社会做出就业贡献。海湾扇贝养殖作为海水养殖的一种，对于社会就业也具有促进作用，与此同时，就业也能为海湾扇贝养殖产业的发展提供劳动力支持。从业人员的素质高低以及群众对产业现状的满意程度也会对海湾扇贝养殖产业的发展产生一定影响[103]。此外，政府作为社会发展的决策者和公共政策的制定者，其对海湾扇贝养殖产业是否持有支持的态度，以及支持力度如何等也会对产业发展起推动或阻碍作用。出于以上考虑，本研究把产业就业贡献、群众满意程度、从业人员素质和政府支持力度作为产业发展社会环境的二级指标。

3.3.5 产业持续发展潜力的二级指标

海湾扇贝养殖产业的持续健康发展，绝不是养殖这一个环节就可决定的，与产业链等其他相关方面都息息相关，因此，海湾扇贝养殖产业可持续发展能力也会受到其他相关发展能力的影响。养殖技术水平是值得关注的一点，高健等（2001）[104]研究发现，养殖技术的发展，可以在很大程度上提高单产，促进养殖业发展。王志慧（2002）[105]等指出，健康养殖技术有助于突破水产养殖业发展的瓶颈。李凯等（2016）[106]也提出，技术的发展与推广对于促进水产养殖转方式、调结构有重大意义。海湾扇贝的养殖必然有人的参与，劳动力在其中发挥了很大作用。蒋逸民等（2013）[107]研究发现，海水养殖专业从业人员每增长1%，海水养殖量会增加0.84%，证明劳动力对海水养殖产量的贡献较大。彭道民等（2017）[108]也说明了劳动力对海水养殖的重要性仅次于产量。因此，劳动力的供给是否充足对于产业发展影响较大。基于以上文献，本研究把相关发展能力、技术发展情况和劳动力供给情况作为产业持续发展潜力的二级指标。

3.4 三级指标的构建

第3.3节中，本研究已选取了产业自身经济水平、产业发展自然环境、产业发展资源条件、产业发展社会环境和产业持续发展潜力5个一级指标的15个二级指标。本节将对上述二级指标的三级指标进行详细说明。

3.4.1 产业自身经济水平的三级指标

一级指标产业自身经济水平包括总量情况和效益情况2个二级指标，下面对这2个二级指标的三级指标进行说明。

3.4.1.1 总量情况

对于海湾扇贝养殖产业自身经济水平而言，其总量的变化主要体现为产值的变化，鲜贝柱产量是海湾扇贝养殖产业生产的最终成果，是评价生产成绩的主要指标，是衡量产业生产发展水平的重要标志，也是制定来年生产计划的重要依据，对产业生产规模的扩张和发展起着重要作用。本研究的产值为每年海湾扇贝鲜贝柱的产量与价格之积。由于产量和价格的变动受多种因素影响，单纯用产值进行纵向比较缺乏可比性，所以本研究引入了产值增长率，与产值变动程度互为补充。

综上所述，本研究采用产值和产值增长率2个指标共同构成产业自身经济水平中衡量总量情况的三级指标。

3.4.1.2 效益情况

经济效益是指用尽可能少的成本获取最高的产出，是投入与产出之间的比较，它是衡量经济发展水平的重要指标。在水产养殖的效益情况方面，成本收益率[58]、投入产出比[60]2个指标应用较广泛。

综上所述，本研究选择单位投入产出比和成本收益率2个指标作为效益情况的三级指标。

3.4.2 产业发展自然环境的三级指标

一级指标产业发展自然环境包括环境污染程度、海洋灾害情况、海域生态系统和环境保护情况 4 个二级指标，下面对这 4 个二级指标的三级指标进行说明。

3.4.2.1 环境污染程度

在环境污染方面，从前人的研究中得知，造成海洋污染的原因主要包括工农业排污、生活垃圾和废水污染以及海上石油污染等方面。我国海洋污染物总量的 80%以上来自陆源污染，其中工业污染排放是我国近海海域最大的污染源[109~113]。对于海湾扇贝养殖产业来说，陆源污染物排放入海会使水质降低，有害物质富集，进而导致海湾扇贝的生长受限。当大量石油泄漏后，会在海水水面形成一层隔膜，阻碍海水与空气的接触，使海水含氧量大幅降低，大量海洋生物可能会出现因缺氧而导致的死亡。这些海洋生物被人类食用后，还会影响身体健康。

综上所述，本研究在借鉴前人研究成果的基础上，结合海湾扇贝养殖产业实际情况和数据的可获得情况，选取河流污染物入海量、入海排污口超标率和油污污染次数 3 个指标作为环境污染程度的三级指标。

3.4.2.2 海洋灾害情况

随着沿海经济和人类海上生产活动的发展，海洋自然灾害造成的损失也呈现出上升趋势。根据 2012 年民政行业标准《自然灾害分类与代码》（MZ/T 031—2012），海洋灾害是指海洋自然环境发生异常或剧烈变化，在海上或海岸发生的对人类生命财产造成损害的自然灾害，主要包括风暴潮、海浪、海冰、海啸、赤潮和其他海洋灾害等。风暴潮灾害是指强烈天气系统，如冷锋或热带、温带气旋等过境时产生的气压骤变和强风等导致的，没有周期性规律的局部海面异常升降现象。海浪灾害指波高大于 4m 的海浪。海冰灾害发生在渤海及黄海北部的冬季，主要会阻塞航道、损坏船只和设施等。海啸发生的原因包括海底地震和火山爆发等。赤潮灾害是海水中某些浮游生物或细菌在短时间内暴发性增殖或高度聚集，引起水体变色，从而影响和危害海洋生物生存的灾害[114]。在近海海域，海浪一般与风暴潮结合形成严重的灾害。赤潮是近海最突出的问题，其特点是发生时间早、次数多、范围广、危害大[115]，大规模赤潮给近海养殖业造成严重影响。灾害发生期间，海湾扇贝滤食海洋生物容易形成贝毒，危害人体健康。赤潮灾害的损失还可波及水产品销售。水产品几乎没有产地证书，一旦发生严重赤潮灾害，会引发消费者对海水产品的恐慌，导致销售量下降，限制海湾扇贝产品出口，使养殖产业受到很大损失[116]。

对于海湾扇贝养殖产业来说，由于海湾扇贝的养殖期是在5月到12月之间，时间上一般不会与海冰灾害发生时间重叠，所以海冰灾害几乎不会对产业造成影响。海啸会使海水的水层混淆，进而造成养殖的海产品死亡。从海啸的发生原理和条件来看，中国渤海、黄海和东海自身发生海啸灾害的可能性很低，且受来自太平洋海啸的影响也很小。本研究的研究区域主要为中国渤海附近，所以不再考虑海啸灾害对海湾扇贝养殖产业的影响[117]。翟伟康等（2016）[118]通过分析河北省近岸海域发生的赤潮灾害发现，该海域赤潮灾害的发生频次和累计面积呈上升趋势，且发生时间集中于5—10月，正是海湾扇贝养殖周期内，会对其生长造成较大影响。风暴潮灾害是我国海域常见的海洋灾害之一，其对海水养殖有较大危害[119]。以海湾扇贝养殖为例，风暴潮灾害可能造成海湾扇贝养殖设施的拔橛、断绳、缠架、掉漂和沉架等情况，还会引起海水浑浊呛死贝苗及幼贝，或泥沙淤积覆盖养殖笼、扇贝堆积，进而死亡的后果。

综上所述，本研究选取风暴潮灾害次数和赤潮灾害次数2个指标为海洋灾害情况的三级指标。

3.4.2.3 海域生态系统

海湾扇贝原产于美国东海岸，1982年由张福绥引入中国后开展人工养殖，掀起了我国海水养殖的一次浪潮。但同时，由于海水养殖海域不可能是完全封闭的，加上我国海域广阔，一旦引进外来入侵物种，就会严重威胁到整个海域生态系统[120]（外来生物入侵是指外来物种从自然分布地区，由人类有意识或无意识地引入当地，在当地自然或半自然环境中形成自我再生能力，对当地生态系统或自然景观造成明显破坏的现象[121]）。因此，海湾扇贝作为一种外来生物，必须注意其是否会对我国海域的自然环境造成严重的外来物种入侵后果。

海洋经济崛起的同时，海域资源也日趋紧张。探索高收益、多品种的立体养殖模式，成为海水养殖长期持续健康发展的有效途径。从可持续的角度看，大面积单一品种的海水养殖，会造成海区生物多样性向单一性转变，以及海洋物质循环平衡失去控制，威胁海洋生态的可持续发展[122]。滕世栋等（2000）[123]通过试验发现，在贝类养殖区进行藻类立体养殖，可以改善海域生态环境，形成良性循环。杨红生等（2000）[124]研究发现，贝、藻、参混养的生态效益和经济效益明显高于扇贝单养。马强等（2005）[125]通过把栉孔扇贝和虾夷扇贝混养，达到了降低栉孔扇贝死亡率和提高经济效益的目的。侯嘉伟等（2015）[126]介绍了山东大钦岛“贝、藻、鱼”兼养的立体养殖模式，该模式将海水养殖区打造成具备自我维持能力的生态养殖系统，实现了生态平衡。蒲新明等（2012）[71]也提出养殖品种多样性是衡量海水养殖生态系统是否健康的重要指标，多品种的立体养殖模式有较高的生态效益，但该种模式强调重视养殖生物互补性和种间关系，不可盲目混养。

浮游植物与海洋生态环境关系密切，是海洋生态系统最主要的初级生产者，对海洋碳循环起到重要作用[127]。已有多位学者的研究证实了这一观点[128~131]。此外，杨建强等（2003）[132]、欧文霞（2006）[133]、谢恩年（2009）[134]和李志鹏等（2016）[135]都把浮游植物多样性列为海洋生态系统健康评价指标。

近岸生态系统健康状况是对近岸生态系统状态的整体评价。海湾扇贝的主要养殖区域在近岸海域，健康的近岸生态系统能够为海湾扇贝生长提供良好的生存环境，但海湾扇贝等海水养殖活动在生态结构和养殖方式不合理等情况下也会对近岸生态系统造成破坏[136]。鉴于此，近岸海域生态系统是否健康关乎海湾扇贝能否健康生长。

综上所述，本研究采用外来生物入侵问题、养殖品种多样性、浮游植物多样性和近岸生态系统健康状况 4 个指标作为海域生态系统的三级指标。

3.4.2.4 环境保护情况

海水作为一种公共资源，具有稀缺性和竞争性[137]。部分海湾扇贝养殖者片面追求产量，养殖量超过环境容量，或随意丢弃死贝、贝壳等贝体废弃物，造成养殖海区的污染[138]。养殖者作为最直接的养殖活动参与者，其环保意识的高低对海洋环境有很大影响，还会进一步作用于海湾扇贝产品的安全和品质。如果长此以往，则难以满足消费者与日俱增的对食品安全的要求，海湾扇贝养殖产业也将难以持续健康发展。因此，在环境保护中，必须考虑养殖者的环保意识水平。

海湾扇贝的养殖方式主要为筏式，是在水体中悬挂式养殖，水体被截成很多断面，由于多个断面的叠加，会改变水流的方向和速度[139]。因此，筏式养殖面积的盲目扩大和养殖密度的提高，导致筏式养殖区的水体无法充分交换，对海水水质带来负面影响[140]。尤其是当养殖海域位于海湾内时，筏式养殖区的水质情况更应该被重视。

综上所述，本研究把养殖者海洋环保意识和筏式养殖区水质情况 2 个指标作为环境保护情况的三级指标。

3.4.3 产业发展资源条件的三级指标

一级指标产业发展资源条件包括资源禀赋情况和资源利用效率 2 个二级指标，下面对这 2 个二级指标的三级指标进行说明。

3.4.3.1 资源禀赋情况

海湾扇贝养殖在我国沿海地区分布较广，产业竞争力大小对于其持续发展有重要作用。高维新（2009）[141]、蔡秋红等（2011）[142]、孙玲玲（2013）[143]和姚成胜等（2016）[144]均指出，资源禀赋系数是衡量水产养殖业竞争力大小的重要指标。资源禀赋系数高，则说明产业地理集聚程度高，产业地理集聚是实现规模经济的重要条件，对促进产业长期健康发展具有重要作用。具体来讲，资源禀赋系数一般被用来描述某地区某种资源的丰富程度[145]。海湾扇贝资源禀赋系数在一定程度上代表某地在海湾扇贝养殖领域的竞争优势。

海湾扇贝主要养殖方式为浅海筏式，浅海海域是海湾扇贝养殖重要的生产资料之一，浅海海域面积大则养殖容量也会随之变大。在其他条件不变的前提下，养殖容量的增加也意味着产量的增加。海岸线是宝贵的海洋资源，对浅海筏式养殖来说也不例外。康卫赤（2006）[146]、李秀彬等（2009）[147]和孙坤言等（2010）[148]在研究中都指出了海岸线对于筏式养殖的重要性。海岸线资源丰度的评价指标中，岸线系数应用较广[149~151]。

综上所述，本研究把资源禀赋系数、浅海海域面积比例和岸线系数 3 个指标作为资源禀赋情况的三级指标。

3.4.3.2　资源利用效率

根据海区的地理位置和自然资源环境的不同状况，综合考虑海洋开发利用情况和社会经济发展需要，海洋被划分成不同的具有特定主导功能，适应各种开发方式，且能够获取最优综合效益的功能区[152]。据《全国海洋功能区划》，我国海洋功能分区包括港口航运区、矿产与能源区、农渔业区、海洋保护区、工业与城镇用海区、旅游休闲娱乐区、特殊利用区和保留区八大类。海湾扇贝养殖海域属于农渔业区中的海水增养殖功能区，该功能区可利用面积越大[153~154]，则海湾扇贝的养殖面积越可能增加。由于不健康的养殖方式，海水养殖可能会出现养殖面积增加，但总产量并未增加，甚至降低的问题[155]。因此，对于功能区资源利用效率方面，除了考察功能区面积大小，还需衡量单产水平[104]。

综上所述，本研究把功能区面积利用率和养殖单产 2 个指标作为资源利用效率的三级指标。

3.4.4　产业发展社会环境的三级指标

一级指标产业发展社会环境包括产业就业贡献、群众满意程度、从业人员素质和政府支持力度 4 个二级指标，下面对这 4 个二级指标的三级指标进行说明。

3.4.4.1　产业就业贡献

就业是民生之本，某产业的就业贡献主要体现在两方面：一是就业人数的增加。就业人数反映了一定时期内一个产业的就业规模，是研究产业发展能力的重要指标。二是从业人员收入的提高。王君玲（2007）[52]研究发现，海水养殖促进了渔民收入的大幅增加。季蓓蓓（2014）[156]、毛振鹏（2016）[157]也都指出，海水养殖能够扩大就业，提高收入。海湾扇贝养殖业从业人员包括长期工和临时工两种，其中临时工数量多，流动速度快且工资变化幅度较大，因此，在就业贡献方面，本研究只考虑长期从业人员的情况。

综上所述，本研究把长期从业人员人均年收入和带动长期从业人口数2个指标作为产业就业贡献的三级指标。

3.4.4.2 群众满意程度

本研究借鉴生猪养殖产业[158]、畜禽养殖产业[159]和肉羊养殖产业[160]相关研究，发现群众满意度越高越有利于产业发展。海湾扇贝养殖产业的主要利益主体包括从业人员和其他群众，他们对产业的满意度也是产业持续健康发展的重要指标，为产业下一步发展提供重要信息。

综上所述，本研究把从业人员满意度和其他群众满意度2个指标作为群众满意程度的三级指标。

3.4.4.3 从业人员素质

人力资本理论学家舒尔茨和贝克尔指出，人力资本包括个人的教育、培训和健康等方面[161~162]。同样，海水养殖业的发展也会受到人力资本的影响。柯学（2006）[163]、施湘锟（2015）[164]和李鹏飞（2016）[165]等都指出了我国海水养殖业普遍存在从业人员素质较低的问题。张海清等（2011）[166]和孙银东等（2014）[167]以年龄和受教育程度为主要指标考察了水产养殖从业人员的素质。对海水养殖业来说，受体力和脑力，尤其是体力的限制，从业者年龄越大、受教育程度越低，越不利于生产。

综上所述，本研究在借鉴前人研究的基础上，把平均年龄和受教育程度2个指标作为从业人员素质的三级指标。

3.4.4.4 政府支持力度

海水养殖越来越成为水产品的主要来源。政府在海水养殖产业发展过程中扮演着重要角色，鼓励性政策会极大地推动产业的发展，反之，不恰当的法规和调控方式将对产业的发展产生巨大阻碍作用[168]。海水养殖属高投入产业，单凭个体力量难以负担规模化生产。可以说，改革开放以来，我国海水养殖得以壮大和发展，离不开财政政策的支持[169]。宋家来（1991）[170]从海水养殖“三次浪潮”的过程中，得出技术是海水养殖第一生产力的结论。刘秋明等（2002）[171]也指出技术进步在海水养殖中具有重要地位。政府通过制定产业技术政策来实现产业技术进步的直接目标，进一步保证产业技术有效、适度的发展。因此，政府制定海湾扇贝养殖产业技术政策的态度是否积极，政策是否完善，对于产业的技术发展有重要导向作用。此外，政府对产业的宣传力度也从侧面体现了政府支持力度的大小。大力宣传海湾扇贝产品，举办类似乳山牡蛎节、钦州蚝情节等宣传活动，扶持地域品牌，能够扩大产品知名度，普及产业历史文化，对产业发展产生积极影响。

综上所述，本研究把财政支持力度、技术支持力度和宣传力度 3 个指标作为政府支持力度的三级指标。

3.4.5 产业持续发展潜力的三级指标

一级指标产业持续发展潜力包括相关发展能力、技术发展情况和劳动力供给情况 3 个二级指标，下面对这 3 个二级指标的三级指标进行说明。

3.4.5.1 相关发展能力

是否有充足的苗种供应是海湾扇贝养殖能否开展需要考虑的首要问题。从外地运回苗种，不仅成本会增加，苗种存活率也会降低，所以，需要考虑本地苗种生产能力是否能适应生产需求。养殖过程中，海洋灾害是海湾扇贝生长的最大威胁，一次严重的海洋灾害可能会导致养殖者血本无归。人类不能完全消除这种威胁，在海洋灾害来临时，能否采取正确及时的应对措施以降低灾害损失就显得尤为重要。成贝大量收获后，由于海湾扇贝本身的特性，如不及时进行加工或销售，可能腐败变质，造成巨大经济损失。

综上所述，本研究把苗种生产能力、产品加工能力、产品销售能力和防灾减灾能力 4 个指标设置为相关发展能力的三级指标。

3.4.5.2 技术发展情况

本研究在政府支持力度的三级指标中已论述了产业技术政策对于海水养殖业发展的重要作用。落实到海湾扇贝养殖产业，在目前产业技术政策的背景下，现有技术是否能满足养殖者的养殖需求，是否能与时俱进，都是判断现有技术能否支撑产业持续发展需考量的方面。

综上所述，本研究把技术更新速度和养殖者对现有技术满意度 2 个指标作为技术发展情况的三级指标。

3.4.5.3 劳动力供给情况

本研究在从业人员素质的三级指标中，确定了从业人员素质的衡量指标。劳动力是产业持续进步的重要投入要素。海湾扇贝养殖是劳动密集型产业，对劳动力的要求，除个人素质外，群体数量也很重要。现有社会劳动力是否愿意加入海湾扇贝养殖生产中去，在产业未来的发展中，新一代劳动力是否能为产业发展提供源源不断的支持等问题都需要被考虑。

综上所述，本研究把寻找工人的难度和青年人从事养殖的意愿 2 个指标作为劳动力供给情况的三级指标。

4 海湾扇贝养殖产业可持续发展能力评价方法

本研究在第 3 章中根据指标体系构建原则，确定了海湾扇贝养殖产业可持续发展能力指标体系。本章将在第 3 章的基础上，选取海湾扇贝养殖产业可持续发展能力评价方法，并制定各项指标评分标准。

4.1 选取海湾扇贝养殖产业可持续发展能力评价方法

4.1.1 常用评价方法

指标评价常用方法主要包括熵值法、主成分分析法、模糊综合评价法和层次分析法等，几种方法运行原理如下。

4.1.1.1 熵值法

熵是德国物理学家 Clausius 于 1850 年提出的热力学概念，表示一种能量在空间分布的均匀程度。熵值法（Entropy Evaluation）是一种客观赋权法，通过计算指标信息熵，根据指标相对变化程度对系统的影响确定指标权重。

熵值法主要包括以下步骤：

第一步，原始数据标准化。设原始指标矩阵为 X，运用极差法对其进行标准化处理，得出标准化后的矩阵 Y。

$$X=\begin{bmatrix} x_{11} & x_{12} & \cdots & x_{1m} \\ x_{21} & x_{22} & \cdots & x_{2m} \\ \vdots & \vdots & \ddots & \vdots \\ x_{n1} & x_{n2} & \cdots & x_{nm} \end{bmatrix}$$

$$Y=(y_{ij})_{n\times m}=\frac{x_{ij}-\min x_{ij}}{\max x_{ij}-\min x_{ij}}$$

第二步，归一化处理。得出样本 i 中指标 j 的值，即：

$$s_{ij}=\frac{y_{ij}}{\sum_{i=1}^{m}y_{ij}}(1\leqslant i\leqslant m,\ 1\leqslant j\leqslant n)$$

第三步，以第 j 个指标为例，计算指标信息熵值 e_j。

$$e_j=\frac{1}{\ln m}\sum_{i=1}^{m}s_{ij}(1\leqslant i\leqslant m,\ 1\leqslant j\leqslant n)$$

第四步，以第 j 个指标为例，计算指标效用值 d_j。

$$d_j=1-e_j(1\leqslant j\leqslant n)$$

第五步，以第 j 个指标为例，计算指标权重 w_j，根据权重计算第 i 个样本的综合得分 F_i。

$$w_j=\frac{d_i}{\sum_{j=1}^{n}d_i}(1\leqslant j\leqslant n)$$

$$F_i=\sum_{j=1}^{m}s_{ij}\times w_j(1\leqslant i\leqslant m,\ 1\leqslant j\leqslant n)$$

4.1.1.2 主成分分析法

主成分分析法（Principal Component Analysis，PCA），是 Pearson 和 Karl 于 1901 年提出的[172]。主成分分析法的基本原理是在尽可能多地保存原始信息的前提下，利用降维思想，把评价体系中的多项指标缩减为少数几个代表性指标。

主成分分析法主要有四步，设原始样本数据矩阵为：

$$X=\begin{bmatrix}x_{11} & x_{12} & \cdots & x_{1p}\\ x_{21} & x_{22} & \cdots & x_{2p}\\ \vdots & \vdots & \ddots & \vdots\\ x_{n1} & x_{n2} & \cdots & x_{np}\end{bmatrix}$$

第一步，标准化处理原始数据。

$$x_{ij}^{*}=\frac{x_{ij}-\bar{x}_j}{\sqrt{\mathrm{var}(x_j)}}(i=1,\ 2,\ \cdots,\ n;\ j=1,\ 2,\ \cdots,\ p)$$

$$\bar{x}_j = \frac{1}{n}\sum_{i=1}^{n} x_{ij} \mathrm{var}(x_j) = \frac{1}{n-1}\sum_{i=1}^{n}(x_{ij}-\bar{x}_j)^2$$

第二步，计算样本相关系数矩阵 R，并求其非负特征根(λ_1，λ_2，…，λ_p)和特征向量a_i。

$$R = \begin{bmatrix} r_{11} & r_{12} & \cdots & r_{1p} \\ r_{21} & r_{22} & \cdots & r_{2p} \\ \vdots & \vdots & \ddots & \vdots \\ r_{p1} & r_{p2} & \cdots & r_{pp} \end{bmatrix}$$

$$a_i=(a_{1i},\ a_{2i},\ \cdots,\ a_{pi})\ (i=1,\ 2,\ \cdots,\ p)$$

第三步，确定主成分表达式。根据相关系数矩阵确定特征值，采用施密特正交化方法得出主成分表达式，F_k代表降维后的 k 个主成分。

$$F_k=a_{1k}X_1+a_{2k}X_2+\cdots+a_{mk}X_m$$

第四步，确定综合得分模型。利用主成分表达式算出每个评价单位的单个主成分得分f_{ik}，并得出各主成分权重w_k，最后计算各个评价单元综合得分F_i。

$$w_k = \frac{\lambda_k}{\sum_{k=1}^{m}\lambda_k}$$

$$F_i = \sum_{k=1}^{m} f_{ik} \times w_k$$

4.1.1.3 模糊综合评价法

1965 年，美国伯克利加利福尼亚大学教授 L. A. Zadeh 成功运用精确数学方法解释了模糊概念[173]。模糊综合评价法（Fuzzy Comprehensive Evaluation，FCE）利用模糊数学中的隶属度原理，量化难以定量的指标，以综合评价被多种定性、定量因素影响的问题。

模糊综合评价法的原理是，首先确定评价对象的因素集，其次分别确定各个因素的权重及隶属度矢量，得出模糊评判矩阵，最后把该矩阵与因素权矢量进行模糊运算并归一化，从而获得模糊综合评价结果。

模糊综合评价法主要有四个步骤：

第一步，确定因素集。把和评价对象相关的因素u_n集合起来，形成因

素集 U，即评价模型的各项构成指标。设共有 n 种相关因素，则因素集 $U=\{u_1, u_2, \cdots, u_n\}$。

第二步，确定评价集。即确定评价标准的多个等级，以便体现评价指标的优劣程度。设共有 m 个评价等级，则评价集为 $V=\{v_1, v_2, \cdots, v_m\}$。

第三步，确定综合评判矩阵。确定基于单因素视角的层次模糊子集的被评价对象隶属度 $R|X_i$，即逐个对被评价对象从每个因素 X_i（$i=1, 2, \cdots, s$）上进行量化，再据此建立模糊评判矩阵 R，进而确定评价因子权向量，其中

$$R=\begin{bmatrix} R|X_1 \\ R|X_2 \\ \vdots \\ R|X_s \end{bmatrix}=\begin{bmatrix} r_{11} & r_{12} & \cdots & r_{1s} \\ r_{21} & r_{22} & \cdots & r_{2s} \\ \vdots & \vdots & \ddots & \vdots \\ r_{n1} & r_{n2} & \cdots & r_{ns} \end{bmatrix}_{ns}$$

第四步，计算综合评价结果。设因素集指标权重为 $C=(c_1, c_2, \cdots, c_n)$，按照公式 $B=C\times R$ 计算得分，最后遵循最大隶属度原则确定评价对象的优劣等级，其中

$$B=C\times R=[c_1, c_2, \cdots, c_n]\times\begin{bmatrix} r_{11} & r_{12} & \cdots & r_{1s} \\ r_{21} & r_{22} & \cdots & r_{2s} \\ \vdots & \vdots & \ddots & \vdots \\ r_{n1} & r_{n2} & \cdots & r_{ns} \end{bmatrix}_{ns}=[d_1, d_2, \cdots, d_n]$$

4.1.1.4 层次分析法

层次分析法（Analytical Hierarchy Process，AHP）是由美国运筹学家 Saaty 于 20 世纪 70 年代首次提出的[174]。这是一种定性和定量相结合的系统化、层次化分析方法，能够行之有效地将半定性和半定量问题转化为定量问题，常用于解决多目标、多准则、多要素的复杂决策问题。该方法自 1982 年引入我国，迅速在各个领域得到广泛应用。

层次分析法基本思路是先分解后综合，即先整理综合主观判断结果，使定性和定量分析有机结合，而后实现定量化决策。依据问题本身的性质，结合研究目标，把问题分解成多个因素，使问题具有层次，按照因素相互间隶属关系，把因素按照不同层级组合，形成一个多层级分析结构模

型，最终归结为最低层对最高层相对重要程度的权值问题。

层次分析法有四个基本步骤：第一步，建立递阶层次结构模型。基于评价目标或决策，结合实际情况，把与评价目标相关的多种因素由上而下分解为目标层、准则层、指标层等多层级，形成具有清晰逻辑的递阶层次结构模型。第二步，构造判断矩阵。以准则层要素对目标层的重要程度为依据，通过专家打分等方法，运用相对1~9尺度，形成准则层各要素对目标层要素重要程度的判断矩阵。采取同样方法，形成指标层各要素对准则层要素重要程度的判断矩阵。进而逐层形成下层各要素对上层要素的判断矩阵。第三步，权重的计算和一致性检验。根据构造的下层要素对上层要素的判断矩阵，通过计算判断矩阵的最大特征值和特征向量，得出下层要素对上层要素的权向量，并对权向量进行一致性检验，若权向量未通过一致性检验，则需重新构造判断矩阵，直至一致性检验通过为止。第四步，计算总目标得分。把最低层指标量化，结合下层要素对上层要素的权向量，由下而上逐层计算各要素分值，进而得出总目标分值，最终完成评价过程。

4.1.2 常用方法比较

熵值法、主成分分析法、模糊综合评价法和层次分析法等方法在指标评价中应用十分广泛，各自特点的不同决定了每种方法的适用领域也存在差异。上述几种方法的优劣比较见表4-1。

表4-1 常用评价方法优劣势对比

方法	优势	劣势
熵值法	是一种客观评价方法，权重基于数据的变异程度，排除了主观因素影响	要求数据具备变异程度，缺乏指标间横向比较
主成分分析法	有效简化指标数量，避免信息重叠	多个主成分被加权综合可能会影响评价函数区分的有效度，影响评价结果客观程度，降维后的指标含义模糊
模糊综合评价法	可结合定性和定量因素评价非定量或界限模糊的给定目标	计算复杂，对指标权重矢量的确定主观性较强
层次分析法	简洁实用且系统性较强，结合定性和定量方法，能够解决多目标、多准则又难以全部量化处理的问题	指标赋值和权重确定存在一定主观性

海湾扇贝养殖产业可持续发展能力的评价是一个涵盖定性和定量，涉及指标较多的综合性问题，难以全部用定量方法分析，因此熵值法不适用。其余三种方法均可分析定性和定量相结合的问题，但主成分分析法降维后的指标含义与降维前相比不够明确，容易使结果的科学性降低。模糊综合评价法的计算复杂，且当评价指标过多时，还会出现过度模糊的后果。与之相比，层次分析法更适用于多目标复杂问题的评价，且逻辑清晰，计算简便。因此，本研究选用层次分析法作为海湾扇贝养殖产业可持续发展能力的评价方法。

4.1.3 层次分析法评价产业可持续发展能力的步骤

4.1.3.1 建立层次结构模型

本研究要建立的层次结构模型即海湾扇贝养殖产业可持续发展能力评价指标体系。这个指标体系包含四个层次，其中，目标层是对问题或对象的描述；准则层是对目标层的扩展；要素层是对准则层的具体解释；指标层是对要素层进一步的细化。按照各指标间的直接影响关系，把各指标自上而下列于目标层到指标层，最终构建一个指标体系[175]。海湾扇贝养殖产业可持续发展能力评价层次结构模型见表 4-2。

表 4-2 海湾扇贝养殖产业可持续发展能力评价层次结构模型

<table>
<tr><th>目标层 A</th><th>准则层 B</th><th>要素层 C</th><th>指标层 D</th></tr>
<tr><td rowspan="9">海湾扇贝养殖产业可持续发展能力评价 A_1</td><td rowspan="4">产业自身经济水平 B_1</td><td rowspan="2">总量情况 C_1</td><td>产值 D_1</td></tr>
<tr><td>产值增长率 D_2</td></tr>
<tr><td rowspan="2">效益情况 C_2</td><td>单位投入产出比 D_3</td></tr>
<tr><td>成本收益率 D_4</td></tr>
<tr><td rowspan="5">产业发展自然环境 B_2</td><td rowspan="3">环境污染程度 C_3</td><td>河流污染物入海量 D_5</td></tr>
<tr><td>入海排污口超标率 D_6</td></tr>
<tr><td>油污污染次数 D_7</td></tr>
<tr><td rowspan="2">海洋灾害情况 C_4</td><td>风暴潮灾害次数 D_8</td></tr>
<tr><td>赤潮灾害次数 D_9</td></tr>
</table>

续表

目标层 A	准则层 B	要素层 C	指标层 D
海湾扇贝养殖产业可持续发展能力评价 A_1	产业发展自然环境 B_2	海域生态系统 C_5	外来生物入侵问题 D_{10}
			养殖品种多样性 D_{11}
			浮游植物多样性 D_{12}
			近岸生态系统健康状况 D_{13}
		环境保护情况 C_6	养殖者海洋环保意识 D_{14}
			筏式养殖区水质情况 D_{15}
	产业发展资源条件 B_3	资源禀赋情况 C_7	资源禀赋系数 D_{16}
			浅海海域面积比例 D_{17}
			岸线系数 D_{18}
		资源利用效率 C_8	功能区面积利用率 D_{19}
			养殖单产 D_{20}
	产业发展社会环境 B_4	产业就业贡献 C_9	长期从业人员人均年收入 D_{21}
			带动长期从业人口数 D_{22}
		群众满意程度 C_{10}	从业人员满意度 D_{23}
			其他群众满意度 D_{24}
		从业人员素质 C_{11}	平均年龄 D_{25}
			受教育程度 D_{26}
		政府支持力度 C_{12}	财政支持力度 D_{27}
			技术支持力度 D_{28}
			宣传力度 D_{29}
	产业持续发展潜力 B_5	相关发展能力 C_{13}	苗种生产能力 D_{30}
			产品加工能力 D_{31}
			产品销售能力 D_{32}
			防灾减灾能力 D_{33}
		技术发展情况 C_{14}	技术更新速度 D_{34}
			养殖者对现有技术满意度 D_{35}
		劳动力供给情况 C_{15}	寻找工人的难度 D_{36}
			青年人从事养殖的意愿 D_{37}

4.1.3.2　构造两两对比判断矩阵

该步骤采用比较方法，根据准则层要素对目标层的重要程度，按照层次分析评价模型的结构，通过专家打分等方式，采用1~9标度法（Satty et al.，1972）（见表4-3），逐层形成下层要素对上层要素的对比判断矩阵。

表4-3 Satty1~9标度法量表

标度	下层因素对上层因素的重要程度
1	对上一层因素来说，i 与 j 两因素重要程度相当
3	对上一层因素来说，i 因素比 j 因素稍微重要
5	对上一层因素来说，i 因素比 j 因素明显重要
7	对上一层因素来说，i 因素比 j 因素强烈重要
9	对上一层因素来说，i 因素比 j 因素绝对重要
2、4、6、8	上述各值的中间数
标度值的倒数	对上一层某因素的重要程度，j 比 i 的标度值为 i 比 j 标度值的倒数

以准则层为例，该层共有5个元素，按照上述方法，构建准则层B各因素对目标层A因素重要程度的两两对比判断矩阵，结果见表4-4。

表4-4 准则层B对目标层A的两两对比判断矩阵

A_1	B_1	B_2	B_3	B_4	B_5
B_1	b_{11}	b_{12}	b_{13}	b_{14}	b_{15}
B_2	b_{21}	b_{22}	b_{23}	b_{24}	b_{25}
B_3	b_{31}	b_{32}	b_{33}	b_{34}	b_{35}
B_4	b_{41}	b_{42}	b_{43}	b_{44}	b_{45}
B_5	b_{51}	b_{52}	b_{53}	b_{54}	b_{55}

假设准则层B中某因素 B_i 与要素层C中各因素相关，两两比较要素层C中各因素对因素 B_i 的重要程度，比较结果就构成了两两对比判断矩阵，见表4-5。

表4-5 要素层C对准则层 B_i 的两两对比判断矩阵

B_i	C_1	C_2	C_3	…	C_i
C_1	c_{11}	c_{12}	c_{13}	…	c_{1i}
C_2	c_{21}	c_{22}	c_{23}	…	c_{2i}
C_3	c_{31}	c_{32}	c_{33}	…	c_{3i}
⋮	⋮	⋮	⋮	⋮	⋮
C_i	c_{i1}	c_{i2}	c_{i3}	…	c_{ii}

同理，其他各下层要素对上层某要素的重要程度也可构造两两对比判断矩阵，由于篇幅限制，本研究不再赘述。

4.1.3.3 计算权重并进行一致性检验

根据下层要素对上层要素的判断矩阵，通过计算判断矩阵最大特征值的特征向量，形成下层要素对上层要素的权向量。

指标权重的确定可采用方根法，第一步，计算判断矩阵 $A=(a_{ij})_{n\times n}$ 每行所有元素的乘积，记为 D_i：

$$D_i = \prod_{j=1}^{n} a_{ij} (i = 1, 2, \cdots, n)$$

第二步，求向量 $\overline{w_i}$，$\overline{w_i} = \sqrt[n]{D_i}$ $(i=1, 2, \cdots, n)$。

第三步，对向量 $\overline{w}=\overline{w_1}, \overline{w_2}, \cdots, \overline{w_n}^T$ 进行归一化，得到 w_i 和特征向量 w。

$$w_i = \frac{\overline{w_i}}{\sum_{i=1}^{n} \overline{w_i}} (i = 1, 2, \cdots, n)$$

$$w = (w_1, w_2, \cdots, w_n)^T$$

为确保层次排序逻辑正确，需对权向量进行一致性检验。没有通过一致性检验的权向量，需要重新构造判断矩阵，直到通过一致性检验为止。所谓一致性检验，是指对 n 阶矩阵 A 确定不一致的允许范围。一致性指标用 CI 计算，定义一致性指标公式为：$CI=\frac{\lambda-n}{n-1}$，其中，λ 为矩阵 A 的最大特征根，计算方法为：

$$\lambda_i = \frac{\sum_{j=1}^{n} a_{ij} \cdot w_i}{W_i} (i = 1, 2, \cdots, n)$$

$$\lambda = \frac{\sum_{i=1}^{n} \lambda_i}{n} (i = 1, 2, \cdots, n)$$

此处运用随机一致性指标 RI 来衡量 CI 的大小，$RI=\frac{CI_1+CI_2+\cdots+CI_n}{n}$，实际中，$RI$ 值采用平均随机一致性指标标准，见表 4-6。

表 4-6 平均随机一致性指标标准

n	1	2	3	4	5	6	7	8
RI	0	0	0.52	0.89	1.12	1.26	1.36	1.41

一致性的偏离可能是随机原因造成的，因此，还需比较 CI 与 RI，得出检验系数 CR，$CR\leqslant 0.1$ 时，矩阵通过一致性检验，公式为：

$$CR=\frac{CI}{RI}$$

4.1.3.4 计算指标综合权重及总得分

先计算准则层各因素对目标层各因素的权重，再计算要素层各因素对准则层各因素的权重，即逐上而下计算各下级指标对上级指标的权重，最后根据这些权重计算各指标层对总目标的权重。从前文中可得知，海湾扇贝养殖产业可持续发展能力评价层次结构模型分为目标层（A）、准则层（B）、要素层（C）和指标层（D）。准则层相对于目标层的权重可记作 $w^1=(w_1^1, w_2^1, w_3^1, w_4^1)^T$，要素层每个因素 C_i 对准则层因素 B_1 的权重记为 $w^2=(w_{11}^2, w_{12}^2, \cdots, w_{1i}^2)^T$。同理，可得出指标层各因素对要素层各因素的权重。综上，可求出要素层 C_1 对目标层（A）的权重，记为 $w_{c_1}^1=w_1^1\times w_{11}^2$。同理，可得其他层次各指标对目标层权重。设共有 n 个指标层，每层得分依次为 $f_1, f_2, \cdots, f_n$，则总得分 $F=\sum_{k=1}^{n} w_{dk}^1\times f_k$，其中，$w_{dk}^1$ 代表指标层（D）因素对目标层（A）的权重。

4.2 各项指标评分标准

本研究在前文中已经介绍了如何利用层次分析法来计算海湾扇贝养殖产业可持续发展能力评价指标体系中各指标的权重和计算方法。接下来，需要确定各指标的评分标准。依据这个标准算出各指标得分，进而得出总分，最终依据总得分得出海湾扇贝养殖产业可持续发展能力评价结果。在评分等级方面，根据前人研究，本研究采用五级评价等级，分别为可持续发展能力很弱、可持续发展能力较弱、可持续发展能力一般、可持续发展能力较强、可持续发展能力很强五个评价等级，得分依次为 1 分、2 分、3 分、4 分和 5 分[176]。

4.2.1 产业自身经济水平评分标准

一级指标产业自身经济水平包括总量情况和效益情况 2 个二级指标，下面分别说明这 2 个二级指标的评分标准。

4.2.1.1 总量情况

二级指标总量情况包括产值和产值增长率 2 个三级指标。产值和产值增长率的数据从国家贝类产业技术体系内部报告获取，计算方法如下：

产值=单价×产量

产值增长率=(当年产值-上一年产值)/上一年产值

在产值评分标准方面，目前尚无关于海湾扇贝养殖产业产值评分标准的相关文献。因此，本研究在分析海湾扇贝历史年产值的基础上，结合专家意见，制定“10 亿元以下（不含 10 亿元）”“10 亿~15 亿元（不含 15 亿元）”“15 亿~20 亿元（不含 20 亿元）”“20 亿~25 亿元（不含 25 亿元）”和“25 亿元以上”5 个评分等级。产值为正向指标，所以以上 5 个评分等级的分值分别为 1 分、2 分、3 分、4 分和 5 分。

在产值增长率评分标准方面，相关评分标准的研究较少。本研究借鉴谢玲等（2014）[177]的研究，结合 2012—2017 年中国海水养殖产值增长率数据，制定产值增长率评价标准。据《中国渔业统计年鉴》，2012—2017 年中国海水养殖产值增长率分别为 17%、15%、8%、4%、6%和 7%。本研究把产值增长率评分标准制定为“5%以下（不含 5%）”“5%~10%（不含 10%）”“10%~15%（不含 15%）”“15%~20%（不含 20%）”和“20%以上”5 个等级。产值增长率也是正向指标，上述 5 个评分等级的分值分别为 1 分、2 分、3 分、4 分和 5 分。

4.2.1.2 效益情况

二级指标效益情况包括单位投入产出比和成本收益率 2 个三级指标。这 2 个三级指标的数据可通过国家贝类产业技术体系内部报告获取，计算方法如下：

单位投入产出比=单位面积投入/单位面积产出

成本收益率=总产值/总成本

对于单位投入产出比评分标准，在咨询专家意见的基础上，结合已有研究（蒋涛，2015[178]；彭刚等，2014[179]；宋颀等，2012[180]），本研究把单位投入产出比评分标准制定为“0.5以下（不含0.5）”“0.5~1（不含1）”“1~1.5（不含1.5）”“1.5~2（不含2）”和“2以上”。单位投入产出比为负向指标，上述5个评分等级的分值分别为5分、4分、3分、2分和1分。

对于成本收益率评分标准，本研究借鉴田国强等（2010）[181]、刘洋（2015）[182]和徐俊学（2015）[183]等的研究，并征求相关领域专家意见，对成本收益率指标制定了“0.5以下（不含0.5）”“0.5~1（不含1）”“1~1.5（不含1.5）”“1.5~2（不含2）”和“2以上”5个评分等级。成本收益率为正向指标，上述5个评分等级的分值分别为1分、2分、3分、4分和5分。

4.2.2 产业发展自然环境评分标准

4.2.2.1 环境污染程度

二级指标环境污染程度包括河流污染物入海量、入海排污口超标率和油污污染次数3个三级指标，数据通过查阅各地区年度海洋环境质量公报获取。

在上述3个三级指标的评分标准方面，由于目前尚无相关研究，本研究通过咨询专家，并与业内人士开展头脑风暴，制定了上述3个三级指标的评分标准。

河流污染物入海量方面，5个评分等级分别为“5万吨以下（不含5万吨）”“5万~10万吨（不含10万吨）”“10万~15万吨（不含15万吨）”“15万~20万吨（不含20万吨）”和“20万吨以上”。入海排污口超标率参考《中国海洋环境状况公报》中2012—2017年全国入海排污口超标率，其分别为50%、50%、48%、50%、45%和43%。结合专家意见，入海排污口超标率5个评分等级分别为“20%以下（不含20%）”

"20%~40%（不含40%）""40%~60%（不含60%）""60%~80%（不含80%）"和"80%以上"。油污污染次数包括"0次""5次以下（不含5次）""5~10次（不含10次）""10~15次（不含15次）"和"15次以上"。这3个三级指标均为负项指标，则上述评分等级的分值依次为5分、4分、3分、2分和1分。

4.2.2.2 海洋灾害情况

二级指标海洋灾害情况包括风暴潮灾害次数和赤潮灾害次数2个三级指标，数据均可查阅各地区年度海洋环境质量公报获取。

风暴潮灾害次数的评分标准参考殷克东等（2011）[184]的研究和相关领域专家的意见，赤潮灾害次数的评分标准借鉴谢玲等（2014）[177]的研究，本研究采取相同的风暴潮灾害次数和赤潮灾害次数的评分等级标准，即"0次""5次以下（不含5次）""5~10次（不含10次）""10~20次（不含20次）"和"20次以上"。这两个指标均为负向指标，所以上述评分等级的得分依次为5分、4分、3分、2分和1分。

4.2.2.3 海域生态系统

二级指标海域生态系统包括外来生物入侵问题、养殖品种多样性、浮游植物多样性、近岸生态系统健康状况4个三级指标，其中外来生物入侵问题和养殖品种多样性通过实地调查和咨询专家获得，浮游植物多样性和近岸生态系统健康状况的数据通过查阅各地区年度海洋环境质量公报获得。

外来生物入侵问题的评分等级，采用蒲新明等（2012）[71]的划分标准，即"无外来生物入侵事件""出现少量外来生物，但外来生物完全可控""外来生物在自然界中已形成局部种群，但未对原生物群落造成很大影响""外来生物在自然界中已形成局部种群，改变了局部海区原生物群落结构""外来生物失去控制，显著改变原生态系统结构与功能"5个评分等级。这5个评分等级的得分依次为5分、4分、3分、2分和1分。

养殖品种多样性方面，同样借鉴蒲新明等（2012）[71]的研究，把养殖品种多样性划分为"实现了科学合理的养殖密度和多品种的混养、轮养，能够在不同营养级之间、不同区域和不同季节充分利用自然资源的同时，把对环境和生态系统的压力降低到最小化”“养殖品种较多，且不同品种在时间和空间上形成比较合理的搭配”“主养品种在生态位方面存在互补关系”“主养品种虽占据不同生态位，但没有形成合理的生态关系”“养殖单一品种或相同生态位的多个品种”5 个评分等级，分值依次为 5 分、4 分、3 分、2 分和 1 分。

浮游植物多样性方面，借鉴谢玲等（2014）[177]的研究，制定了“0~1（不含 1）”“1~1.5（不含 1.5）”“1.5~2（不含 2）”“2~3（不含 3）”和“3 以上”5 个评分等级。浮游植物多样性为正向指标，所以上述 5 个评分等级的得分分别为 1 分、2 分、3 分、4 分和 5 分。

近岸生态系统健康状况的评分等级借鉴赵帅等（2013）[185]的研究，划分为“病态”“不健康”“亚健康”“健康”和“很健康”5 个评分等级。近岸生态系统健康状况为正向指标，所以 5 个评分等级的得分依次为 1 分、2 分、3 分、4 分和 5 分。

4.2.2.4 环境保护情况

二级指标环境保护情况包括养殖者海洋环保意识和筏式养殖区水质情况 2 个三级指标。其中，养殖者海洋环保意识数据通过问卷调查和与养殖者的访谈中获得，筏式养殖区水质情况数据通过查阅年度各地区海洋环境质量公报获得。

养殖者海洋环保意识的评分等级来自李克特量表。李克特量表是一种常见的用于测量态度的社会调查方法[186]。在这种方法中，态度的表述被限定为“非常同意”“同意”“说不准”“不同意”和“非常不同意”5 种回答，即 5 个评分等级，分别记为 5 分、4 分、3 分、2 分、1 分。

依据《海水水质标准》（GB 3097—1997），二类以上水质适用于水产养殖区。因此，对于筏式养殖区水质情况，本研究利用筏式养殖区符合二类以上海水水质标准的站次平均比例数据进行衡量。评分等级标准的制定，采用张偲等（2018）[187]的研究，分为“合格率小于 40%（不含 40%）”“合格率 40%~60%（不含 60%）”“合格率 60%~80%（不含 80%）”“合格率 80%~90%（不含 90%）”“合格率 90%以上”5 个评分等级。筏式养殖区水质情况为正向指标，上述 5 个评分等级的得分依次为

1 分、2 分、3 分、4 分和 5 分。

4.2.3 产业发展资源条件评分标准

一级指标产业发展资源条件包括资源禀赋情况和资源利用效率 2 个二级指标，下面分别说明这 2 个二级指标的评分标准。

4.2.3.1 资源禀赋情况

二级指标资源禀赋情况包括资源禀赋系数、浅海海域面积比例和岸线系数 3 个三级指标。指标数据均可从相关统计年鉴中获取，各指标计算方法如下：

资源禀赋系数 $EF=\dfrac{\dfrac{V_i}{V_{wi}}}{\dfrac{Y}{Y_w}}$，其中，$EF$ 为海湾扇贝资源禀赋系数，V_i 为某地区的 i 资源，V_{wi} 为全国的 i 资源，Y 为该地区生产总值，Y_w 为国内生产总值。

浅海海域面积比例=(浅海海域面积/海域总面积)×100%

岸线系数=大陆岸线长度/所在省区陆地总面积

资源禀赋系数的评分等级，本研究借鉴高维新（2009）[141]的研究，并结合专家意见，设置为“低于 0.4（不含 0.4）”“0.4~0.6（不含 0.6）”“0.6~0.8（不含 0.8）”“0.8~1（不含 1）”和“1 以上”5 个评分等级。资源禀赋系数为正向指标，上述 5 个评分等级的得分依次为 1 分、2 分、3 分、4 分和 5 分。

浅海海域面积比例的评分等级通过咨询专家获得，分别为“20%以下（不含 20%）”“20%~40%（不含 40%）”“40%~60%（不含 60%）”“60%~80%（不含 80%）”和“80%以上”5 个评分等级。浅海海域面积比例为正向指标，上述 5 个评分等级的得分依次为 1 分、2 分、3 分、4 分和 5 分。

岸线系数的评分等级划分方面，通过计算并对比 11 个沿海省市的岸线系数，结合专家意见，本研究制定了岸线系数的 5 个评分等级，分别为“0.01 以下（不含 0.01）”“0.01~0.02（不含 0.02）”“0.02~0.03（不含0.03）”“0.03~0.04（不含0.04）”和“0.04以上”。岸线系数对海湾扇贝养殖产业来说是正向指标，上述5个评分等级的分值依次为1分、2分、3分、4分和5分。

4.2.3.2 资源利用效率

二级指标资源利用效率包括功能区面积利用率和养殖单产2个三级指标。指标数据通过查阅海洋功能区划和相关统计年鉴获得，计算方法如下：

功能区面积利用率=实际养殖面积/海水增养殖功能区规划面积×100%

养殖单产=总产量/总养殖面积

功能区面积利用率的评分等级通过咨询专家来设定，分别为“20%以下（不含20%）”“20%~40%（不含40%）”“40%~60%（不含60%）”“60%~80%（不含80%）”“80%以上”。功能区面积利用率越高，未来海湾扇贝可开发的养殖面积越少，所以该指标为负向指标，5个评分等级的分值依次为5分、4分、3分、2分、1分。

养殖单产方面，本研究通过查阅《中国渔业统计年鉴》，计算2012—2017年全国扇贝养殖单位海域产量（分别为2620千克/公顷、2516千克/公顷、2577千克/公顷、2742千克/公顷、3917千克/公顷和4337千克/公顷），并对结果进行对比，把养殖单产评分等级划分为“2500千克/公顷以下（不含2500千克/公顷）”“2500~3500千克/公顷（不含3500千克/公顷）”“3500~4500千克/公顷（不含4500千克/公顷）”“4500~5500千克/公顷（不含5500千克/公顷）”“5500千克/公顷以上”。养殖单产为正向指标，5个评分等级的得分依次为1分、2分、3分、4分和5分。

4.2.4 产业发展社会环境评分标准

4.2.4.1 产业就业贡献

二级指标产业就业贡献包括长期从业人员人均年收入和带动长期从业人口数2个三级指标，指标数据通过实地调查或政府相关资料获得。

对于长期从业人员人均年收入的评分标准，尚无与贝类养殖业该评分标准相关的文献。本研究根据国家统计局2012—2017年全国居民按五等份分组的人均可支配收入标准，确定5个评分等级。由于2013年以前，我国城乡居民收入统计是分开进行的，所以没有全国居民人均可支配收入数据[188]。通过咨询专家，考虑到相邻两年间数据差异相对较小，因此，对于2012年全国居民按五等份分组的人均可支配收入相关数据，采用与2013年相同的数据补充，具体数据见表4-7。综上，本研究制定了长期从业人员人均年收入5个评分等级，分别为“低与中等偏下之间”“中等偏下与中等之间”“中等与中等偏上之间”“中等偏上与高之间”“高以上”，长期从业人员人均年收入为正向指标，5个评分等级得分依次为1分、2分、3分、4分和5分。

表4-7 2012—2017年全国居民按五等份分组的人均可支配收入

单位：元/人/年

收入水平	2012年	2013年	2014年	2015年	2016年	2017年
低	4402	4402	4747	5221	5529	5958
中等偏下	9654	9654	10887	11894	12899	13843
中等	15698	15698	17631	19320	20924	22495
中等偏上	24361	24361	26937	29438	31990	34547
高	47457	47457	50968	54544	59259	64934

带动长期从业人口数方面，本研究借鉴万龙等（2018）[176]的研究，制定“3000人以下（不含3000人）”“3000～3500人（不含3500人）”“3500～4000人（不含4000人）”“4000～4500人（不含4500人）”“4500人以上”5个评分等级。带动长期从业人口数为正向指标，5个评分等级的得分依次为1分、2分、3分、4分和5分。

4.2.4.2 群众满意程度

二级指标群众满意程度包括从业人员满意度和其他群众满意度2个三级指标，指标数据可通过问卷调查获得。

对于从业人员满意度和其他群众满意度的评分标准，结合专家意见，本研究制定了“非常不满意”“不满意”“一般”“满意”和“非常满意”5个评分等级。这两个指标均为正向指标，5个评分等级的得分依次为1分、2分、3分、4分和5分。

4.2.4.3 从业人员素质

二级指标从业人员素质包括平均年龄和受教育程度 2 个三级指标，指标数据可通过问卷调查或政府相关资料获得。

对于平均年龄的评分标准，参考杨新伟等（2004）[189] 的研究，结合产业实际情况，本研究制定了“35 岁以下（不含 35 岁）”“35~45 岁（不含 45 岁）”“45~55 岁（不含 55 岁）”“55~65 岁（不含 65 岁）”“65 岁以上”5 个评分等级。海湾扇贝养殖产业主要为体力劳动，一般而言，人类的体力随年龄的增加而减少，所以该指标为负向指标，5 个评分等级的分值依次为 5 分、4 分、3 分、2 分、1 分。

对于受教育程度的评分标准，借鉴王红艳等（2008）[190] 的研究，制定了“小学以下”“小学”“初中”“高中”“高中以上”5 个评分等级。美国经济学家 D. Gale Johnson 研究发现，受教育程度每增加 1 年，其收入可增加 3.6%~5.5%[191]，所以受教育程度为正向指标，5 个评分等级的得分依次为 1 分、2 分、3 分、4 分和 5 分。

4.2.4.4 政府支持力度

二级指标政府支持力度包括财政支持力度、技术支持力度和宣传力度 3 个三级指标，指标数据通过梳理相关政策文件、入户访谈和咨询专家意见获得。

对于这 3 个三级指标的评分标准，本研究通过梳理相关政策，结合养殖户访谈和咨询专家意见，制定了支持力度“很小”“较小”“一般”“较大”“很大”5 个评分等级。政府支持力度是产业可持续发展的正向指标，5 个评分等级的得分依次为 1 分、2 分、3 分、4 分和 5 分。

4.2.5 产业持续发展潜力评分标准

4.2.5.1 相关发展能力

二级指标相关发展能力包括苗种生产能力、产品加工能力、产品销售能力和防灾减灾能力 4 个三级指标。指标数据通过实地访问、问卷调查、咨询专家和查阅相关资料获得，需计算的指标方法如下：

苗种生产能力 = 本地苗种产量/本地苗种需求量×100%

产品加工能力=产品的加工量/用于加工的产品量×100%

产品销售能力=产品销售量/年产量×100%

对于苗种生产能力的评价标准，通过咨询专家意见，本研究确定了本地苗种生产量占本地苗种需求量的“20%以下（不含20%）”“20%~40%（不含40%）”“40%~60%（不含60%）”“60%~80%（不含80%）”“80%以上”5个评分等级。苗种生产能力为正向指标，5个评分等级的得分依次为1分、2分、3分、4分和5分。

产品加工能力评分标准方面，通过咨询专家意见，本研究制定了海水产品年加工能力“20%以下（不含20%）”“20%~40%（不含40%）”“40%~60%（不含60%）”“60%~80%（不含80%）”“80%以上”5个评分等级。产品加工能力为正向指标，5个评分等级的得分依次为1分、2分、3分、4分和5分。

产品销售能力评价标准方面，本研究通过咨询专家意见，制定了产品销售量占产量的“20%以下（不含20%）”“20%~40%（不含40%）”“40%~60%（不含60%）”“60%~80%（不含80%）”“80%以上”5个评分等级。产品销售能力为正向指标，5个评分等级的得分依次为1分、2分、3分、4分和5分。

对于防灾减灾能力的评分标准，本研究结合专家意见，制定了“非常弱”“弱”“一般”“强”“非常强”5个评分等级。防灾减灾能力为正向指标，5个评分等级的得分依次为1分、2分、3分、4分和5分。

4.2.5.2 技术发展情况

二级指标技术发展情况包括技术更新速度、养殖者对现有技术满意度2个三级指标，指标资料通过咨询专家、问卷调查和养殖者访谈获得。

对于技术更新速度的评分标准，通过咨询专家意见，本研究制定了“非常慢”“较慢”“一般”“较快”“非常快”5个评分等级。技术更新速度为正向指标，5个评分等级的得分依次为1分、2分、3分、4分和5分。

养殖者对现有技术满意度的评分标准方面，结合专家意见，本研究制定了“非常不满意”“不满意”“一般”“满意”“非常满意”5个评分等级。养殖者对现有技术满意度为正向指标，5个评分等级的得分依次为

1分、2分、3分、4分和5分。

4.2.5.3 劳动力供给情况

二级指标劳动力供给情况包括寻找工人的难度和青年人从事养殖的意愿2个三级指标，指标资料通过问卷调查和与养殖者的访谈获得。

在寻找工人的难度的评分标准方面，结合专家意见，本研究制定了“难度很小”“难度较小”“一般”“难度较大”“难度很大”5个评分等级。寻找工人的难度越大，越不利于养殖工作的开展，所以寻找工人的难度指标为负向指标，5个评分等级的得分依次为5分、4分、3分、2分和1分。

对于青年人从事养殖的意愿的评分标准，结合专家意见，本研究制定了“非常不愿意”“不愿意”“一般”“愿意”“非常愿意”5个评分等级。青年人从事养殖的意愿为正向指标，5个评分等级的得分依次为1分、2分、3分、4分和5分。

5 河北海湾扇贝养殖产业可持续发展能力评价

本研究在第 4 章中选定了适合评价海湾扇贝养殖产业可持续发展能力的方法，并确定了各项指标评分标准。本章将在第 4 章的基础上，运用层次分析法，以河北为研究区域，计算河北海湾扇贝养殖产业可持续发展能力评价指标权重，进而得出各项指标评分结果。

5.1 河北海湾扇贝养殖产业可持续发展能力评价指标权重的确定

5.1.1 权重的计算

河北海湾扇贝养殖产业可持续发展能力各指标权重的确定采用的是层次分析法。笔者选取 3 位相关专业教授、2 位资深企业代表和 2 位政府工作人员作为调查对象，向他们发放调查问卷并全部有效收回，获取了各指标间的判断矩阵，对于未通过一致性检验的矩阵采用德尔菲法进行修正，进而计算各指标权重。笔者将以某位专家为例，详细阐述权重确定过程（见表 5-1 至表 5-22）。

表 5-1　准则层 B 对目标层 A 权重

指标名称	产业自身经济水平 B_1	产业发展自然环境 B_2	产业发展资源条件 B_3	产业发展社会环境 B_4	产业持续发展潜力 B_5	权重
产业自身经济水平 B_1	1	1/6	1/4	1/2	1/3	0.0583
产业发展自然环境 B_2	6	1	2	5	3	0.4455
产业发展资源条件 B_3	4	1/2	1	2	2	0.2390
产业发展社会环境 B_4	2	1/5	1/2	1	1/2	0.0995
产业持续发展潜力 B_5	3	1/3	1/2	2	1	0.1577
CR 值	0.0126					

表 5-2　要素层 C 对准则层产业自身经济水平 B_1 权重

指标名称	总量情况 C_1	效益情况 C_2	权重
总量情况 C_1	1	1/4	0.2000
效益情况 C_2	4	1	0.8000

注：二阶矩阵 RI=0，本身具备完全一致性，无须进行一致性检验，下文中的二阶矩阵相同，不再赘述。

表 5-3　要素层 C 对准则层产业发展自然环境 B_2 权重

指标名称	环境污染程度 C_3	海洋灾害情况 C_4	海域生态系统 C_5	环境保护情况 C_6	权重
环境污染程度 C_3	1	4	1/2	7	0.3361
海洋灾害情况 C_4	1/4	1	1/4	5	0.1299
海域生态系统 C_5	2	4	1	8	0.4915
环境保护情况 C_6	1/7	1/5	1/8	1	0.0425
CR 值	0.0651				

表 5-4　要素层 C 对准则层产业发展资源条件 B_3 权重

指标名称	资源禀赋情况 C_7	资源利用效率 C_8	权重
资源禀赋情况 C_7	1	1/3	0.7500
资源利用效率 C_8	3	1	0.2500

表 5-5 要素层 C 对准则层产业发展社会环境 B_4 权重

指标名称	产业就业贡献 C_9	群众满意程度 C_{10}	从业人员素质 C_{11}	政府支持力度 C_{12}	权重
产业就业贡献 C_9	1	1	3	1/4	0.1724
群众满意程度 C_{10}	1	1	4	1/5	0.1752
从业人员素质 C_{11}	1/3	1/4	1	1/5	0.0666
政府支持力度 C_{12}	4	5	5	1	0.5858
CR 值	0.0681				

表 5-6 要素层 C 对准则层产业持续发展潜力 B_5 权重

指标名称	相关发展能力 C_{13}	技术发展情况 C_{14}	劳动力供给情况 C_{15}	权重
相关发展能力 C_{13}	1	3	1/3	0.2684
技术发展情况 C_{14}	1/3	1	1/4	0.1172
劳动力供给情况 C_{15}	3	4	1	0.6144
CR 值	0.0710			

表 5-7 指标层 D 对要素层总量情况 C_1 权重

指标名称	产值 D_1	产值增长率 D_2	权重
产值 D_1	1	1/4	0.2000
产值增长率 D_2	4	1	0.8000

表 5-8 指标层 D 对要素层效益情况 C_2 权重

指标名称	单位投入产出比 D_3	成本收益率 D_4	权重
单位投入产出比 D_3	1	1/3	0.2500
成本收益率 D_4	3	1	0.7500

表 5-9 指标层 D 对要素层环境污染程度 C_3 权重

指标名称	河流污染物入海量 D_5	入海排污口超标率 D_6	油污污染次数 D_7	权重
河流污染物入海量 D_5	1	1/9	1/3	0.0704
入海排污口超标率 D_6	9	1	5	0.7514
油污污染次数 D_7	3	1/5	1	0.1782
CR 值	0.0280			

表 5-10 指标层 D 对要素层海洋灾害情况 C_4 权重

指标名称	风暴潮灾害次数 D_8	赤潮灾害次数 D_9	权重
风暴潮灾害次数 D_8	1	5	0.8333
赤潮灾害次数 D_9	1/5	1	0.1667

表 5-11 指标层 D 对要素层海域生态系统 C_5 权重

指标名称	外来生物入侵问题 D_{10}	养殖品种多样性 D_{11}	浮游植物多样性 D_{12}	近岸生态系统健康状况 D_{13}	权重
外来生物入侵问题 D_{10}	1	1/2	1/7	1/8	0.0523
养殖品种多样性 D_{11}	2	1	1/5	1/6	0.0864
浮游植物多样性 D_{12}	7	5	1	1	0.4137
近岸生态系统健康状况 D_{13}	8	6	1	1	0.4476
CR 值	0.0081				

表 5-12 指标层 D 对要素层环境保护情况 C_6 权重

指标名称	养殖者海洋环保意识 D_{14}	筏式养殖区水质情况 D_{15}	权重
养殖者海洋环保意识 D_{14}	1	1/6	0.1429
筏式养殖区水质情况 D_{15}	6	1	0.8571

表 5-13 指标层 D 对要素层资源禀赋情况 C_7 权重

指标名称	资源禀赋系数 D_{16}	浅海海域面积比例 D_{17}	岸线系数 D_{18}	权重
资源禀赋系数 D_{16}	1	1/7	1/2	0.0906
浅海海域面积比例 D_{17}	7	1	6	0.7582
岸线系数 D_{18}	2	1/6	1	0.1512
CR 值	0.0312			

表 5-14 指标层 D 对要素层资源利用效率 C_8 权重

指标名称	功能区面积利用率 D_{19}	养殖单产 D_{20}	权重
功能区面积利用率 D_{19}	1	1/5	0.8333
养殖单产 D_{20}	5	1	0.1667

表 5-15 指标层 D 对要素层产业就业贡献 C_9 权重

指标名称	长期从业人员人均年收入 D_{21}	带动长期从业人口数 D_{22}	权重
长期从业人员人均年收入 D_{21}	1	1/4	0.8000
带动长期从业人口数 D_{22}	4	1	0.2000

表 5-16 指标层 D 对要素层群众满意程度 C_{10} 权重

指标名称	从业人员满意度 D_{23}	其他群众满意度 D_{24}	权重
从业人员满意度 D_{23}	1	1/3	0.7500
其他群众满意度 D_{24}	3	1	0.2500

表 5-17 指标层 D 对要素层从业人员素质 C_{11} 权重

指标名称	平均年龄 D_{25}	受教育程度 D_{26}	权重
平均年龄 D_{25}	1	1/5	0.8333
受教育程度 D_{26}	5	1	0.1667

表 5-18 指标层 D 对要素层政府支持力度 C_{12} 权重

指标名称	财政支持力度 D_{27}	技术支持力度 D_{28}	宣传力度 D_{29}	权重
财政支持力度 D_{27}	1	3	4	0.6144
技术支持力度 D_{28}	1/3	1	3	0.2684
宣传力度 D_{29}	1/4	1/3	1	0.1172
CR 值	0.0707			

表 5-19 指标层 D 对要素层相关发展能力 C_{13} 权重

指标名称	苗种生产能力 D_{30}	产品加工能力 D_{31}	产品销售能力 D_{32}	防灾减灾能力 D_{33}	权重
苗种生产能力 D_{30}	1	1/4	1/4	1/5	0.0693
产品加工能力 D_{31}	4	1	1	1/2	0.2463
产品销售能力 D_{32}	4	1	1	1/2	0.2463
防灾减灾能力 D_{33}	5	2	2	1	0.4381
CR 值	0.0104				

表 5-20 指标层 D 对要素层技术发展情况 C_{14} 权重

指标名称	技术更新速度 D_{34}	养殖者对现有技术满意度 D_{35}	权重
技术更新速度 D_{34}	1	1/4	0.8000
养殖者对现有技术满意度 D_{35}	4	1	0.2000

表 5-21 指标层 D 对要素层劳动力供给情况 C_{15} 权重

指标名称	寻找工人的难度 D_{36}	青年人从事养殖的意愿 D_{37}	权重
寻找工人的难度 D_{36}	1	1/8	0.8889
青年人从事养殖的意愿 D_{37}	8	1	0.1111

表 5-22 河北海湾扇贝养殖产业可持续发展能力评价指标的单层权重（以某专家为例）

目标层	准则层	权重	要素层	权重	指标层	权重
河北海湾扇贝养殖产业可持续发展能力评价	产业自身经济水平	0.0583	总量情况	0.2000	产值	0.2000
					产值增长率	0.8000
			效益情况	0.8000	单位投入产出比	0.2500
					成本收益率	0.7500
	产业发展自然环境	0.4455	环境污染程度	0.3361	河流污染物入海量	0.0704
					入海排污口超标率	0.7514
					油污污染次数	0.1782
			海洋灾害情况	0.1299	风暴潮灾害次数	0.8333
					赤潮灾害次数	0.1667
			海域生态系统	0.4915	外来生物入侵问题	0.0523
					养殖品种多样性	0.0864
					浮游植物多样性	0.4137
					近岸生态系统健康状况	0.4476
			环境保护情况	0.0425	养殖者海洋环保意识	0.1429
					筏式养殖区水质情况	0.8571
	产业发展资源条件	0.2390	资源禀赋情况	0.7500	资源禀赋系数	0.0906
					浅海海域面积比例	0.7582
					岸线系数	0.1512
			资源利用效率	0.2500	功能区面积利用率	0.8333
					养殖单产	0.1667
	产业发展社会环境	0.0995	产业就业贡献	0.1724	长期从业人员人均年收入	0.8000
					带动长期从业人口数	0.2000
			群众满意程度	0.1752	从业人员满意度	0.7500
					其他群众满意度	0.2500
			从业人员素质	0.0666	平均年龄	0.8333
					受教育程度	0.1667
			政府支持力度	0.5858	财政支持力度	0.6144
					技术支持力度	0.2684
					宣传力度	0.1172

续表

目标层	准则层	权重	要素层	权重	指标层	权重
河北海湾扇贝养殖产业可持续发展能力评价	产业持续发展潜力	0.1577	相关发展能力	0.2684	苗种生产能力	0.0693
					产品加工能力	0.2463
					产品销售能力	0.2463
					防灾减灾能力	0.4381
			技术发展情况	0.1172	技术更新速度	0.8000
					养殖者对现有技术满意度	0.2000
			劳动力供给情况	0.6144	寻找工人的难度	0.8889
					青年人从事养殖的意愿	0.1111

按照上述方法依次算出其他6位专家对指标体系各指标的单层权重，再计算7位专家的单层权重的平均值，即可得到河北海湾扇贝养殖产业可持续发展能力评价指标体系的单层权重，计算结果见表5-23。

表5-23 河北海湾扇贝养殖产业可持续发展能力评价指标的单层权重（专家汇总）

目标层	准则层	权重	要素层	权重	指标层	权重
河北海湾扇贝养殖产业可持续发展能力评价	产业自身经济水平	0.0701	总量情况	0.1667	产值	0.2500
					产值增长率	0.7500
			效益情况	0.8333	单位投入产出比	0.1667
					成本收益率	0.8333
	产业发展自然环境	0.4384	环境污染程度	0.3863	河流污染物入海量	0.0603
					入海排污口超标率	0.7085
					油污污染次数	0.2312
			海洋灾害情况	0.1267	风暴潮灾害次数	0.8749
					赤潮灾害次数	0.1251
			海域生态系统	0.4443	外来生物入侵问题	0.0858
					养殖品种多样性	0.0560
					浮游植物多样性	0.4389
					近岸生态系统健康状况	0.4193
			环境保护情况	0.0427	养殖者海洋环保意识	0.1667
					筏式养殖区水质情况	0.8333

续表

目标层	准则层	权重	要素层	权重	指标层	权重
河北海湾扇贝养殖产业可持续发展能力评价	产业发展资源条件	0.2674	资源禀赋情况	0.6667	资源禀赋系数	0.0881
					浅海海域面积比例	0.7172
					岸线系数	0.1947
			资源利用效率	0.3333	功能区面积利用率	0.8889
					养殖单产	0.1111
	产业发展社会环境	0.0967	产业就业贡献	0.1714	长期从业人员人均年收入	0.7500
					带动长期从业人口数	0.2500
			群众满意程度	0.1669	从业人员满意度	0.8333
					其他群众满意度	0.1667
			从业人员素质	0.0775	平均年龄	0.7500
					受教育程度	0.2500
			政府支持力度	0.5842	财政支持力度	0.5278
					技术支持力度	0.3325
					宣传力度	0.1397
	产业持续发展潜力	0.1275	相关发展能力	0.2797	苗种生产能力	0.0938
					产品加工能力	0.1746
					产品销售能力	0.5085
					防灾减灾能力	0.2231
			技术发展情况	0.0936	技术更新速度	0.8333
					养殖者对现有技术满意度	0.1667
			劳动力供给情况	0.6267	寻找工人的难度	0.8750
					青年人从事养殖的意愿	0.1250

根据前文层次分析法中求综合权重的方法，对河北海湾扇贝养殖产业可持续发展能力评价指标体系各指标的综合权重进行计算，结果见表5-24。

表 5-24 河北海湾扇贝养殖产业可持续发展能力评价指标的综合权重

目标层	准则层	权重	要素层	权重	指标层	权重
河北海湾扇贝养殖产业可持续发展能力评价	产业自身经济水平	0.0701	总量情况	0.0117	产值	0.0029
					产值增长率	0.0088
			效益情况	0.0584	单位投入产出比	0.0097
					成本收益率	0.0487
	产业发展自然环境	0.4384	环境污染程度	0.1694	河流污染物入海量	0.0102
					入海排污口超标率	0.1200
					油污污染次数	0.0392
			海洋灾害情况	0.0555	风暴潮灾害次数	0.0486
					赤潮灾害次数	0.0069
			海域生态系统	0.1948	外来生物入侵问题	0.0167
					养殖品种多样性	0.0109
					浮游植物多样性	0.0855
					近岸生态系统健康状况	0.0817
			环境保护情况	0.0187	养殖者海洋环保意识	0.0031
					筏式养殖区水质情况	0.0156
	产业发展资源条件	0.2674	资源禀赋情况	0.1783	资源禀赋系数	0.0157
					浅海海域面积比例	0.1279
					岸线系数	0.0347
			资源利用效率	0.0891	功能区面积利用率	0.0792
					养殖单产	0.0099
	产业发展社会环境	0.0967	产业就业贡献	0.0166	长期从业人员人均年收入	0.0124
					带动长期从业人口数	0.0041
			群众满意程度	0.0161	从业人员满意度	0.0134
					其他群众满意度	0.0027
			从业人员素质	0.0075	平均年龄	0.0056
					受教育程度	0.0019
			政府支持力度	0.0564	财政支持力度	0.0298
					技术支持力度	0.0188
					宣传力度	0.0079

续表

目标层	准则层	权重	要素层	权重	指标层	权重
河北海湾扇贝养殖产业可持续发展能力评价	产业持续发展潜力	0.1275	相关发展能力	0.0357	苗种生产能力	0.0033
					产品加工能力	0.0062
					产品销售能力	0.0181
					防灾减灾能力	0.0080
			技术发展情况	0.0119	技术更新速度	0.0099
					养殖者对现有技术满意度	0.0020
			劳动力供给情况	0.0799	寻找工人的难度	0.0699
					青年人从事养殖的意愿	0.0100

5.1.2 权重计算结果的分析

根据表 5-24 的计算结果，对各级指标的权重进行分析，结果如下。

5.1.2.1 准则层

在准则层中，产业发展自然环境在 5 个指标中权重最高，为 0.4384，产业发展资源条件的权重（0.2674）次之，再次为产业持续发展潜力的权重（0.1275）和产业发展社会环境的权重（0.0967），产业自身经济水平的权重（0.0701）最小。即专家意见可总结为，准则层各指标对河北海湾扇贝养殖产业可持续发展的重要程度由大到小依次为产业发展自然环境、产业发展资源条件、产业持续发展潜力、产业发展社会环境和产业自身经济水平。

5.1.2.2 要素层

在产业自身经济水平的要素层中，效益情况的权重（0.0584）高于总量情况的权重（0.0117），即专家们认为在产业发展过程中效益比总量更重要。在产业发展自然环境的要素层中，海域生态系统的权重（0.1948）最大，环境污染程度的权重（0.1694）次之，海洋灾害情况和环境保护情况的权重较小，分别为 0.0555 和 0.0187。专家意见说明，对产业发展来说这四个要素层的重要程度依次为海域生态系统、环境污染程度、海洋灾害情况和环境保护情况。在产业发展资源条件的要素层中，专家认为在产业可持续发展过程中，资源禀赋情况比资源利用效率更重要，二者权重分别为0.1783和0.0891。在产业发展社会环境的要素层中，各指标的权重由大到小依次为政府支持力度（0.0564）、产业就业贡献（0.0166）、群众满意程度（0.0161）和从业人员素质（0.0075）。即专家认为4个指标中，政府支持力度对产业发展最重要，产业就业贡献次之，群众满意程度和从业人员素质的重要程度最低。在产业持续发展潜力的要素层中，劳动力供给情况的权重（0.0799）最高，技术发展情况的权重（0.0119）最低，相关发展能力的权重（0.0357）介于二者之间。即专家认为3个指标中，劳动力供给情况对产业发展最重要，相关发展能力次之，技术发展情况的重要程度最低。

5.1.2.3 指标层

对综合权重进行分析，发现在指标层的37个指标中，权重最大的前十位，即对产业发展重要程度排在前十的指标排序为浅海海域面积比例（0.1279）、入海排污口超标率（0.1200）、浮游植物多样性（0.0855）、近岸生态系统健康状况（0.0817）、功能区面积利用率（0.0792）、寻找工人的难度（0.0699）、成本收益率（0.0487）、风暴潮灾害次数（0.0486）、油污污染次数（0.0392）、岸线系数（0.0347）。

5.2 河北海湾扇贝养殖产业可持续发展能力各评价指标评分结果

在4.2节中，本研究制定了海湾扇贝养殖产业可持续发展能力评价体系中各指标的评分标准，本节将基于该评分标准对各指标进行评分。

5.2.1 产业自身经济水平数据来源和评分结果

5.2.1.1 总量情况

根据国家贝类产业技术体系数据，2012—2017年河北海湾扇贝鲜贝柱的产值分别为16.80亿元、8.20亿元、6.82亿元、21.60亿元、25.50亿元和19.40亿元。按照产值评分标准，2012—2017年，河北海湾扇贝养殖产业年产值得分分别为3分、1分、1分、4分、5分和3分。

根据国家贝类产业技术体系的产值数据，可计算出2012—2017年河北海湾扇贝养殖产业产值年增长率分别为172.73%、-51.19%、-16.83%、216.72%、18.06%和-23.92%。根据产值增长率评分标准，2012—2017年河北海湾扇贝产值年增长率得分分别为5分、1分、1分、5分、4分和1分。

5.2.1.2 效益情况

根据国家贝类产业技术体系河北海湾扇贝养殖产业投入与产出相关数据进行计算，得出2012—2017年河北海湾扇贝养殖单位投入产出比分别为0.46、1.00、1.46、0.41、0.54和0.76。按照单位投入产出比评分标准，2012—2017年河北海湾扇贝养殖产业单位投入产出比得分依次为5分、3分、3分、5分、4分和4分。

根据国家贝类产业技术体系河北海湾扇贝养殖产业成本与收益相关数据进行计算，得出2012—2017年河北海湾扇贝成本收益率分别为2.19、1.00、0.69、2.45、1.86和1.31。按照成本收益率评分标准，2012—2017年河北海湾扇贝养殖产业成本收益率得分依次为5分、3分、2分、5分、4分和3分。

2012—2017年河北海湾扇贝养殖产业自身经济水平各指标评分结果见表5-25。

表5-25　2012—2017年河北海湾扇贝养殖产业自身经济水平各指标评分结果

单位：分

年份		2012	2013	2014	2015	2016	2017
总量情况	产值	3	1	1	4	5	3
	产值增长率	5	1	1	5	4	1
效益情况	单位投入产出比	5	3	3	5	4	4
	成本收益率	5	3	2	5	4	3

5.2.2 产业发展自然环境数据来源和评分结果

5.2.2.1 环境污染程度

根据《河北省海洋环境质量公报》，2012—2017年河北省河流污染物入海量依次为 32.39 万吨、11.77 万吨、5.77 万吨、8.93 万吨、10.92 万吨和 10.63 万吨。按照河流污染物入海量评分标准，2012—2017 年河北省河流污染物入海量得分分别是 1 分、3 分、4 分、4 分、3 分和 3 分。

根据《河北省海洋环境质量公报》，2012—2017 年河北省入海排污口超标率分别为 72%、64%、72%、56%、63% 和 69.2%。按照入海排污口超标率评分标准，2012—2017 年河北省入海排污口超标率得分分别为 2 分、2 分、2 分、3 分、2 分、2 分。

根据《河北省海洋环境质量公报》，2012—2017 年河北省海域发生油污污染的次数分别为 5 次、7 次、3 次、1 次、2 次、3 次。按照油污污染次数评分标准，2012—2017 年河北省海域油污污染次数得分依次为 3 分、3 分、4 分、4 分、4 分和 4 分。

5.2.2.2 海洋灾害情况

根据《河北省海洋环境质量公报》，2012—2017 年河北省海域分别出现 5 次、5 次、2 次、4 次、6 次和 2 次高潮位超过当地蓝色警戒潮位值的风暴潮过程。按照风暴潮灾害次数评分标准，2012—2017 年河北省风暴潮灾害次数得分依次为 3 分、3 分、4 分、4 分、3 分和 4 分。

根据《河北省海洋环境质量公报》，2012—2017 年河北省近岸海域每年都出现了 6 次赤潮。按照赤潮灾害次数评分标准，2012—2017 年河北省赤潮灾害次数得分均为 3 分。

5.2.2.3 海域生态系统

笔者通过与河北省水产研究所相关专家、养殖户等进行访谈，并查阅资料，至今并未发现河北省海区内存在海湾扇贝自然种群，没有发生外来生物入侵情况。按照外来生物入侵问题评分标准，2012—2017 年河北省海湾扇贝外来生物入侵问题得分均为 5 分。

笔者通过实地调查，结合对相关专家和养殖户进行采访，得知相关研究者曾在河北海域内进行过海湾扇贝与孔石莼[192]、龙须菜[193]等混养试验，还有研究者在池塘内进行过贝、参、虾的混养[194~195]。但混养仅局限于小面积海域试验，并未大规模实施，目前河北海湾扇贝养殖采用的是单养模式。按照养殖品种多样性评分标准，2012—2017 年河北海湾扇贝养殖品种多样性得分均为1分。

根据《河北省海洋环境质量公报》，2012—2017年河北省海域浮游植物多样性指数分别为2.06、2.30、2.31、2.66、2.48和2.73。按照浮游植物多样性指数评分标准，2012—2017年河北省海域浮游植物多样性指数得分均为4分。

根据《河北省海洋环境质量公报》，2012—2017年河北省近岸生态系统健康状况均为亚健康，说明生态系统基本维持其自然属性，但生物多样性和生态系统的结构已经产生了某些变化，人为破坏、资源过度开发和环境污染等造成的压力超出了生态系统可承载的容量。[①] 按照近岸生态系统健康状况评分标准，2012—2017年河北海域近岸生态系统健康状况得分均为3分。

5.2.2.4 环境保护情况

笔者通过每年向养殖户发放调研问卷和实地走访养殖户等方式，对养殖者环保意识进行调查。[②] 结果显示，2012—2017年河北省多数海湾扇贝养殖者对环境保护持有态度分别为“非常同意”“同意”“同意”“说不准”“说不准”和“说不准”。按照养殖者海洋环保意识评分标准，2012—2017年河北海湾扇贝养殖者环保意识得分依次为5分、4分、4分、3分、3分和3分。

根据《河北省海洋环境质量公报》，2012—2017年河北省筏式养殖区符合功能区要求的二类水质标准的站次平均比例分别为66%、83.95%、92.85%、92.50%、82.15%和85.70%。按照筏式养殖区水质情况评分标准，2012—2017年河北省筏式养殖区水质情况得分依次为3分、4分、5分、5分、4分、4分。

2012—2017年河北海湾扇贝养殖产业发展自然环境各指标评分结果如表5-26所示。

① 《中国海洋环境状况公报》。

② 早于2016年的实地调研数据整理自本课题组已收集到的信息，下文不再赘述。

表 5-26 2012—2017 年河北海湾扇贝养殖产业发展自然环境各指标评分结果

单位：分

年份		2012	2013	2014	2015	2016	2017
环境污染程度	河流污染物入海量	1	3	4	4	3	3
	入海排污口超标率	2	2	2	3	2	2
	油污污染次数	3	3	4	4	4	4
海洋灾害情况	风暴潮灾害次数	3	3	4	4	3	4
	赤潮灾害次数	3	3	3	3	3	3
海域生态系统	外来生物入侵问题	5	5	5	5	5	5
	养殖品种多样性	1	1	1	1	1	1
	浮游植物多样性	4	4	4	4	4	4
	近岸生态系统健康状况	3	3	3	3	3	3
环境保护情况	养殖者海洋环保意识	5	4	4	3	3	3
	筏式养殖区水质情况	3	4	5	5	4	4

5.2.3 产业发展资源条件数据来源和评分结果

5.2.3.1 资源禀赋情况

根据《中国渔业统计年鉴》扇贝产量数据和《中国统计年鉴》《河北统计年鉴》中生产总值数据，利用资源禀赋系数公式进行计算，2012—2017 年河北省扇贝资源禀赋系数分别为 4.24、4.36、4.76、5.22、4.87 和 4.86。按照资源禀赋系数评分标准，2012—2017 年河北扇贝资源禀赋系数得分均为 5 分。

根据《河北省海洋功能区划（2011—2020 年）》，河北省浅海海域面积为 61.39 万公顷，依据浅海海域面积比例计算公式，2012—2017 年河北省浅海海域面积比例均为 85%。按照浅海海域面积比例评分标准，2012—2017 年河北省浅海海域面积比例得分均为 5 分。

根据河北省自然资源厅官方网站数据，依据岸线系数计算公式，2012—2017 年河北省岸线系数均为 0.0026。按照岸线系数评分标准，2012—2017 年河北省岸线系数得分均为 1 分。

5.2.3.2 资源利用效率

根据《河北省海洋主体功能区规划（2011—2020 年）》，2012—2017 年，河北省农渔业功能区规划面积为 310474.22 公顷，但该规划中并未指明海水增养殖区规划面积，本研究将合理估计海水增养殖区规划面积。河北海湾扇贝养殖区域主要为昌黎、乐亭和抚宁，基于此，本研究选取河北省海洋功能区登记表中 3 个地区农渔业功能区，尤其是重点保障海水养殖区域的面积作为海水增养殖功能区面积，结果为 207120.28 公顷。据《中国渔业统计年鉴》，2012—2017 年河北省海湾扇贝养殖面积分别为 78903 公顷、58571 公顷、59005 公顷、53993 公顷、50488 公顷和 51179 公顷。依据功能区面积利用率计算公式，得出 2012—2017 年河北省海水增养殖功能区面积利用率分别为 38.10%、28.28%、28.49%、26.07%、24.38%和 24.71%。按照功能区面积利用率评分标准，2012—2017 年河北省海水增养殖功能区面积利用率得分均为 4 分。

《中国渔业统计年鉴》和国家贝类产业技术体系内部资料都统计了河北海湾扇贝养殖产量和面积数据，但两者略有差异。考虑到养殖单产评分标准的制定参考了《中国渔业统计年鉴》，为增强数据可比性，此处选取《中国渔业统计年鉴》作为数据来源。据《中国渔业统计年鉴》2012—2017 年的河北海湾扇贝养殖产量和面积数据，依据养殖单产计算公式，得出 2012—2017 年河北海湾扇贝养殖单产分别为 3752 千克/公顷、5786 千克/公顷、6368 千克/公顷、7244 千克/公顷、7715 千克/公顷和 8289 千克/公顷。按照养殖单产评分标准，2012—2017 年河北海湾扇贝养殖单产得分依次为 3 分、5 分、5 分、5 分、5 分和 5 分。

2012—2017 年河北海湾扇贝养殖产业发展资源条件各指标评分结果见表 5-27。

表 5-27 2012—2017 年河北海湾扇贝养殖产业发展资源条件各指标评分结果

单位：分

年份		2012	2013	2014	2015	2016	2017
资源禀赋情况	资源禀赋系数	5	5	5	5	5	5
	浅海海域面积比例	5	5	5	5	5	5
	岸线系数	1	1	1	1	1	1

续表

年份		2012	2013	2014	2015	2016	2017
资源利用效率	功能区面积利用率	4	4	4	4	4	4
	养殖单产	3	5	5	5	5	5

5.2.4 产业发展社会环境数据来源和评分结果

5.2.4.1 产业就业贡献

本研究根据国家贝类产业技术体系内部资料，结合问卷调查、实地走访和咨询专家等方法来获取数据。调查得知，河北海湾扇贝养殖长期从业人员的工资依据工人素质不同而不同，且几乎每年都有不同程度的变化。2012—2017 年河北海湾扇贝养殖产业长期从业人员人均年收入分别为 3.5 万元、5 万元、5.17 万元、4.17 万元、4.17 万元和 4.5 万元。按照长期从业人员人均年收入评分标准，河北海湾扇贝养殖产业长期从业人员人均年收入得分依次为 4 分、5 分、5 分、4 分、4 分和 4 分。

海湾扇贝养殖需要大量劳动力，其中临时工数量远高于长期工。由于目前尚无河北海湾扇贝养殖产业劳动力数量的相关统计，加上临时工流动性较高，数据获取难度更大。因此，本研究仅考察长期从业人口数，通过与养殖者和政府工作人员的深度访谈等方法来获取数据。根据国家贝类产业技术体系内部文件，海湾扇贝养殖过程中每 2 万笼需 3 名养殖工人、1 名船长和 1 名管理人员，结合每年养殖总笼数，可估算出 2012—2017 年河北海湾扇贝长期从业人口数分别为 5040 人、4680 人、5500 人、5400 人、7600 人和 8200 人。按照带动长期从业人口数评分标准，2012—2017 年河北海湾扇贝养殖产业带动长期从业人口数得分均为 5 分。

5.2.4.2 群众满意程度

本研究通过向河北海湾扇贝养殖从业人员、其他群众发放调查问卷，结合群体、单独采访的方式，获得群众满意度情况。结合群众满意度评分标准，2012—2017 年河北海湾扇贝养殖产业从业人员满意度得分依次为 2 分、2 分、3 分、4 分、4 分和 3 分，其他群众满意度得分依次为 2 分、2

分、3分、3分、4分和3分。

5.2.4.3 从业人员素质

本研究通过问卷调查，结合与养殖户访谈等方式获取从业人员素质数据。在调查范围内，2012—2017年河北海湾扇贝养殖产业从业人员平均年龄分别为37岁、42岁、45岁、45岁、46岁和45岁。结合平均年龄评分标准，2012—2017年河北海湾扇贝养殖产业从业人员平均年龄得分依次为4分、4分、3分、3分、3分和3分。2012—2017年河北海湾扇贝养殖产业从业人员平均受教育程度均为初中。按照受教育程度评分标准，2012—2017年河北海湾扇贝养殖产业从业人员受教育程度得分均为3分。

5.2.4.4 政府支持力度

财政支持方面，通过走访养殖户和当地主管部门，发现河北海湾扇贝养殖户得到的财政补贴主要是燃油补贴，能够解决大部分燃油成本，且近两年补贴有轻微上涨，前提是船只必须具备完整手续。除此之外，几乎没有其他方面的财政支持。通过咨询专家意见，结合财政支持力度评分标准，2012—2017年河北海湾扇贝养殖产业政府财政支持力度得分依次为2分、2分、2分、2分、3分和3分。

技术支持方面，通过与政府工作人员和养殖户的深度访谈发现，河北省内有一些规模较大的龙头养殖企业与当地技术主管部门和相关高校形成“产学研”相关联的合作模式，但仅限于少数企业。此外，相关技术部门会不定期对养殖户进行技术培训或指导，但覆盖面小且频率较低。通过咨询专家意见，结合技术支持力度评分标准，2012—2017年河北海湾扇贝养殖产业政府技术支持力度得分依次为3分、3分、3分、3分、4分和4分。

宣传力度方面，通过与政府工作人员的深度访谈得知，除参与产业相关会议外，目前几乎没有针对海湾扇贝养殖产业及相关产品的官方宣传活动。通过咨询专家意见，结合宣传力度评分标准，2012—2017年河北海湾扇贝养殖产业政府宣传力度得分均为2分。

2012—2017年河北海湾扇贝养殖产业发展社会环境各指标评分结果见表5-28。

表 5-28 2012—2017 年河北海湾扇贝养殖产业发展社会环境各指标评分结果

年份		2012	2013	2014	2015	2016	2017
产业就业贡献	长期从业人员人均年收入	4	5	5	4	4	4
	带动长期从业人口数	5	5	5	5	5	5
群众满意程度	从业人员满意度	2	2	3	4	4	3
	其他群众满意度	2	2	3	3	4	3
从业人员素质	平均年龄	4	4	3	3	3	3
	受教育程度	3	3	3	3	3	3
政府支持力度	财政支持力度	2	2	2	2	3	3
	技术支持力度	3	3	3	3	4	4
	宣传力度	2	2	2	2	2	2

5.2.5 产业持续发展潜力数据来源和评分结果

5.2.5.1 相关发展能力

在与相关部门工作人员和养殖户的访谈中，得知本地苗种需求量的90%左右需从外地购买，但目前尚无全省海湾扇贝苗种年产量的具体统计资料。为量化指标，本研究基于其他资料进行评分。2012—2017 年，河北海湾扇贝养殖年产量均占河北贝类养殖年产量的 83%以上，是河北贝类养殖的最主要品种。此外，结合专家意见，本研究拟把河北海水贝类苗种年产量看作海湾扇贝苗种产量，虽存在一些出入，但整体符合实际情况。根据《中国渔业统计年鉴》，2012—2017 年河北海水贝类苗种年产量分别为 284900 万粒、80600 万粒、36730 万粒、127000 万粒、219000 万粒和 924000 万粒。根据《扇贝养殖渔情分析》，河北海湾扇贝年需苗量约 150 亿粒，2012—2017 年河北海湾扇贝苗种自给量分别占需求量的 19%、5.37%、2.45%、8.47%、14.60%和 61.60%。按照苗种生产能力评分标准，2012—2017 年河北海湾扇贝苗种生产能力得分依次为 1 分、1 分、1 分、1 分、1 分和 4 分。

鉴于目前尚无全省海湾扇贝年加工量相关资料，考虑到海湾扇贝是河北海水养殖最主要的品种，在咨询专家意见的基础上，本研究拟采用海水产品年加工能力来衡量海湾扇贝年加工能力。根据《中国渔业统计年鉴》中河北海水加工产品量和用于加工的海产品量相关数据，依据产品加工能力计算公式，2012—2017 年河北海水产品年加工能力分别为 37%、32%、25%、25%、41%和 40%。按照产品加工能力评分标准，2012—2017 年河北海湾扇贝产品加工能力得分依次为 2 分、2 分、2 分、2 分、3 分和 3 分。

鉴于目前尚无全省海湾扇贝年销售量相关数据，本研究通过抽样问卷调查和随机实地调查方法，以期获取海湾扇贝年销售量资料。调查结果显示，无论养殖户规模如何，其海湾扇贝销售量都在收获总量的 80%以上。按照产品销售能力评分标准，2012—2017 年河北海湾扇贝销售能力得分均为 5 分。

影响海湾扇贝养殖的海洋灾害主要为风暴潮灾害和赤潮灾害。对于风暴潮灾害，截至 2017 年，河北只有乐亭成为扇贝养殖气象指数保险试点，据了解，该保险根据翡翠岛、祥云岛的无人气象监测站监测到的风力指数和持续时间进行赔付，降低了扇贝养殖业的风险。但是签约对象的覆盖范围小，只涉及了 9 家养殖户，参保面积约 1333 公顷，不到河北扇贝养殖总面积的 3%。除扇贝养殖气象指数保险外，养殖者只能依靠经验，采取减少浮球、提早收获等防风浪措施。对于赤潮灾害，根据河北省环境监测中心站消息，2014 年 6 月起，河北省开始利用环境卫星遥感数据，主要针对赤潮等情况对北戴河近岸海域环境进行遥感监测，提高了对赤潮灾害的快速预警能力。此外，河北省海洋局每年下发《河北省海洋环境监测工作实施方案》，通过开展赤潮灾害应急监测，为养殖者提供赤潮灾害信息。但从养殖者角度出发，他们认为，仅凭借他们自身，几乎不具备抵御海洋灾害的能力。按照防灾减灾能力评分标准，2012—2017 年河北海湾扇贝养殖防灾减灾能力得分依次为 2 分、2 分、3 分、3 分、4 分、4 分。

5.2.5.2 技术发展情况

笔者通过与相关专家和养殖户的深度访谈得知，从开始养殖海湾扇贝至今，养殖技术总体上未发生改变，但对分苗时间、防范污损物附着、网眼大小等细节进行了改进。按照技术更新速度评分标准，2012—2017 年河北海湾扇贝养殖技术更新速度得分均为 2 分。

通过问卷调查，得知近几年养殖者对于现有养殖技术基本满意，但仍认为有些方面需要改进。按照养殖者对现有技术满意度评分标准，2012—2017 年河北海湾扇贝养殖者对现有技术满意度得分均为 4 分。

5.2.5.3　劳动力供给情况

笔者在实地走访中得知，海湾扇贝养殖过程中需要大量临时工，如分苗、收获、剥柱等环节。但用工时间集中，导致很多养殖者难以找到足够数量的工人，或出现排队用工的情况，且近两年这种用工难的困境越发显著，这种结果与本研究进行的问卷调查结果一致。鉴于此，按照寻找工人的难度评分标准，2012—2017 年河北海湾扇贝养殖产业寻找工人的难度得分分别为 3 分、3 分、3 分、2 分、2 分和 2 分。

本研究每年随机对养殖区域的青年人进行访谈，访谈结果具有高度一致性。青年人理想的职业一般是公司白领或自主创业等，除少数青年人愿意子承父业进行养殖外，几乎没有人愿意从事海湾扇贝养殖。基于此，按照青年人从事养殖的意愿评分标准，2012—2017 年河北海湾扇贝青年人从事养殖的意愿得分均为 1 分。

2012—2017 年河北海湾扇贝养殖产业持续发展潜力各指标评分结果见表 5-29。

表 5-29　2012—2017 年河北海湾扇贝养殖产业持续发展潜力各指标评分结果

年份		2012	2013	2014	2015	2016	2017
相关发展能力	苗种生产能力	1	1	1	1	1	4
	产品加工能力	2	2	2	2	3	3
	产品销售能力	5	5	5	5	5	5
	防灾减灾能力	2	2	3	3	4	4
技术发展情况	技术更新速度	2	2	2	2	2	2
	养殖者对现有技术满意度	4	4	4	4	4	4
劳动力供给情况	寻找工人的难度	3	3	3	2	2	2
	青年人从事养殖的意愿	1	1	1	1	1	1

5.3 河北海湾扇贝养殖产业可持续发展能力评价结果

第5.1节已确定了河北海湾扇贝养殖产业可持续发展能力评价指标体系中各指标的权重。第5.2节计算了2012—2017年河北海湾扇贝养殖产业可持续发展能力评价指标体系中各指标的得分。按照本研究在第4.1节中确定的评价方法，就能够得到2012—2017年河北海湾扇贝养殖产业可持续发展能力评价结果。河北海湾扇贝养殖产业自身经济水平、产业发展自然环境、产业发展资源条件、产业发展社会环境和产业持续发展潜力等5方面的可持续发展能力评价结果将在本节进行说明。

5.3.1 产业自身经济水平评价结果

5.3.1.1 总量情况

2012—2017年河北海湾扇贝养殖产业自身经济总量情况可持续发展能力评价得分依次为0.7502、0.1667、0.1667、0.7918、0.7085和0.2501（如图5-1所示）。可以看出，河北海湾扇贝养殖产业自身经济总量情况波动较大，可持续发展能力平均得分为0.4723，可持续发展能力处于很弱水平。

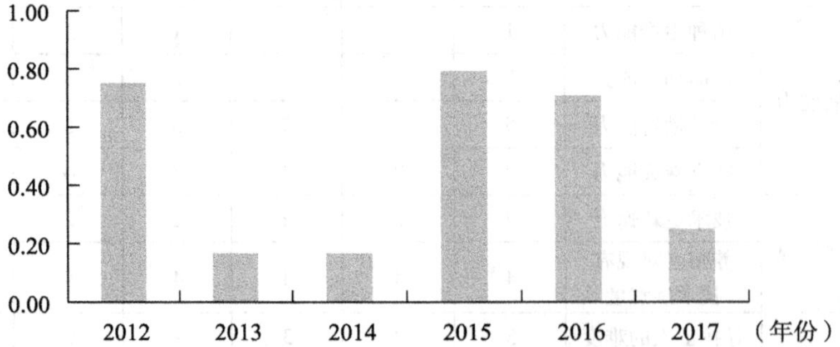

图5-1 2012—2017年河北海湾扇贝养殖产业自身经济总量情况可持续发展能力评价结果

5.3.1.2 效益情况

2012—2017年河北海湾扇贝养殖产业自身经济效益情况可持续发展能力得分分别为4.1665、2.4999、1.8055、4.1665、3.3332和2.6388（如图5-2所示）。与总量情况一样，效益情况的可持续发展能力得分波动也较大，平均得分为3.1017，可持续发展能力处于一般和较强之间。具体来说，在2012年和2015年处于较强和很强之间；2013年和2017年处于较弱和一般之间；2014年可持续发展能力最差，处于很弱和较弱之间；2016年处于一般和较强之间。

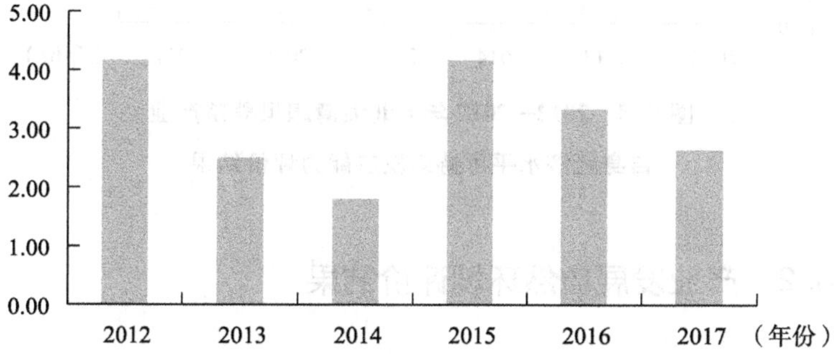

图5-2 2012—2017年河北海湾扇贝养殖产业自身经济效益情况可持续发展能力评价结果

5.3.1.3 综合评价结果

2012—2017年河北海湾扇贝养殖产业自身经济水平可持续发展能力评价得分依次为4.9167、2.6666、1.9722、4.9583、4.0417和2.8889（如图5-3所示）。可以看出，考察期内，河北海湾扇贝养殖产业自身经济水平呈现不稳定状态，波动较大，按照时间节点，可分为三部分进行分析。第一部分为2012—2014年，这部分的产业自身经济水平可持续发展能力从介于较强与很强之间（4.9167）下降为介于很弱与较弱之间（1.9722）；第二部分为2014—2015年，这段时间内产业自身经济水平可持续发展能力重回到介于较强和很强之间（4.9583）；第三部分为2015—2017年，产业自身经济水平可持续发展能力又呈下降趋势，从介于较强与很强之间降至介于较弱与一般之间。2012—2017年河北海湾扇贝养殖产业自身经济水平可持续发展能力平均得分为3.5741，处于一般和较强之间。2012—2017年产业自身经济水平2个要素层指标可持续发展能力的平均得分依次为0.4723、3.1017，即2个要素层指标的可持续发展能力由高到低为效益情况、总量情况。

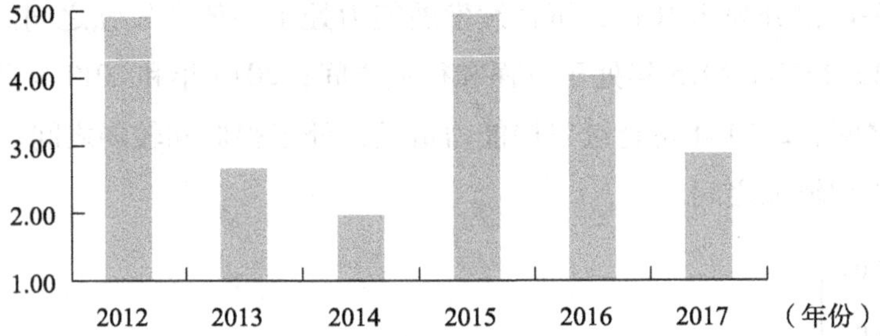

图5-3　2012—2017年河北海湾扇贝养殖产业自身经济水平可持续发展能力评价结果

5.3.2　产业发展自然环境评价结果

5.3.2.1　环境污染程度

2012—2017年河北海湾扇贝养殖产业环境污染程度可持续发展能力评价得分依次为0.8386、0.8852、0.9978、1.2715、0.9745和0.9745（如图5-4所示）。可以看出，河北海湾扇贝养殖产业环境污染程度可持续发展能力得分除2015年介于很弱和较弱之间外，其余年份均为很弱。整体上可持续发展能力平均得分为0.9904，可持续发展能力处于很弱水平。

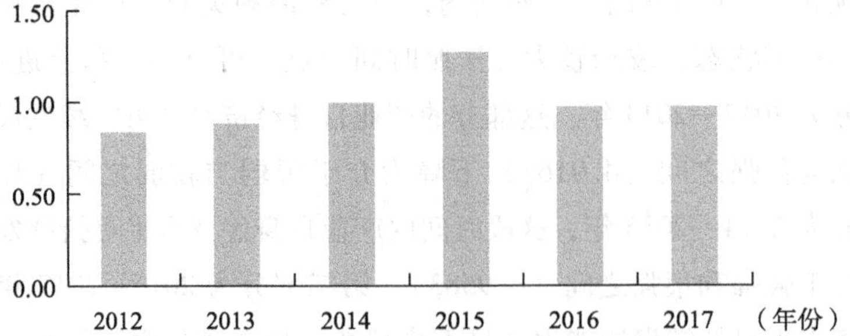

图5-4　2012—2017年河北海湾扇贝养殖产业环境污染程度可持续发展能力评价结果

5.3.2.2 海洋灾害情况

2012—2017 年河北海湾扇贝养殖产业海洋灾害情况可持续发展能力评价得分依次为 0.3801、0.3801、0.4909、0.4909、0.3801 和 0.4909（如图 5-5 所示）。可以看出，2012—2017 年河北海湾扇贝养殖产业海洋灾害情况可持续发展能力均处于很弱水平。

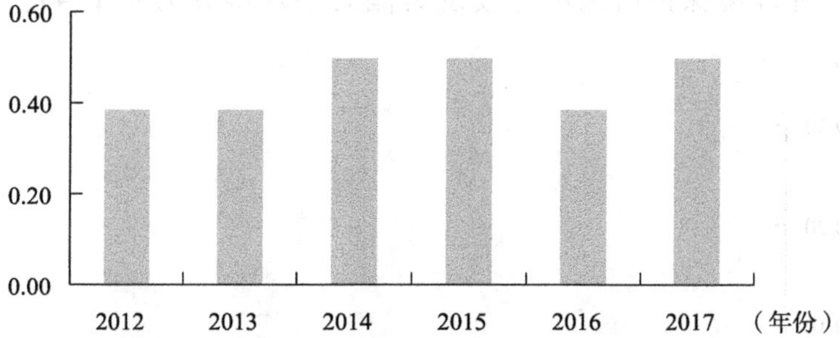

图 5-5 2012—2017 年河北海湾扇贝养殖产业海洋灾害情况可持续发展能力评价结果

5.3.2.3 海域生态系统

2012—2017 年河北海湾扇贝养殖产业海域生态系统可持续发展能力评价得分均为 1.5544（如图 5-6 所示）。说明观察期内，河北海湾扇贝养殖产业海域生态系统可持续发展能力介于很弱和较弱之间，整体保持了平稳趋势。

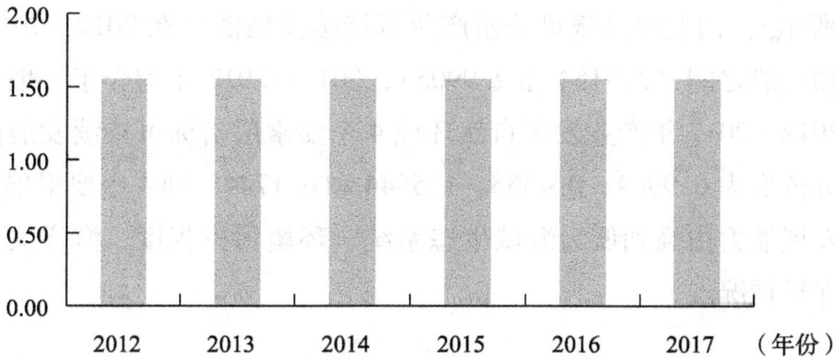

图 5-6 2012—2017 年河北海湾扇贝养殖产业海域生态系统可持续发展能力评价结果

5. 3. 2. 4 环境保护情况

2012—2017 年河北海湾扇贝养殖产业环境保护情况可持续发展能力评价得分依次为 0. 1423、0. 1708、0. 2064、0. 1993、0. 1637 和 0. 1637（如图 5-7 所示）。2012—2014 年环境保护情况可持续发展能力呈上升趋势，2014—2017 年呈下降趋势。2012—2017 年河北海湾扇贝养殖产业环境保护情况可持续发展能力平均得分为 0. 1744，处于很弱水平。

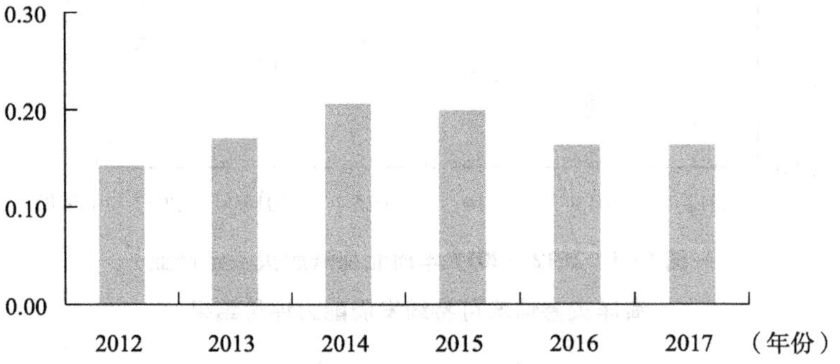

图 5-7　2012—2017 年河北海湾扇贝养殖产业环境保护情况可持续发展能力评价结果

5. 3. 2. 5 综合评价结果

2012—2017 年河北海湾扇贝养殖产业发展自然环境可持续发展能力评价得分依次为 2. 9154、2. 9905、3. 2495、3. 5161、3. 0727 和 3. 1835（如图 5-8 所示）。河北海湾扇贝养殖产业可持续发展能力在 2012—2013 年介于较弱和一般之间（2. 9154 和 2. 9905），2014—2017 年均介于一般和较强之间。2012—2017 年产业发展自然环境 4 个要素层指标可持续发展能力的平均得分依次为 0. 9904、0. 4355、1. 5544 和 0. 1744，即 4 个要素层指标的可持续发展能力由高到低为海域生态系统、环境污染程度、海洋灾害情况和环境保护情况。

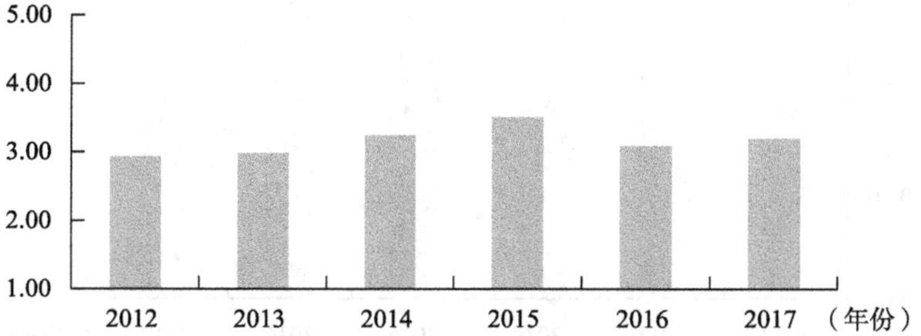

图 5-8　2012—2017 年河北海湾扇贝养殖产业发展自然环境可持续发展能力评价结果

5.3.3　产业发展资源条件评价结果

5.3.3.1　资源禀赋情况

2012—2017 年河北海湾扇贝养殖产业资源禀赋情况可持续发展能力评价得分均为 2.8143（如图 5-9 所示）。说明河北海湾扇贝养殖产业资源禀赋可持续发展能力介于较弱和一般之间，整体保持了平稳趋势。

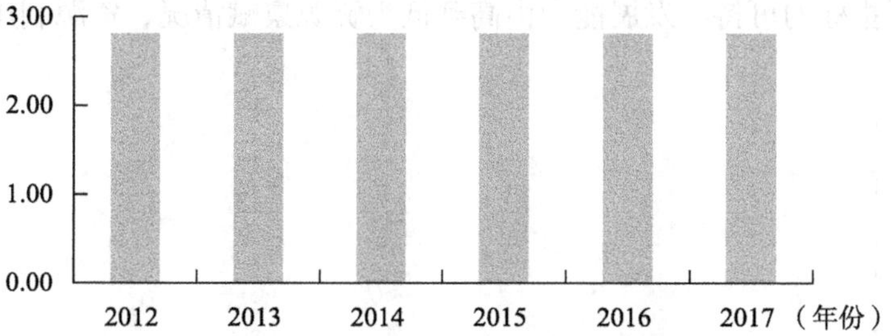

图 5-9　2012—2017 年河北海湾扇贝养殖产业资源禀赋情况可持续发展能力评价结果

5.3.3.2　资源利用效率

2012—2017 年河北海湾扇贝养殖产业资源利用效率可持续发展能力评价得分依次为 1.2962、1.3702、1.3702、1.3702、1.3702 和 1.3702（如图 5-10 所示）。从整体上看，2012—2017 年河北海湾扇贝养殖产业资源利用效率可持续发展能力呈稳定趋势，处于很弱和较弱之间。

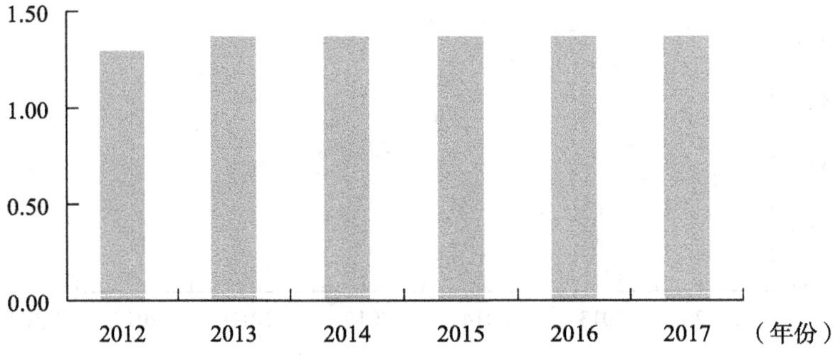

图 5-10　2012—2017 年河北海湾扇贝养殖产业资源利用效率可持续发展能力评价结果

5.3.3.3　综合评价结果

2012—2017 年河北海湾扇贝养殖产业发展资源条件可持续发展能力评价得分依次为 4.1104、4.1845、4.1845、4.1845、4.1845 和 4.1845（如图 5-11 所示），平均得分为 4.1722。评价结果显示，2012—2017 年河北海湾扇贝养殖产业发展资源条件可持续发展能力处于较强和很强之间。产业发展资源条件 2 个要素层指标可持续发展能力的平均得分依次为 2.8143 和 1.3579，即 2 个要素层指标的可持续发展能力由高到低为资源禀赋情况、资源利用效率。

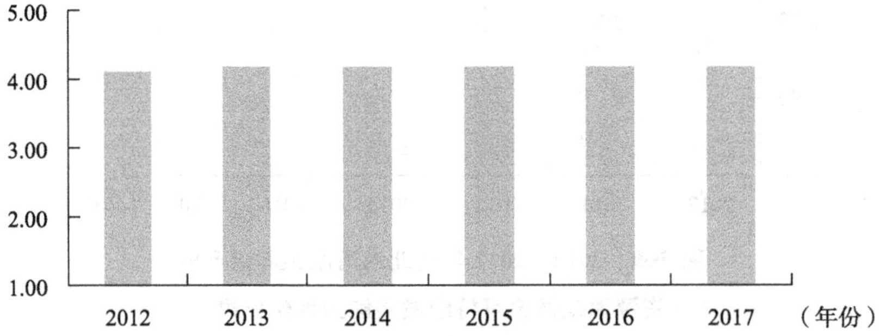

图 5-11　2012—2017 年河北海湾扇贝养殖产业发展资源条件可持续发展能力评价结果

5.3.4　产业发展社会环境评价结果

5.3.4.1　产业就业贡献

2012—2017 年河北海湾扇贝养殖产业就业贡献可持续发展能力评价得分

依次为 0.7285、0.8570、0.8570、0.7285、0.7285 和 0.7285（如图 5-12 所示），平均得分为 0.7713，说明 2012—2017 年河北海湾扇贝养殖产业就业贡献可持续发展能力很弱，整体趋势比较平稳。

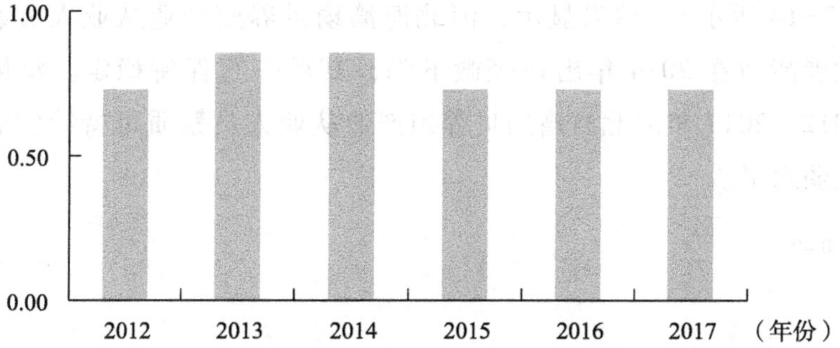

图 5-12　2012—2017 年河北海湾扇贝养殖产业就业贡献可持续发展能力评价结果

5.3.4.2　群众满意程度

2012—2017 年河北海湾扇贝养殖产业群众满意程度可持续发展能力评价得分依次为 0.3338、0.3338、0.5007、0.6398、0.6676 和 0.5007（如图 5-13 所示）。结果表明，2012—2016 年河北海湾扇贝养殖产业群众满意程度可持续发展能力有缓慢上升，但一直都处于很弱水平，在 2017 年还出现了轻微下降。

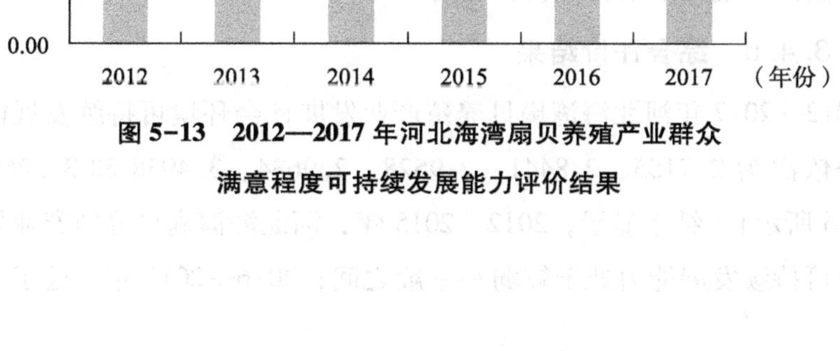

图 5-13　2012—2017 年河北海湾扇贝养殖产业群众满意程度可持续发展能力评价结果

5.3.4.3 从业人员素质

2012—2017 年河北海湾扇贝养殖产业从业人员素质可持续发展能力评价得分依次为 0.2906、0.2906、0.2325、0.2325、0.2325 和 0.2325（如图 5-14 所示）。结果显示，河北海湾扇贝养殖产业从业人员素质可持续发展能力在 2014 年出现轻微下降，其后一直保持稳定。整体上来说，2012—2017 年河北海湾扇贝养殖产业从业人员素质可持续发展能力处于很弱水平。

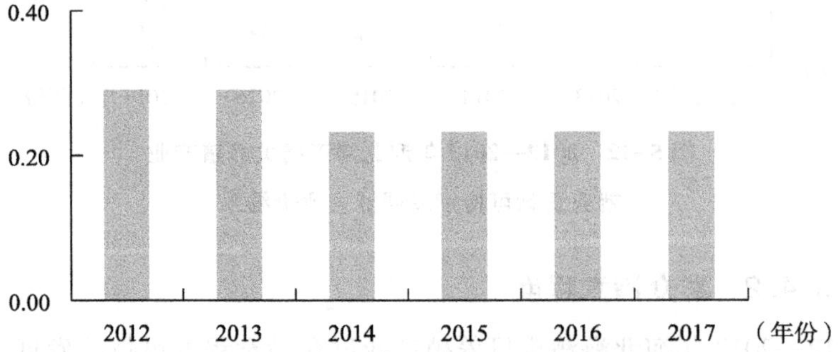

图 5-14 2012—2017 年河北海湾扇贝养殖产业从业人员素质可持续发展能力评价结果

5.3.4.4 政府支持力度

2012—2017 年河北海湾扇贝养殖产业政府支持力度可持续发展能力评价得分依次为 1.3626、1.3626、1.3626、1.3626、1.8652 和 1.8652（如图 5-15 所示）。结果显示，2012—2017 年河北海湾扇贝养殖产业政府支持力度可持续发展能力在 2012—2015 年保持了稳定，2016—2017 年出现上升。整体上来说，2012—2017 年河北海湾扇贝养殖产业政府支持力度可持续发展能力一直处于很弱和较弱之间。

5.3.4.5 综合评价结果

2012—2017 年河北海湾扇贝养殖产业发展社会环境可持续发展能力评价得分依次为 2.7155、2.8441、2.9528、2.9634、3.4938 和 3.3269（如图 5-16 所示）。结果显示，2012—2015 年，河北海湾扇贝养殖产业发展社会环境可持续发展能力处于较弱和一般之间；2016—2017 年，处于一般和

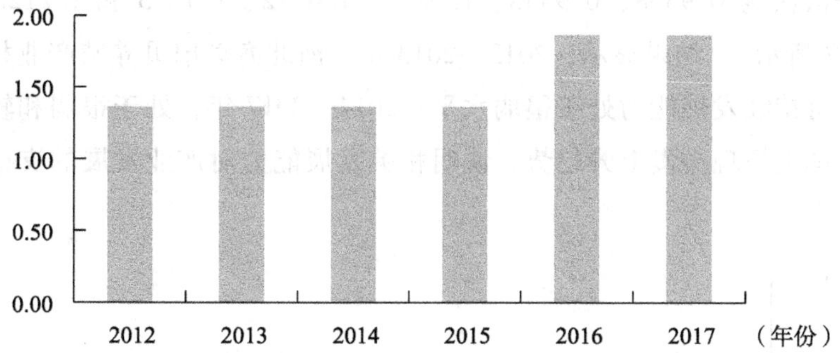

图 5-15 2012—2017 年河北海湾扇贝养殖产业政府支持力度可持续发展能力评价结果

较强之间，说明社会环境对产业发展的支撑作用增强。整体上来说，2012—2017 年河北海湾扇贝养殖产业发展社会环境可持续发展能力平均得分为 3.0494，处于一般和较强之间。产业发展社会环境 4 个要素层指标可持续发展能力的平均得分依次为 0.7713、0.4961、0.2519 和 1.5302，即 4 个要素层指标的可持续发展能力由高到低为政府支持力度、产业就业贡献、群众满意程度和从业人员素质。

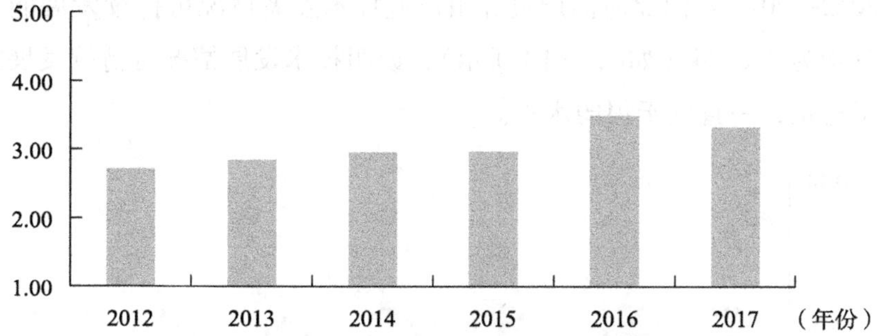

图 5-16 2012—2017 年河北海湾扇贝养殖产业发展社会环境可持续发展能力评价结果

5.3.5 产业持续发展潜力评价结果

5.3.5.1 相关发展能力

2012—2017 年河北海湾扇贝养殖产业相关发展能力可持续发展能力评

价得分依次为 0.9598、0.9598、1.0222、1.0222、1.1335 和 1.2122（如图 5-17 所示）。结果显示，2012—2013 年，河北海湾扇贝养殖产业相关发展能力可持续发展能力处于很弱水平；2014—2017 年，处于很弱和较弱之间，整体上呈现缓慢上升趋势，说明相关发展能力对产业发展的支撑作用逐渐增大。

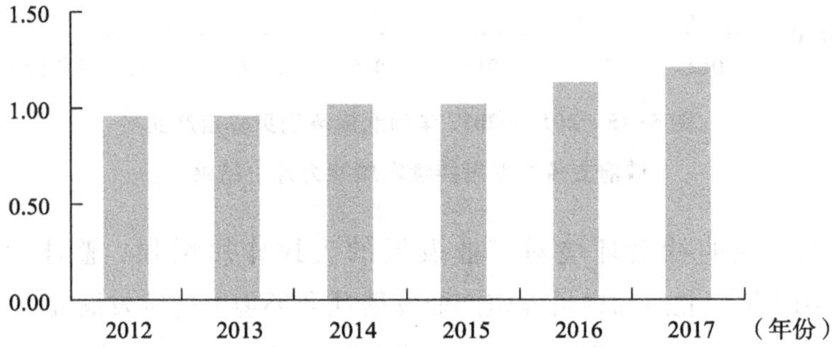

图 5-17　2012—2017 年河北海湾扇贝养殖产业相关发展能力可持续发展能力评价结果

5.3.5.2　技术发展情况

2012—2017 年河北海湾扇贝养殖产业技术发展情况可持续发展能力评价得分均为 0.2184（如图 5-18 所示），说明技术发展情况可持续发展能力保持了稳定，一直处于很弱水平。

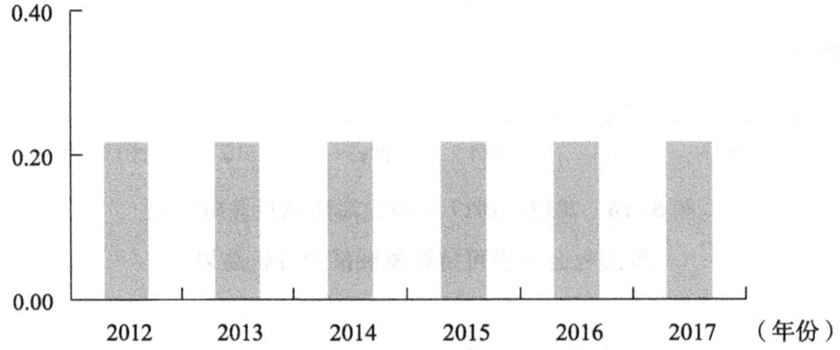

图 5-18　2012—2017 年河北海湾扇贝养殖产业技术发展情况可持续发展能力评价结果

5.3.5.3　劳动力供给情况

2012—2017 年河北海湾扇贝养殖产业劳动力供给情况可持续发展能力评价得分依次为 1.7234、1.7234、1.7234、1.1751、1.1751 和 1.1751（如图 5-19 所示）。结果显示，河北海湾扇贝养殖产业劳动力供给情况可持续发展能力在 2015 年出现了下滑，至 2017 年仍未回升。整体上来看，2012—2017 年河北海湾扇贝养殖产业劳动力供给情况可持续发展能力处于很弱和较弱之间。

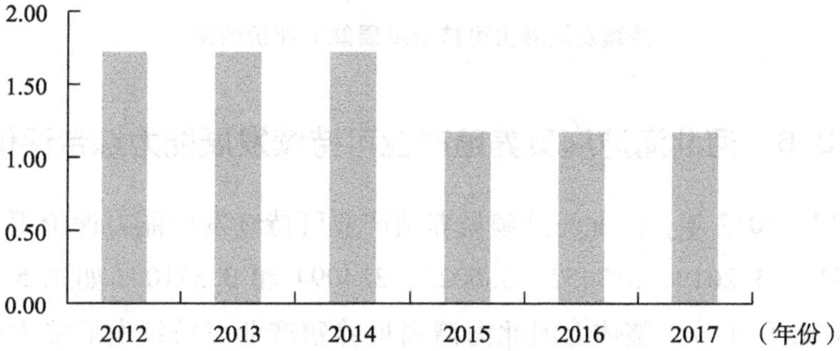

图 5-19　2012—2017 年河北海湾扇贝养殖产业劳动力供给情况可持续发展能力评价结果

5.3.5.4　综合评价结果

2012—2017 年，河北海湾扇贝养殖产业持续发展潜力可持续发展能力评价得分依次为 2.9017、2.9017、2.9641、2.4157、2.5270 和 2.6057（如图 5-20 所示）。整体来说，2012—2017 年河北海湾扇贝养殖产业持续发展潜力可持续发展能力平均得分为 2.7193，处于较弱和一般之间。持续发展潜力 3 个要素层指标可持续发展能力的平均得分依次为 1.0516、0.2184 和 1.4492，即 3 个要素层指标的可持续发展能力由高到低为劳动力供给情况、相关发展能力和技术发展情况。

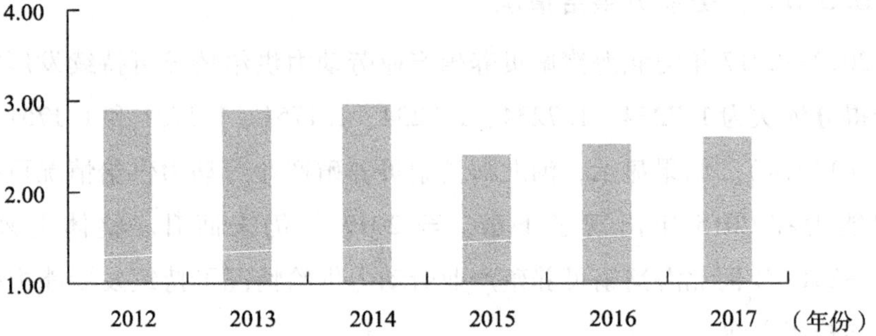

图 5-20　2012—2017 年河北海湾扇贝养殖产业持续发展潜力可持续发展能力评价结果

5.3.6　河北海湾扇贝养殖产业可持续发展能力综合评价结果

2012—2017 年，河北海湾扇贝养殖产业可持续发展能力评价得分依次为 3.3545、3.2619、3.3452、3.6025、3.4094 和 3.3710（如图 5-21 所示），均在 3~4 分，整体上河北海湾扇贝养殖产业可持续发展能力处于一般和较强之间，未出现明显波动。2012—2017 年，河北海湾扇贝养殖产业可持续发展能力 5 个准则层指标的平均得分依次为 3.5741、3.1546、4.1722、3.0494 和 2.7193，由此可得出 5 个准则层指标可持续发展能力由高到低依次为产业发展资源条件、产业自身经济水平、产业发展自然环境、产业发展社会环境和产业持续发展潜力。

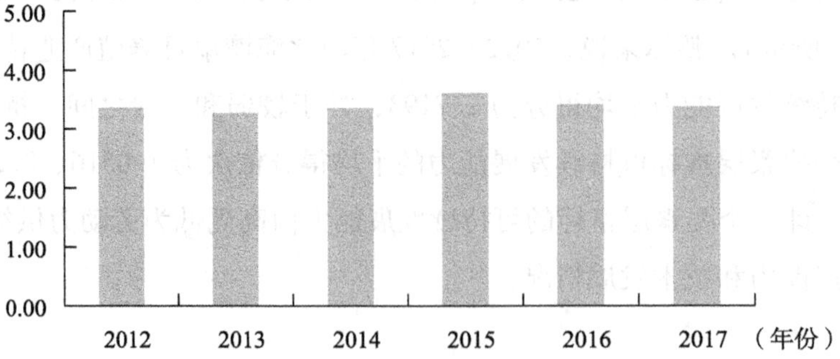

图 5-21　2012—2017 年河北海湾扇贝养殖产业可持续发展能力评价结果

6 河北海湾扇贝养殖产业可持续发展能力影响因素

本研究在第 5 章中对河北海湾扇贝养殖产业可持续发展能力进行了评价，本章将在评价结果的基础上，立足于河北海湾扇贝养殖产业现实情况，对河北海湾扇贝养殖产业可持续发展能力影响因素，尤其是制约因素进行解析。

6.1 河北海湾扇贝养殖产业可持续发展能力的有利因素

6.1.1 资源条件较好

海湾扇贝养殖产业的发展以资源为基础，河北省现有资源对海湾扇贝养殖产业的发展起到一定支撑作用。第 5 章实证分析结果显示，2012—2017 年河北海湾扇贝养殖产业发展资源条件的可持续发展能力综合评价得分最高，平均分为 4.1722，可持续发展水平在较强和很强之间。进一步分析发现，河北良好的资源条件主要体现在以下三个方面：

第一，海域生物资源丰富。河北省海洋生物高达 650 种，占全国海洋生物总量的 3.2%，是我国海洋生物生产力较高的海域。海域内浮游植物、浮游动物和底栖生物等饵料生物丰富，是黄海、渤海鱼、虾、蟹和贝等生物的重要产卵、索饵、生长和繁育地点。据《中国渔业统计年鉴》，近十年来，河北海湾扇贝养殖资源量从 2008 年的 13.11 万吨增加至 2017 年的 42.42 万吨，增长了 29.31 万吨，涨幅高达 223.57%，生物资源比较优势明显，有利于产业集聚。

第二，河北省浅海海域面积占全省海域面积的比例高达 85%，为发展浅海筏式养殖提供了先决条件。

第三，目前海湾扇贝养殖面积只占河北省海水养殖规划面积的 40% 以下，说明剩余可养殖面积较多，未来产业发展空间广阔。

6.1.2 经济效益较高

海湾扇贝养殖是河北海水养殖的支柱产业之一，较高的经济效益是产业发展的主要推动力。第 5 章实证分析结果显示，2012—2017 年河北海湾扇贝养殖产业自身经济效益情况可持续发展能力平均评价得分为 3.1017，即产业自身经济效益情况的可持续发展能力处于一般和较强之间，这说明河北海湾扇贝养殖产业的经济效益推动了产业发展。

具体来说，2012—2017 年，河北海湾扇贝笼均成本占笼均产值的比例平均为 77.43%，最低仅为 40.88%，平均值较高是因为存在异常年份 2013 年和 2014 年，这两年受养殖环境影响，8—11 月海湾扇贝适宜饵料缺乏，造成贝柱规格普遍小，出柱率低，2014 年最为严重，单笼产量仅为正常年份的一半左右，产值也随之降低。若排除 2013 年和 2014 年，其余年份笼均成本占笼均产值的比例平均为 54.61%，说明海湾扇贝养殖产业正常年份养殖成本仅占产值的一半左右，经济效益较高。

在与养殖户的深度访谈中，几乎所有养殖者都认为在当地进行海湾扇贝养殖比种植苹果等经济作物收益高很多（河北是全国苹果主产区之一），养殖户用“短、平、快的项目”来形容海湾扇贝养殖产业。一方面，有些 60 多岁的养殖者在访谈中提到，海湾扇贝引入河北之前，他们大多以打鱼为生，可捕捞的贝类只有少量栉孔扇贝、牡蛎、贻贝等，生活缺乏保障，养殖海湾扇贝在很大程度上改善了他们的生活状况，大部分养殖者“有车有房”，如秦皇岛市昌黎县苟庄子成为扇贝养殖专业村，当地百姓的生活水平大幅提高（见专栏 6-1）。另一方面，该产业较高的经济效益也促进了就业进步。海湾扇贝养殖是劳动密集型产业，对劳动力需求较大，产业发展势头越好，所需劳动力数量越多，为沿海居民提供了大量临时或长期就业岗位，同时为维护渔区稳定和提高沿海居民收入做出了很大贡献。

专栏 6-1

河北省秦皇岛市昌黎县：苟庄子“闻名遐迩的扇贝养殖专业村”

在昌黎县新开口附近的沿海地区，隶属团林乡管辖的苟庄子，虽然不像与其邻近的赤洋口、潮河等村那样出名，却也颇有一些名气；特别是浅海扇贝养殖在沿海诸多村庄形成热潮后，苟庄子成了当地有名的扇贝养殖专业村。

苟庄子位于昌黎县城东南偏南 11.4 公里处，距离渤海的海岸线有 5.7 公里。其坐落在国家一级渔港——新开口西北偏北 5.3 公里处，算是渤海沿岸地区的边缘地带。苟庄子村南有一条名为“赵家港沟”的河流经过，河水由安山镇榆林村一带向东流往七里海，以往，赵家港沟通过苟庄子的河段，被当地人称为“苟家河”（旧时编修的《昌黎县志》称其为“潮河”）。据说，苟家河较宽，有的地方水很深，并有连接的坑塘，生长有不少芦苇和蒲草，水乡的味道很浓。

苟庄子在清朝时，属莫各堡管辖。清末民初，苟庄子所属的莫各堡改为第四区。抗日战争初期，日伪政权实行乡镇体制，苟庄子归王官营乡管辖。新中国成立以后，苟庄子改归区公所驻泥井的三区管辖。1953 年 5 月，全县在区以下设乡，苟庄子设立有苟庄子乡。1956 年 8 月，小乡合并为大乡，苟庄子乡与赤洋口乡、草厂庄乡并为赤洋口乡。1958 年“公社化”，苟庄子属大蒲河公社王官营管理区。1961 年，昌黎县将 7 个大公社划分 38 个小公社，苟庄子属赤洋口公社管辖。1984 年 4 月，实行政社分开体制，苟庄子成为赤洋口乡辖管的一个行政村。1988 年 2 月，全县撤区建镇并乡，苟庄子村随同赤洋口乡并入团林乡。

多年间，苟庄子村民以耕种粮食等农作物为主，但由于村庄离新开口不算很远，在历史上村民中也多有“出潮”去挣“河钱”的“走海人”。以往，每到春秋鱼虾汛期，苟庄子村的一些渔民便乘手摇或风帆船到近海水域捕捞鱼虾，或在近岸水域拉大网兜捕鱼虾。

集体化以后，苟庄子大队建有4个生产队，每个生产队都在组织农业生产的同时，把渔业生产作为一种副业经营，派一些人到新开口驾驶渔船从事渔业生产。改革开放以后，随着家庭联产承包责任制的推行，以及渔业生产体制的改革，苟庄子村投身渔业生产的人越来越多，渔船迅速由4条发展到50多条，渔业生产的机械化程度也逐步得到提高。同一时期，全县的渔业生产发展很快，各种渔船由210余条猛增到1100多条，年捕捞量也由800多吨提高到3000~4000吨。渔业生产的快速发展，使得整个渤海的渔业资源日趋枯竭。在此期间，在“以养为主，捕养结合”方针的指引下，海水养殖业在山东半岛一些地方形成一定的规模和声势，昌黎沿海地区的海水养殖业也及时起步。到20世纪90年代初期，筏式扇贝养殖试验在大蒲河口东南浅海获得成功，大蒲河、团林、茹荷等沿海乡镇开始进行扇贝养殖试点，逐渐引起苟庄子人的密切注意和浓厚兴趣。1996年，苟庄子村的王永祥、王贺元、王小平、刘世平、李东良等户开始合股养殖扇贝，当年养殖1万笼，每股10多万元的投资基本收回。到1997年，苟庄子村民养殖扇贝的热情异常高涨，参与养殖的户数超过了全村的半数。1999年，全县的扇贝浅海养殖面积发展到40780亩，产量达到19940吨，扇贝的交售价格每公斤高达4.5元，肉柱每公斤高达52元。就在这一年，苟庄子村的“扇贝养殖大王”王永祥，在新开口附近海域养殖4万笼扇贝，获得200万元的丰厚利润。进入21世纪，苟庄子村民的扇贝养殖热情进一步高涨，养殖户数不断增加。截至目前，全村的浅海扇贝养殖面积已经发展到8万亩，年养殖扇贝110万笼，年产扇贝上万吨。其中，养殖扇贝5万笼以上的大户有王永祥、王守利、刘孝廷3户。另外，全村有70%的农户从事浅海扇贝养殖及其相关产业，建有冷冻厂3个和纸箱厂1个，带动相关就业人口达上千人。2001年5月，苟庄子村被中共秦皇岛市委、秦皇岛市人民政府命名为“农业特色产业专业村”。

如今，作为昌黎沿海地区有名的扇贝养殖专业村，苟庄子村已经成立扇贝养殖协会。扇贝养殖协会建立后，配合团林乡建立的水产养殖科技开发公司，切实搞好浅海养殖区划分，帮助养殖户妥善解决户与户之间的养殖水面和滩涂分配的矛盾，以及扇贝苗购买、养殖区治安维护和产品销售等的问题。2012 年，苟庄子村单户或多户联合建有 50 多个扇贝养殖场，拥有扇贝养殖船只 100 多艘，扇贝养殖的产值达到 3000 多万元，人均纯收入达 8600 多元。村中家家户户盖起了新房，村里的主要街道还安装了路灯。

多年来，苟庄子村社会治安稳定，村民安居乐业，多次被县里评为“先进文明村”“模范村”“社会治安综合治理先进集体”“计划生育合格村”，并曾被评为市级文明村。进入 90 年代，苟庄子村党支部连续多年被评为昌黎县农村的“红旗党支部”，并于 1995 年荣获秦皇岛市“奔小康红旗党支部”称号。

资料来源：河北秦皇岛市昌黎：苟庄子“闻名遐迩的扇贝养殖专业村”[EB/OL]. http://nc.mofcom.gov.cn/articlexw/xw/dsxw/201209/18367460_1.html.

海湾扇贝养殖业还能带动当地经济发展，例如，一个养殖规模为 2 万笼的养殖场，通常需要 1 名船长、3 名养殖工人和 1 名管理人员，2017 年船长工资约为 5 万元/人/年，3 个养殖工人工资共约为 13.5 万元/年，管理人员工资约为 4 万元/人/年；临时工的工资按天结算，由于临时工是季节性的，而且流动性很大，无法准确地获得临时工的工资。按照养殖规模估算，每年临时工的工资共大约为 20.4 万元。那么，一个养殖规模为 2 万笼的养殖场带动的人工经济效益约为 42.9 万元/年。同时，养殖设施所需要的材料像聚乙烯绳、网袋、保苗袋、浮梗等，涉及的网笼修补费、新购置笼、浮梗、吊绳、浮球等花费约 9 万元/年。通过计算可以看到，海湾扇贝养殖业不仅为社会提供了很多就业岗位，还带动了周边服务业的发展（如浴室、饭店等），创造了很大的经济价值。

6.2 河北海湾扇贝养殖产业可持续发展能力的制约因素

6.2.1 经济波动性较强烈

第5章实证分析结果显示，2012—2017年河北海湾扇贝养殖产业自身经济水平各项指标得分的波动性较大，尤其是年产值，波动幅度在16.83%~216.72%，从2012年的16.80亿元一路下降到2014年的6.82亿元，在连续两年的亏损后，迅速回升至2015年的21.60亿元，并持续增加到2016年的25.50亿元，迅猛的增长势头在2017年停滞，年产值下降为19.40亿元。为排除养殖规模变化对年产值的影响，本研究进一步分析单笼利润情况（如图6-1所示），结果显示，河北海湾扇贝养殖单笼利润最低为-11.40元，最高为47.30元，与年产值一样，单笼利润的变动幅度也很大。

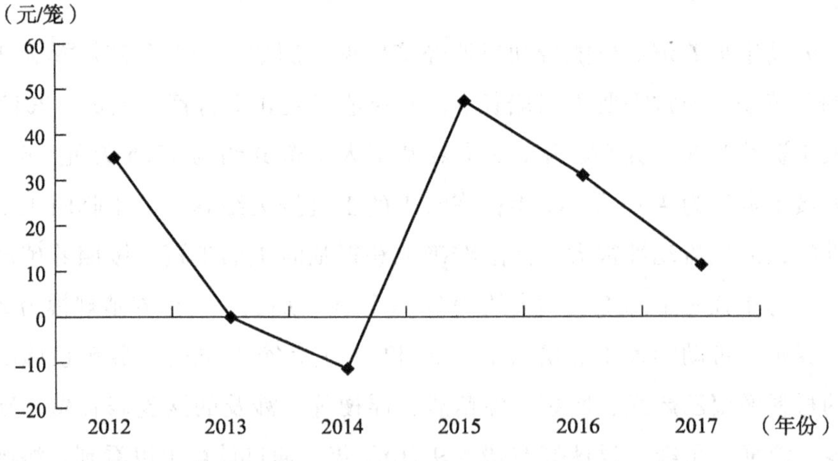

图6-1 2012—2017年河北海湾扇贝养殖单笼利润变化情况

通过查询资料、咨询专家和实地调研，本研究探析了年产值变化的原因，主要包括：①水质，2012年和2016年的降水较多，盐度适宜海湾扇贝生长，单笼利润较高；②饵料，2015年和2016年咸淡水交汇充足，海域饵料丰富，海湾扇贝长势好，而2013年和2014年受养殖环境影响，饵料缺乏，造成扇贝滞长；③密度，受2011年海湾扇贝养殖亏损的影响，2012年养殖密度降低，使利润增加；④成本，2013年和2014年人工成本、苗种成本的增加也是海湾扇贝养殖出现亏损的重要原因，2015年各项成本的降低有助于利润的增加；⑤自然灾害，2013年受赤潮生物抑食金球藻、夜光虫、水母的影响，海湾扇贝大批死亡。下文中将分别把每年的产业经济情况与上一年进行对照（2012年为研究时期的第一年，不再与上一年对照），对产业经济产生波动的原因进行详细分析。

2013年全省约70%养殖户亏损，20%养殖户保本，只有10%的养殖户实现盈利。主要原因有两方面：一是受赤潮灾害影响，海湾扇贝出现大规模滞长甚至死亡情况。二是单笼养殖成本由2012年的31.70元增加到35.10元，增长幅度达10.73%。导致养殖成本大幅增加的主要原因是人工和苗种成本的增加：①人工成本方面，单笼人工成本从2012年的21.20元增加到25.60元，增长幅度为20.75%，具体来看，2012年养殖工人和船长工资分别为3万元、4万元，2013年分别增加到4.50万元和6.50万元，剥柱人工费由2012年的4~6元/千克增加到10元/千克；②苗种成本方面，受莱州保苗情况不理想的影响，苗种市场供不应求，商品苗最高价格从往年的0.01元/粒上涨为0.017~0.018元/粒。

2014年全省约90%的养殖户出现不同程度的亏损，只有5%的养殖户实现盈利。主要原因有二：一是环境因素造成的饵料缺乏，使海湾扇贝生长缓慢；二是养殖成本自2013年开始就居高不下，主要体现在人工成本（25.10元/笼）和苗种成本（0.01元/粒）方面。

2015年河北海湾扇贝养殖户85%以上实现盈利，扭转了海湾扇贝养殖业连续两年大面积亏损的局面。主要有三点原因：第一，养殖环境较好。一方面，赤潮对河北海湾扇贝的影响较小，4月下旬出现褐潮，5月下旬基本结束，持续时间一个月，抑食金球藻密度较低，最高未超过60×104细胞/mL，未造成海湾扇贝苗滞长和大批死亡；另一方面，8—11月养殖区适宜饵料较多，海湾扇贝生长较好，贝柱规格大，出柱率高，平均出柱率12%左右，单笼贝柱产量平均在5.6千克，最高可达9.6千克。第二，扇贝柱销售价格上升。同规格的贝柱首次销售价格上涨4元/千克，如规格为200粒/千克的贝柱销售价格由2014年的44元上升到2015年的48

元，上升幅度为9.09%。加之2015年贝柱规格普遍较大，一般在340粒/千克以下，平均收购价格比2014年（33元/千克）提高11元/千克，提高幅度为30.33%。第三，养殖成本降低。主要体现在两方面：一方面，贝柱规格较大，剥柱人工费普遍下调，平均为6元/千克，单笼人工成本由上一年的25.10元下降到22.50元，下降幅度为10.36%；另一方面，2015年海湾扇贝苗种价格明显下降，由上一年的0.01元/粒下降到0.006元/粒，下降幅度为40%。

2016年全省约60%以上的养殖户实现盈利，30%的养殖户持平，10%的养殖户亏损。主要包括两方面原因：一方面，赤潮等海洋灾害未造成海湾扇贝苗滞长和大批死亡现象，且降雨量较2015年增加，养殖区饵料生物较丰富，海湾扇贝生长较好；另一方面，扇贝柱销售价格较2015年上升，同规格的贝柱首次销售价格上涨6~8元/千克，如规格为200粒/千克的贝柱2015年销售价格是48元/千克，2016年上升到56元/千克，上升幅度为16.67%。规格为240~260粒/千克的贝柱收购价格为50元/千克，比上年平均收购价（44元/千克）提高6元，增长幅度为13.64%。

2017年全省海湾扇贝养殖亏损面比较大，约占养殖面积的60%。主要包括三方面原因：第一，环境因素。养殖区营养盐含量和饵料生物量存在较大差异。昌黎县的大滩和乐亭县紧邻滦河口，营养盐和饵料生物量比较丰富，养殖密度相对较低，海湾扇贝生长较快，出柱率较高。而抚宁和昌黎在北戴河新区环境整治工程的影响下，经河流（人造河、新开河）入海有机物减少，加上2017年降雨偏少、养殖密度较高，造成养殖区饵料生物量不足，后期（8月下旬以后）海湾扇贝生长缓慢，贝柱较小，出柱率较低。第二，扇贝柱销售价格较2016年明显下降。同规格的贝柱首次销售价格下跌10元/千克，规格为200粒/千克的贝柱价格从2016年的56元/千克下降到46元/千克，下降幅度为17.86%。贝柱规格每增加1粒，价格下降0.05元，如规格为400~500粒/千克，收购价格为31~36元/千克。第三，成本的增加。抚宁单笼养殖成本大约在32.90元，较2016年的34.10元降低3.52%，乐亭每笼养殖成本为40.10元，较2016年的34.10元增加17.60%。

6.2.2 海域资源支撑较弱

海域资源是海湾扇贝养殖产业持续健康发展的重要基础。虽然第5章实证分析结果显示，2012—2017年河北海湾扇贝养殖产业发展资源条件的可持续发展能力综合评价得分最高，但与国内其他沿海省市相比，河北省海域空间资源总量仍相对不足，面对有限的空间资源，用海矛盾也日益加深。

6.2.2.1 空间资源总量不足

虽然就河北省内而言，浅海海域占全省海域面积比例较高，但从全国范围看，河北省海域空间资源总量不足。根据《河北省海洋功能区划（2011—2020年）》，全省大陆海岸线长487km，仅占全国的2.71%，管辖海域面积为7228km^2，仅占全国的0.25%，这两项指标在我国11个沿海省市中均为倒数第3位，岸线系数为0.0026，为全国最末位。这些数据表明，与我国其他沿海省市相比，特别是环渤海地区，河北海洋空间资源总量明显偏低。第5章的实证研究结果也说明了这一点。本研究以岸线系数、浅海与滩涂面积为指标，与其他环渤海地区比较，进一步证明河北省属于沿海省市中空间资源优势不显著的省份[196~197]（见表6-1）。

表6-1 环渤海地区海洋自然资源总量比较

地区	浅海与滩涂面积（km^2）	占环渤海区域比例（%）	岸线系数（km/km^2）
河北	7630.70	9.87	0.0026
天津	2329.80	3.01	0.0129
辽宁	35273.50	45.63	0.0155
山东	32063.30	41.48	0.0199

资料来源：《中国海洋年鉴》。

6.2.2.2 用海矛盾日益严峻

河北海湾扇贝养殖区主要是昌黎、抚宁和乐亭三地，2009年“三岛”旅游开发项目实施，规定乐亭沿海公路以南禁止发展渔业，而乐亭渔业中，沿海养殖占据了90%，这意味着乐亭的沿海养殖空间被大大压缩。无独有偶，2009年9月，在“旅游立市”发展战略的指导下，秦皇岛市以北戴河新区建设为突破点，大力发展旅游业，于2010年取缔了秦皇岛周围约6万公顷的海湾扇贝养殖面积，北戴河、山海关和海港区的海域也几乎都归为旅游生活用海，抚宁和昌黎作为河北海湾扇贝主要养殖点也需为旅游业让步，如2010年昌黎收回约1800公顷土地（其中大部分是滩涂）使用权[198]，山海关至洋河口沿海停止海湾扇贝养殖，导致包括抚宁县在内的沿线地区的养殖规模缩减了6000公顷、360万笼。河北工业和旅游业正处于规划发展阶段，出于发展需要，可能会征用、整治部分沿海资源，养殖户表示，现有养殖海域不知何时就会被征用，① 对未来的前景非常担忧。但科学合理的整治从一定角度上来讲也有利于海湾扇贝养殖产业的发展，如据新华社消息，2020年，河北秦皇岛扇贝生态养殖喜获大面积丰产增收，而这很大程度上得益于近年来北戴河新区持续推进的海洋生态治理，使海域得到充分休养生息，扇贝基础饵料丰富充足，扇贝生态养殖效益得以提升。因此，并非不可对海域进行整治，而是要科学合理地利用海域，避免“一刀切”的情况出现。

同样的状况不仅发生在河北，在扇贝主产区的山东也有发生，笔者2017年赴山东烟台开发区“套子湾”海域进行实地调研时发现，该地也存在用海矛盾的情况。该海域是重要的野生扇贝苗种繁育基地，苗种销往胶东半岛、辽宁半岛、威海、大连、浙江、青岛、莱州、河北等地，还有部分销往韩国。海域范围南至夹河口，北至八角东岛，总称为“套子湾”，涉及八角村、八角口村、青上村、刘家村和石屋营村等100余户养殖户，是当地渔民重要的生计来源，也在全国扇贝养殖产业链中占有重要地位。然而，2015年，“套子湾”的养殖户原计划在6月5日到20日进行采苗活动，且已经将海上采苗所需的设备全部准备妥当，总投资高达8000多万元，但在采苗活动开始之前，据养殖户描述，他们接到了紧急通知：因该海域被征用发展旅游业，严禁进行海上采苗活动，使采苗生产受到了很大的影响。

① 附录3为昌黎县人民政府关于对昌黎黄金海岸国家级自然保护区用海开展专项整治的通告。

6.2.3 产业链环节需完善

海湾扇贝养殖产业的持续健康发展与产业链各环节密不可分。由第5章可知，2012—2017年河北海湾扇贝养殖产业链中苗种和加工环节的可持续发展能力评分较低（平均分分别为1.5000和2.3333），不利于产业发展，具体表现在以下方面。

6.2.3.1 苗种生产能力较弱

近年来，贝类养殖规模不断扩大，而海洋环境恶化导致天然苗种资源日益匮乏，现在90%以上的苗种只能依靠人工培育。贝类育苗产业面临着育苗品种多元化、大规格贝苗需求上升和贝苗需求量日益扩大等新情况，但贝类育苗企业生产效率低下，不同种类产量很不稳定，无法满足日益增长的优质贝苗需求。

育苗是海湾扇贝养殖产业链最上游的环节，是产业发展的基础，该环节健康与否直接影响整个产业的发展。经过30余年的发展，河北海湾扇贝养殖产业取得了一些成绩，但育苗仍是产业链的薄弱环节。主要体现在两方面：一是育苗量方面。首先是育苗量不足。第5章的实证分析显示，在指标层“相关发展能力”中，苗种生产能力得分最低，观察期内，除2017年外，河北省海水贝类年育苗量都在海湾扇贝苗种年需求量的19%以下。这意味着，在一般情况下，本地海湾扇贝年育苗量占年需求量的比例均低于19%，要维持正常生产，就必须从山东等地购买苗种，导致运输、人工等成本增加，苗种成活率下降和养殖风险变大等。其次是育苗量波动大。近十年来，河北贝类育苗量波动幅度最大为321.92%，平均值高达131.48%，对河北海湾扇贝养殖产业来说十分不利。举例来说，包括海湾扇贝在内的贝类育苗量从2012年的284900万粒骤降到2013年的80600万粒，如此大的降幅导致整个苗种市场的动荡，尽管当年商品苗价格涨幅约一倍，仍出现了“一苗难求”的现象，如图6-2所示。

二是苗种质量方面。我国海湾扇贝养殖业经过迅速发展，产生很多问题，如幼虫面盘解体至今都是影响海湾扇贝育苗的主要因素之一[199]。再如养殖中出现海湾扇贝生长缓慢、个体变小、寿命减短，甚至局部性大规

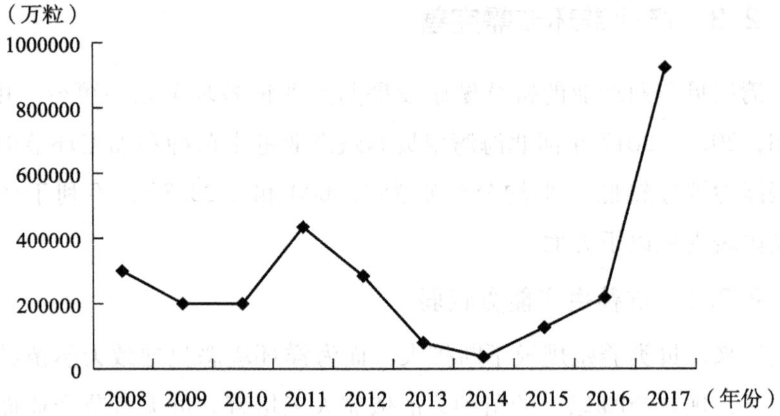

图 6-2　2008—2017 年河北贝类育苗年产量

模死亡现象[200]。作为我国海湾扇贝主产区之一，河北海湾扇贝苗种质量也呈现退化趋势，产业面临缺乏良种的困境。

造成上述问题的原因可能是以下几个方面：一是地缘因素。河北与莱州相比，育苗优势较弱，再者河北扇贝养殖品种单一，只有海湾扇贝一种，限制了当地育苗企业的综合发展，造成育苗设施的浪费。二是自然诱因。如温度、降水、水质、灾害等因素导致的苗种死亡。三是品种老化。目前大部分养殖户养殖的仍是“中科红”和“中科红二代”等，由于该品种大多在山东和大连等地进行培育，并未很好保留优势品系，经过近 20 年的发展，已不具备引进初期显著的生长优势[201]。四是基础设施不完善。截至 2015 年底，河北省有国家级水产原良种场 4 个，省级 25 个，其中只有 1 个专门的扇贝良种场，尚无扇贝现代渔业种业示范场。五是监管不到位。苗种来源、销售渠道等不透明，缺乏监管，造成近亲繁殖现象严重，加速苗种品质退化。

6.2.3.2　加工能力不足

如图 6-3 至图 6-5 所示，2012—2017 年河北省水产品加工企业数量、规模以上加工企业数量和海水产品加工量均远远落后于辽宁、山东、广东等扇贝主要产区。如图 6-6 所示，2012—2017 年河北省海水产品加工量占海水养殖总产量的比例均低于 33.74%。以上都说明河北省海水产品加工能力严重不足。

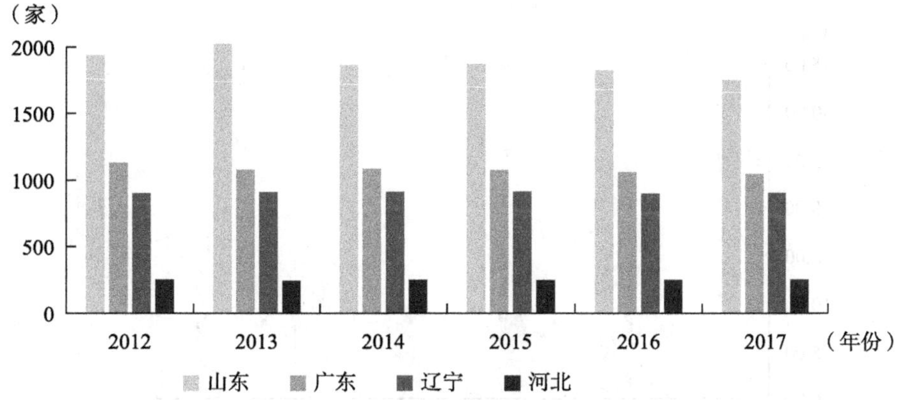

图 6-3　2012—2017 年扇贝主要产区水产品加工企业数量

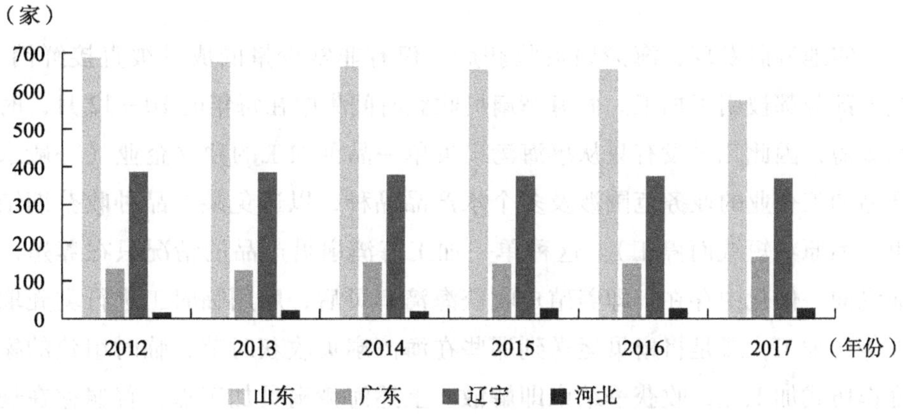

图 6-4　2012—2017 年扇贝主要产区规模以上水产品加工企业数量

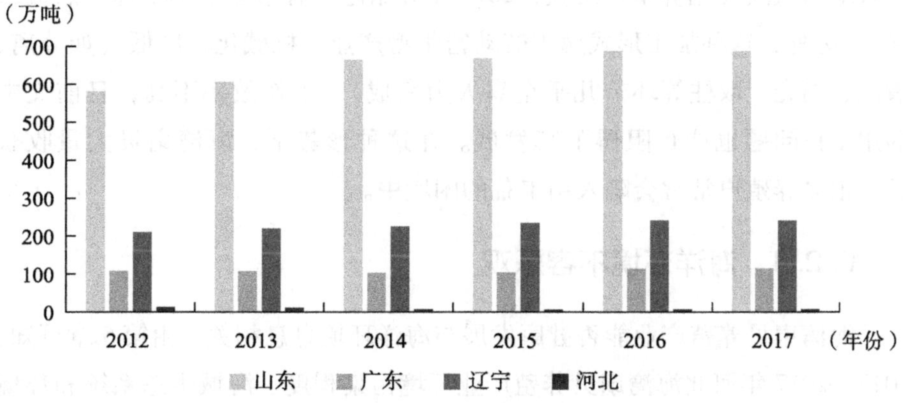

图 6-5　2012—2017 年扇贝主要产区海水产品加工量

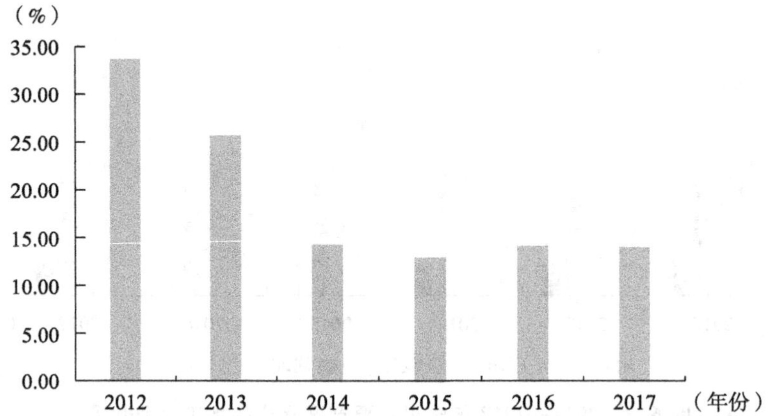

图 6-6　2012—2017 年河北省海水产品加工量占海水养殖总产量比例

实地调研发现，海湾扇贝收获后，仅有非常少量的成贝被直接鲜销，绝大部分都被用于加工。而海湾扇贝收获时间集中在每年的 10—12 月，时间太短，因此几乎没有只从事海湾扇贝单一品种加工的独立企业（一般水产品加工企业的业务范围涉及多个水产品品种，以避免某一品种收获期结束后因原料短缺而停工）。这种单一加工海湾扇贝产品的情况只在养殖产业纵向一体化中存在，即养殖户收获海湾扇贝后，雇用临时工进行剥壳取柱等初加工，或是将扇贝运送到那些在海湾扇贝收获时节，临时组建的家庭作坊式加工点，收获季结束即解散。上述海湾扇贝加工点，普遍存在规模小、管理不规范、产品附加值低、质量无法保障等问题，面临被主管部门取缔的风险（据养殖户反映，2017 年开始已经有很多个小型加工点被取缔）。另外，这种加工形式属于劳动密集型产业，机械化程度低（如分离、清洗、剥壳、取柱等环节几乎全靠人力完成），工作效率不高，且前文中的用工荒问题也严重阻碍了其发展。在这种形势下，海湾扇贝大量收获后，很多养殖户常常会陷入用工荒的困境中。

6.2.4　海洋环境不容乐观

海湾扇贝养殖产业能否健康发展与海洋环境息息相关。由第 5 章可知，2012—2017 年河北海湾扇贝养殖产业环境污染程度、海域生态系统和环境保护情况可持续发展能力评价得分均低于 1.5544，说明海洋环境不容乐观。

渤海是一个半封闭型内海，不利于海水交换和自净，长期以来，黄河、辽河、海河中携带的无机氮、石油、重金属、无机磷等污染物均可排进渤海，年污水量占比高达全国的32%，导致渤海生态系统脆弱。根据《2017年北海区海洋环境公报》，在渤海范围内，有94%的入海排污口邻近海域环境质量未达到所在海洋功能区环境质量要求。

具体到河北省，孙玉娟等（2018）[202]指出，河北省主要入海河流均存在不同程度的污染，以劣Ⅳ类水质为主。由于入海河流携带大量氮、磷和有机物等进入海域，可能会造成海水富营养化，进而引发赤潮。据统计，2006年至今，河北省近岸海域共发生20余次赤潮。根据《河北省海洋环境状况公报》，2012—2017年滦河口—北戴河典型生态系统均处于亚健康状态，说明生态系统已无法负荷人为破坏、环境污染和资源浪费等原因造成的压力，部分海域中的铅、锌、汞、铜和无机氮等达不到Ⅰ类海水水质标准，个别生物体内砷、锌含量超第一类海洋生物质量标准。下文将详细分析造成环境恶化的原因。

6.2.4.1 外源性污染

一是生活废水、工农业污水排放导致海水水质下降，重金属超标，威胁海湾扇贝生长，严重者还会导致海湾扇贝死亡。二是石油泄漏。油类污染主要来源于海上原油和船舶用油的泄漏。石油泄漏被看作是海洋环境的最强破坏者，而渤海又是封闭型海湾，不利于海水流通交换，受到污染后不易净化。例如2011年康菲石油泄漏事件，波及乐亭、昌黎等海域，污染水质，致使水质超二级标准[79]。巧合的是，2011年河北海湾扇贝养殖产量和产值分别下降到27.7万吨、6.16亿元，同2010年相比，降幅分别为26.1%和30.1%。据专家分析，水质污染可能是导致该年河北海湾扇贝出现大面积滞长、死亡现象的原因（见专栏6-2）。

专栏 6-2

河北昌黎死扇贝损失或超10亿—疑康菲漏油所致

当河北省秦皇岛市乐亭县的海产养殖户还未弄清楚扇贝为什么大量死亡、赔偿问题仍未浮出水面的时候，紧邻乐亭县的秦皇岛市昌黎县新开口港又爆出扇贝大量死亡的消息，“损失规模至少10亿元，是乐亭的3倍”，当地水产业相关负责人表示。

近几年收成一直不错的新开口港，今年为什么突然出现大面积的扇贝死亡，且生长速度与往年相比推迟一个月？到底是否如当地水产养殖协会的负责人所说与康菲公司漏油有关呢？

记者刚到现场的时候，赶上养殖户正准备给扇贝分苗，稍微大点的扇贝已经有2厘米长，小的也就1厘米左右。

“这个扇贝长太小了，往年这个时候，大的已经有4厘米长了。”当地养殖户王玉平介绍，今年6月底，他在海边发现油污后，就发现自己的扇贝苗大量死亡，即使存活的扇贝苗长势也明显很慢，“本来10月份就可以上市销售了，可到现在扇贝还跟拇指盖那么大”。

王玉平介绍，他从事扇贝养殖业已经有十余年时间，今年养了5万笼扇贝苗，从6月中旬开始出现死亡，到现在还剩下2万笼左右。“这么多年，今年这个死亡量还是头一回碰到，往年这些苗，死个千八百笼还是正常情况。”

记者在养殖村走访发现，各家的院子里都堆着黑色球状的浮标，还有成捆的养殖扇贝的笼子。养殖户王有忠介绍：“往年这些东西都在海里，但是今年由于大量扇贝苗死亡，这些东西用不上了，只好收起来了。”据养殖户介绍，由于扇贝大量死亡，许多养殖户开始向外搬迁，前往山东龙口、烟台、莱州和即墨等地进行养殖，以防止更大的亏损。

昌黎县海洋局局长白海波曾表示，最开始只是发现海上出现部分污油，到7月初，整个昌黎50多公里的海岸上，都出现了颗粒状的污油，形成了一条油污带。该局将目测发现的异常海水取样，提供给国家海洋监测中心进行检验。

据记者掌握的资料，中国海监北海区检验鉴定中心收到了两份来自昌黎海域的监测样本，鉴定结果显示一份为原油，一份为燃料油。其中一份与6月9日中国海监北海区检验鉴定在蓬莱19-3B平台附近海域用吸油毡采集的溢油样品油指纹一致。

7月21日，国家海洋局北海分局对16日、18日发现油污的地方进行监测发现，部分地区再次出现了零星的登陆油污。其中部分油样与蓬莱19-3B平台油指纹一致，另一部分与蓬莱19-3C平台的溢油样品油指纹一致。

资料来源：河北昌黎死扇贝损失或超10亿—疑康菲漏油所致［N/OL］. 法制晚报，https：//news. qq. com/a/20110819/001150. htm.

6.2.4.2 养殖自身污染

海湾扇贝为滤食性生物，通过滤食水中浮游植物等获得生长所需营养物质。科学养殖情况下，海湾扇贝自身的滤食性能够对海水起到净化作用，对海水富营养化、赤潮灾害的发生起到很大的抑制作用，即海湾扇贝养殖密度低于海域生态养殖容量时，能够对海水起到清洁作用。但如果对海湾扇贝进行大范围、超负荷、高密度的养殖，海湾扇贝通过生理功能处理水体中的浮游植物等，将会产生大量排泄物，向水体释放氨、无机氮、磷酸盐等营养盐。这些物质经过海湾扇贝的加速循环、滞留，可能导致海水富营养化，破坏海水环境。一旦污染速度超过海水自净速度，污染量大于海域承载能力，将会导致海湾扇贝的大规模死亡。以筏长100m，筏间距6m，笼间距0.5m，即每台筏共200笼，每个笼有10层，每层放养海湾扇贝35~45粒，养殖期以150天为标准，据康伟伟（2011）[203]的研究方法，可计算出2012—2017年河北海湾扇贝养殖污染物排放量（见表6-2）。假设这些污染物全部进入海洋，则以河流入海污染物总量为参照，养殖污染物排放量占比均在16.56%以上，高密度海湾扇贝养殖自身污染可能成为破坏近岸水质的重要因素之一。

表 6-2　2012—2017 年河北海洋污染物排放量

年份	海湾扇贝养殖污染物排放量（万吨）	河流污染物入海量（万吨）	占比（%）
2012	53626	323900	16.56
2013	56179	117700	47.73
2014	74948	57700	129.89
2015	70735	89300	79.21
2016	70607	109200	64.66
2017	83630	106300	78.67

实地调查发现，为增加养殖密度，养殖者常采用的方法有三种：一是拉近筏间距，增加同一水面的浮筏数量，如某些养殖户把筏间距从之前的10~20m 缩短为现在的 5~10m；二是缩小笼间距，提高浮筏的挂笼数量，如某些养殖户把笼间距从之前的 70cm 左右缩短为现在的 40cm；三是增加养殖笼层数或每层的放苗量，之前大部分养殖户使用的是 12~13 层笼，现在 15 层笼的受众颇多。举例说明，河北海湾扇贝养殖产业在 2009 年取得较高收益后，养殖笼数从 2700 万笼增加到 2010 年的 2850 万笼，部分养殖者甚至把放养密度提高到 65 粒/层，据相关专家估计，若养殖户普遍采取该密度，相当于海湾扇贝生物量增加 45%，将会对海域生态形成巨大负担。再如 2016 年河北海湾扇贝养殖密度约为 13 层/笼，43 个/层，与最佳养殖密度相比，产量减少了约 18.20%。

按照产业发展形势，河北海湾扇贝养殖产业的高密度养殖问题可能会愈演愈烈。如图 6-7 所示，2012—2017 年河北海湾扇贝养殖规模整体呈上升趋势，养殖面积从 4.20 万公顷上升到 6.55 万公顷，养殖笼数从 2520 万笼上升到 4100 万笼，涨幅分别为 55.95%和 62.70%。

海湾扇贝生长不仅对资源使用形成竞争，还会导致养殖海域的生物量不断增加，直至养殖区容量超载。养殖密度较低时，产量的增加遵循边际效益递减规律：在一个特定的地区，随着生物量接近最大负荷，养殖密度增加导致产量的边际效益递减。如图 6-8 所示，养殖密度小于 S^* 时，产量随着密度的增加而上升，直至到达 S^*（S^* 是获得最大收益的最小养殖密度），即达到生物最佳水平，此时无论密度增加多少，产量都不会再增

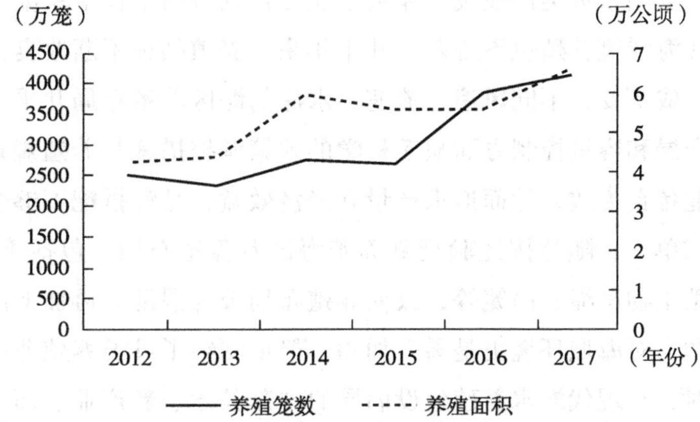

图 6-7　2012—2017 年河北海湾扇贝养殖规模变化情况

加。达到 S^* 之后，由于营养物质匮乏，海湾扇贝生长停滞。S_2 点是生态系统崩溃点，在养殖密度到达 S_2 之前，海湾扇贝的生长情况会一直下降，直至生态系统崩溃[204]。也就是说，随着产业的发展，剩余可养面积不断缩小，提高养殖密度就成了很多养殖者的第一选择，若对此行为不加节制，将对海域环境和产业发展造成沉重打击。

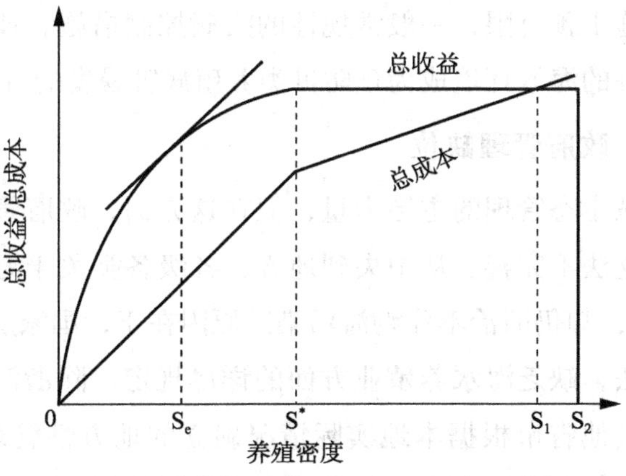

图 6-8　海湾扇贝养殖经济水平与养殖密度的关系

外源性污染和养殖自身污染的共同作用，也对海域环境生态造成了较大破坏，致使养殖病害问题逐渐严重，直接影响到海湾扇贝养殖产业健康可持续发展。

另外，据国家贝类产业技术体系荣成综合试验站站长王军威等人的观点，传统浅海浮筏养殖也不规范，几十年来，养殖品种不断改良，养殖方式却几乎一成不变，不同风浪、流速、水深的海区养殖布局几乎一致。养殖模式在布局和容量控制方面缺乏科学的政策调控措施与养殖规划，各地区、各企业各自为政，片面追求产量和经济效益，品种搭配不够合理，养殖生产方式单一，随意按经验规划养殖海区及养殖布局，包括筏架长度、宽度、养殖生物吊绳、吊笼等，致使养殖布局极为混乱。再加上沿岸废水污染等问题，对海域环境更是雪上加霜，严重制约了贝类养殖业的可持续发展，同时，与现代海水养殖建设倡导的“新技术、新产业、新业态、新模式”理念也相冲突。

此外，病害控制对于贝类养殖来说一直是较为棘手的问题，缺乏有效防治手段，原因主要包括：一是贝类养殖多在开放式海区养殖，发生病害难以形成有效的隔离；二是养殖贝类的摄食习惯为滤食性，即使有效果好的药物，也难以进行给药；三是贝类作为低等无脊椎动物，缺少特异性免疫系统，对脊椎动物病害行之有效的疫苗难以使用。以上特点决定了与陆基工厂化或池塘养殖方式相比，贝类养殖一旦发生暴发性流行病害，人为采取的防控措施干预有限，一般常规性的疾病控制措施和技术往往效果甚微，因此，良好的海域环境成为预防贝类养殖病害暴发的有效保障。

6.2.4.3 政府管理缺位

政府是海域生态管理的主导力量，但在这方面，政府管理尚有需改进之处。第一，立法不完善。从中央到地方，各级各类关于海洋环保的法律法规有70余部，却仍旧治不住渤海污染。原因在于，国家层面海洋环境立法属一般性立法，缺乏海水养殖业方面的详尽规定。除浙江、广东等个别省市外，鲜有其他省市根据本地实际情况确立的地方性管理法规[205]，存在“无法可依”的问题。行业立法模式引发了不同立法主体之间的矛盾，导致整体协调能力较差。此外，在调查中还有养殖者反映，由于政府对海上安全生产问题进行整治，养殖户将不安全或使用年限已久的木质老船换成安全系数更高的钢制新船。在投入生产的时候，需要政府重新进行审核，相较于旧船，新船的形状、马力等变得更大，这也是养殖户从安全生产的角度来考虑的，但是也加大了政府审核的难度，理由是新船与旧船的船型不符，这严重影响了养殖户的生产，而且为保护渔业资源，政府对捕捞渔船进行了“双控”，但水产养殖业和捕捞业是两种性质不一样的产业，两者或许应该分别对待，所以在一些政策上面是不完善的，这一定程度上阻碍了产业的发展。第二，违法成本较低。如《渔业法》对于无证养殖的处罚只是责令改正，要求在限期内拆除相关养殖设施或补办养殖证，无法形成震慑作用。第三，部门职责不清。有些地方是多头领导，如《海域使用管理法》中关于养殖用海分级审批的规定存在职能交叉的情况[206]。有些地方则是部门权力分割，各自为政。如环保部门负责入海排污口管理，而海洋环境监测单位又难以掌握相关信息，不能准确监测、分析海洋污染情况。

6.2.4.4 养殖者环保意识弱

近几年，养殖者的环保意识不强。以2017年问卷调查结果为例，虽然60%的养殖者认为海域环境保护非常重要，但没有一份问卷显示养殖者愿意为了保护海域环境而主动降低养殖密度，65%的养殖者表示如果其他养殖者降低养殖密度，自己才愿意适当降低养殖密度。在访谈中也发现，部分养殖者深知高密度养殖的危害，但出于“不这样就会吃亏”的心理，仍选择“铤而走险”，这说明养殖者中存在利己和从众现象。再加上前文中提到的，他们对养殖海域使用期限缺乏安全感，尤其是看到部分养殖者通过增加密度获得更多收益时，便纷纷效仿。抱着“只顾自己，不管他人”的想法，在养殖海域未被禁养的时候，肆意破坏水质，转嫁污染成本，置海域生态环境于不顾，只言个人利益最大化。这其实反映的就是“公地悲剧”现象。

如果把公地悲剧理论模型中的“公共草场”改为“公共养殖区”，“牧民”改为“养殖户”，“羊”改为“海湾扇贝”，那么会在海湾扇贝养殖产业中轻易地发现这一“悲剧”的存在。在苗种的研发与推广环节，河北海湾扇贝的养殖历经了几次品种的更迭，但基于如今的品种推广体系，一个新品种从诞生开始，推广得越快，其寿命有可能越短。任何一个新品种背后都需要几年的研发，但往往其优势体现的时间不一定比研发所花费的时间长，很快新品种就会出现不“新”的情况。本应是科技进步所带来的福利，却因为成为“公有品种”，在每个环节都得不到应有的价值体现。在养殖环节，水质优良的海域是养殖户认定的“天然牧场”，理性人的假定，会促使养殖户为追求高产而增加养殖密度。在销售环节，河北海湾扇贝具有一定的“名气”，在我国扇贝养殖业中占重要地位，但质检系统的不完善，导致优质和劣质的扇贝产品全部都被包含在区域品牌之中，这种“名气”每个人都可以利用，却很少有人维护。这些做法对于品牌的发展非常不利，同时企业自身也难做大，久而久之就会影响到产业的发展。

6.2.5 海洋灾害影响较大

海湾扇贝养殖露天作业的特点，使其深受自然环境的影响，赤潮、风暴潮等灾害可能造成海湾扇贝养殖者的巨大经济损失。由第5章可知，海洋灾害情况可持续发展能力评价结果均处于很弱水平，说明海洋灾害对河北海湾扇贝养殖产业可持续发展的威胁不容忽视。

6.2.5.1 灾害发生频率较高

威胁河北海湾扇贝养殖产业健康发展的自然灾害主要包括风暴潮和赤潮等。

河北省自有赤潮灾害记录以来，每年1月、2月、3月和12月，海域处于冬季，海面已结冰或刚开始融化，海水温度低，不利于赤潮生物繁殖，所以少有赤潮灾害发生。5—10月是赤潮、风暴潮灾害的高发期，而这段时间也正是河北海湾扇贝的养殖期。风暴潮灾害发生期间，海湾扇贝足丝不发达，使其无法牢固附着，海区养殖尤其在浅海区养殖的海湾扇贝，养殖网笼随波晃动，导致扇贝无法正常摄食，还会因相互碰撞而磨损贝壳，降低其成活率及生长速度。此外，大风还可能把养殖笼带离养殖区域，造成扇贝丢失，如2017年的风灾就导致受灾范围内的部分养殖户丢失近一半养殖笼。同时，由于扇贝收获主要依靠人工出海作业，大风天气出海作业威胁渔民人身安全，但如遇抢收，不出海作业则会贻误海湾扇贝收获时机。从发生频率和损失程度来看，近些年，风暴潮未引起产业大规模损失，赤潮和2009年开始频发的褐潮（见专栏6-3和专栏6-4）等是对扇贝养殖影响最大的自然灾害，以2009年和2011年最为严重。

2009年6月中旬，山海关海域出现海水浑浊且呈黄褐色现象，从山海关海域逐渐向西南海域扩散，秦皇岛渔业主管部门邀请有关专业人士进行调查，初步确定这是一次海水异常情况。7月初，黄褐色水域面积扩展到抚宁海域并延伸到8海里左右。7月中旬，海湾扇贝苗出现生长停滞和死亡现象，死亡率达20%~30%。7月下旬，海水异常扩展到昌黎大蒲河口海域，并由8海里向外扩展到11海里，海湾扇贝滞长与死亡现象越发严重。8月上旬，海水异常扩大到昌黎县大滩海域后逐渐消退。据悉，有害藻华的暴发是造成此次海湾扇贝滞长的主要原因，海水异常情况导致海湾扇贝消瘦，贝边收缩，鳃由淡黄色变成深褐色，生长停滞，死亡率达30%~90%，涉及养殖面积3.75万公顷，直接经济损失超过0.5亿元[207]，对该区域浅海增养殖业造成了严重影响，养殖户一度闹得沸沸扬扬，猜疑重重，酝酿集体抗议等群体事件。

在查明海湾扇贝滞长原因后，如何解决这个严峻问题成了专家关注的重点。2009年10月，由国家贝类产业技术体系主办、河北省水产研究所和秦皇岛市水产局承办的“河北省海湾扇贝养殖业可持续发展研讨会”在秦皇岛召开。与会专家和河北各级水产技术人员、养殖协会以及扇贝养殖企业代表等共50余人。会议围绕河北省的海湾扇贝养殖现状、海湾扇贝筏式养殖存在的主要问题与可持续生产模式、有害藻华对海湾扇贝养殖生产的危害与防治、行业协会在产业可持续发展中的作用与自律机制等进行了交流和探讨，针对河北省海湾扇贝养殖业在技术层面和管理层面可采取的措施，与会人员达成了诸多共识，对防治有害藻华方面起到了一定作用，但仍不能阻挡赤潮、褐潮等对海湾扇贝的有害影响。

2011年5月，昌黎周边海域发生海水异常，呈黄色且范围逐步扩大。6月初对海湾扇贝苗进行检测，发现贝苗出现明显滞长，存在个体小、分化大、活力低、附着能力差、死亡率高等问题。到6月底，大部分海湾扇贝大小只有0.4~0.7cm，与正常生长年份相比明显停滞（正常年份平均1.5cm）。昌黎海域已接连出现三年海水异常现象，但2011年的海水异常发生时间早、辐射面积广、持续时间长、海湾扇贝滞长明显、死亡率高，养殖者面对大量损失不知所措[208]。

随后，2011年7月，相关专家赴秦皇岛新开口海域进行现场考察，采集水样和养殖贝类，监测了部分环境因子参数。并在河北省秦皇岛市召开了海湾扇贝病害研讨会，与秦皇岛市渔业主管、养殖龙头企业代表和养殖户就秦皇岛海区藻华暴发影响扇贝养殖问题进行了深入讨论，提出了改进养殖模式、调整产业结构的建议和应对灾害的应急措施，提出要进一步强化贝类体系对该海区藻华的监测与预警工作。

经过专家和秦皇岛综合试验站对秦皇岛扇贝养殖海区 2009 年到 2012 年连续 4 年的全年跟踪监测，查明了该地海水异常现象是抑食金球藻引发的褐潮。根据对养殖区浮游生物的监测和水化学检测结果分析，2012 年 5 月初国家贝类产业技术体系专家对当年可能出现的赤潮及造成的扇贝滞长现象首次成功进行了预报，向河北省和秦皇岛各级渔业主管部门发出了预警通报，后多次发布《关于秦皇岛海域出现抑食金球藻的情况通报》《关于秦皇岛海域海湾扇贝滞长及死亡的预警通报》《关于秦皇岛海域抑食金球藻藻华暴发的情况通报》等褐潮预警预报信息，提醒有关单位密切关注藻华动态，积极采取规避措施，指导养殖户将贝苗转移到非褐潮或褐潮程度较低的海区进行暂养，一定程度上规避了由赤潮灾害引起的养殖损失。

为明确我国沿海养殖区抑食金球藻的分布情况，2013—2015 年连续三年开展全国贝类养殖区抑食金球藻普查工作，相关专家与国家贝类产业技术体系各综合试验站合作，从全国各贝类养殖海域采集样品 521 份。普查结果表明，我国北方海域在 5—6 月存在高浓度抑食金球藻，并且主要在环渤海贝类养殖区引起褐潮灾害，可能造成养殖贝类滞长。

2012—2017 年，只有 2013 年受赤潮影响，造成 70% 的海湾扇贝养殖户亏损，其他年份赤潮和风暴潮等未对产业造成大规模损失，但自然灾害对海湾扇贝养殖的负面影响仍不容小觑。

专栏 6-3

中科院专家确认秦皇岛近海“褐潮”为抑食金球藻

中科院专家与国家海洋局北海监测中心科技人员密切合作，日前发现连续四年在河北秦皇岛沿海一带出现的“微微型藻赤潮”应更贴切地命名为“褐潮”，其原因种为抑食金球藻。

中科院海洋研究所研究员于仁成介绍，从 2009 年开始在河北秦皇岛沿岸海域出现的“褐潮”，其影响范围已扩展至山东荣成一带海域。此前，人们一直以为这是一般的“赤潮”灾害。

2009年6月，河北秦皇岛沿岸海域出现一类新的有害藻华，致使海水呈黄褐色，前后持续约40天。藻华区从山海关延伸至抚宁，扇贝、牡蛎和贻贝出现滞长现象，严重时有贝类死亡。类似的有害藻华在2010年至2012年连续来袭。

于仁成说，引发该藻华的原因种藻细胞只有2微米左右，属微微型藻类。这种藻的细胞脆弱，不易保存，可供分类学鉴定的形态特征不明显，加上国内相关研究人员对微微型级别藻类的研究经验不足，未能对该藻华原因种进行明确鉴定，只是将其归为“微微型藻华”或“微微型藻赤潮”。

中科院海洋研究所科研人员在与国家海洋局北海监测中心密切合作下，通过色素分析和分子生物学鉴定方法，最终将引发该有害藻华的原因种圈定为海金藻类中的抑食金球藻。

于仁成介绍，抑食金球藻具有抑制贝类摄食的能力，中文名是根据它的拉丁名含义（抑制摄食的金色球形藻细胞）翻译而来。抑食金球藻细胞大小约2微米，是连续20余年在美国东海岸暴发的褐潮的主要原因种。

“因此，将河北沿海连续四年暴发的这种有害藻华称为‘褐潮’更加确切，并有利于我国有害藻华的研究与管理以及与国外的交流。”中科院海洋研究所研究员周名江说。

据了解，从1985年起美国东海岸开始出现褐潮，之后受影响海域的海湾扇贝种群数急剧下降，纽约州的佩克尼克斯湾扇贝资源几近崩溃。

我国是继美国和南非之后第三个出现褐潮的国家，对我国来说这是一种新出现的海洋生态灾害，目前对其暴发机制、危害方式、生态效应等缺乏基本的科学认识，所以难以提出有效减轻灾害的措施。

褐潮对养殖业的危害极大，研究难度也很高，专家建议应在国家层面设立“褐潮专项”，对抑食金球藻及其引发褐潮的机理、快速检测与识别方法以及褐潮的新型监测与预警手段等进行研究。

资料来源：中科院专家确认秦皇岛近海“褐潮”为抑食金球藻［EB/OL］. 网易新闻，http：//discovery. 163. com/12/0724/10/875VRSE2000125LI. html.

专栏 6-4

中科院海洋所研究揭示渤海褐潮原因种“种源”

褐潮是会对水产养殖和生态系统造成重大破坏的有害藻华，但其成因一直没有统一答案。记者从中国科学院海洋研究所获悉，国际生态学权威期刊《分子生态学》近日在线刊发了中科院海洋所唐赢中研究员课题组在渤海褐潮原因种的历史溯源和生物地理学研究方面的最新成果，否证了褐潮可能是“外来种入侵引起”的假说。

据了解，这一研究聚焦自 2009 年以来对我国渤海海域贝类养殖业和生态系统造成巨大损失的褐潮，首次证实了褐潮原因种抑食金球藻在其生活史中存在休眠体阶段且可在海洋沉积物中长期存活。

据科研人员介绍，褐潮是有害藻华，因暴发时水体呈褐色而得名。目前全世界的褐潮主要由 2~3 种微藻引起，其中暴发最经常、规模最大、最令人关注的是海金藻纲的一种微微型浮游植物——抑食金球藻。我国是继美国、南非之后第三个暴发褐潮的国家，2009 年以来秦皇岛海域的多起褐潮给当地水产养殖业造成了巨大经济损失，也对生态系统造成了重大破坏性影响。

科研人员发现，抑食金球藻不仅在渤海海域至少已经有 1500 年的存在历史，而且在我国分布范围覆盖南起南沙群岛、北至北戴河、丹东的中国四大海域自近岸养殖区到 3450 米水深外海的广泛海域。这一结果将抑食金球藻在北半球的分布记录至少南延了 1700 公里，从而明确地否证了渤海褐潮由外来种入侵引起的假说。

研究证实，抑食金球藻是一种全球各大洋广泛分布的广布种，产生休眠体可能是造成该种全球分布和褐潮年际复发的重要原因。

这一结果不仅提供了关于我国褐潮原因种抑食金球藻的“种源”和其全球地理分布格局的决定性认识，也为进一步研究褐潮暴发成因提供了至关重要的科学问题导向，即褐潮暴发原因必须从本地环境条件的变迁中探索。

资料来源：中科院海洋所研究揭示渤海褐潮原因种“种源”［EB/OL］. 新华网，http：//www.xinhuanet.com/politics/2019-09/04/c_1124961048.htm.

6.2.5.2 应对灾害能力较弱

问卷调查和访谈结果显示，约90%的养殖者面对风暴潮、赤潮等灾害时不知道或无法及时采取减灾措施，10%的养殖者有能力在很低程度上减少灾害损失。严重的海洋自然灾害对产业造成的打击是毁灭性的，养殖者个人很难独自承担损失，这就需要外界力量的支持，如养殖保险等。据悉，中国人民保险公司曾在1982年开办过海水养殖保险相关项目，是我国第一个商业性渔业保险，但由于亏损严重，于1996年停办，此后我国海水养殖商业性保险基本处于停滞状态[209]。据保险公司某负责人介绍，首先，由于海水养殖存在巨灾风险，保险赔付率高达197%，商业保险公司无法独自承担，没有政策性补贴“兜底”不想做。其次，保险公司厘定保险责任比较困难，无法运用现场查勘、定损核损的老方法，害怕违规担责任不敢做。最后，海产品养殖、海洋气候等基础数据缺失等，使保险公司大都不愿承保。另外，养殖者参保意识不强，支付商业性保费的能力有限，也在一定程度上阻碍了海水养殖保险的发展。

截至2017年，河北只有乐亭成为扇贝养殖气象指数保险试点（见专栏6-5），据了解，该保险产品根据翡翠岛、祥云岛的无人气象监测站监测到的风力指数和持续时间进行赔付，降低了扇贝养殖业的风险。但是签约对象的覆盖范围小，只涉及了9家养殖户，参保面积约1333公顷，不到河北扇贝养殖总面积的3%，保障范围仍需进一步扩大。

专栏 6-5

河北“首单”扇贝养殖气象指数保险在乐亭县签约

河北省第一单扇贝养殖气象指数保险在乐亭县正式签约。签约仪式在该县水产中心会议室举行。国家渔业互保协会、河北省渔业互保协会、河北省水产技术推广站、安华农业保险公司、乐亭县水产中心领导以及乐亭县兴乐水产养殖合作社社员代表、前来签约的养殖大户出席签约仪式。

本次扇贝养殖气象指数保险签约的扇贝养殖户涉及9家，参保面积2万亩，入保费用120万元，保额2000万元。据了解，风力指数达到七级以上会对扇贝养殖造成灾害。扇贝养殖气象指数保险将依据河北省气象局在翡翠岛和祥云岛设立的无人气象监测站监测到的风力强度和持续时间进行保险赔付。风力强度越高持续时间越长，保险赔付金额越多。乐亭是河北省开展扇贝养殖气象指数保险工作的首个试点，试点成功后，明年将开始在省内其他地区推广。在乐亭试点的扇贝养殖气象指数保险项目是河北省渔业互保项目之一，也是国家农业部金融支农创新项目之一。

乐亭县是河北省渔业养殖大县，水产业为乐亭农业四大特色支柱产业之一，有海水养殖面积46.6万亩，其中浅海扇贝养殖面积就达到30.24万亩，涉及养殖户300余家。为此，县水产中心积极和国家渔业互保协会、省渔业互保协会多次接洽，已先后在乐亭县进行了海参、工厂化白对虾养殖保险试点，今年又启动了扇贝养殖气象指数保险试点。

扇贝养殖气象指数保险能够降低浅海扇贝养殖业风险，促进渔民增收，提高渔民从事浅海扇贝养殖业的积极性，并将推动乐亭县浅海养殖业迈上新台阶。

资料来源：河北“首单”扇贝养殖气象指数保险在乐亭县签约［EB/OL］. 中国经济网，http：//news. cqnews. net/html/2016-09/08/content_ 38466005. htm.

6.2.6 社会支撑力度不大

海湾扇贝养殖产业的发展与社会各方的支撑息息相关。由第5章可知，河北海湾扇贝养殖产业发展社会环境各项指标可持续发展能力水平均处于很弱或很弱和较弱之间，主要体现在以下方面。

6.2.6.1 群众满意度较低

一是消费者对于产品类别和质量安全的担忧。产品类别方面，河北省海湾扇贝加工企业虽然很多，其中也不乏年产量过千吨、销售额上千万元的大型龙头企业，近1/3的企业还具备自营出口权，但这些企业的加工产品类型趋同，主要为冷冻贝柱或干贝柱，加工方法基本为用刀对洗净的鲜活扇贝，进行开壳取肉，再用曲刃刀取出贝柱，然后用海水清洗再进行沥水、分级、称重、速冻、脱盘、包装、成品和冷藏等，即可售卖。此外，还有少量利用闭壳肌加工成干贝丝和罐头，利用外套膜加工成食用或饵用贝边，利用内脏团加工成鱼虾饵料，利用扇贝汁加工成扇贝油，利用扇贝壳加工成附着基、贝壳粉和贝雕等产品。不同企业的产品区别主要体现在质量方面，如原料、包装、品牌和售价等。

产品质量方面，河北海湾扇贝产业主体规模呈两极分化状态，即大规模龙头企业和小规模养殖户。龙头企业一般为大型加工企业，产品销售路径主要为出口，质量有一定保障。而小规模养殖户的产品销售路径主要是直接卖给收购商，只有部分地区有市场准出和准入监测机制。一旦存在质量安全问题的扇贝流入市场，将对消费者身体健康和扇贝市场造成严重危害，且很难追溯问题扇贝的来源。例如，海湾扇贝的滤食习性，导致其容易富集赤潮中的贝毒素。若食用感染贝毒素的海湾扇贝，则会引起腹泻等反应，随着食品安全意识逐渐增强，消费者对于海湾扇贝质量安全的担忧也随之上升。

不只是海湾扇贝，从整体上来讲，贝类是易受污染的海产品，也是消费者食用后产生不良反应较多的海产品。我国贝类养殖多为近海养殖，养殖海域环境可能存在着有害微生物数量大、化学污染物超标等安全隐患；同时，贝类属于滤食性动物，容易受到泥沙和污水的侵袭和污染；并且贝类在滤食饵料的同时也将水中的化学污染物质、细菌和病毒等吸收到体内，而且它们的外套膜能直接吸收有害化学物质，具有极强的富集能力。如河北秦皇岛市就出现过海虹体内麻痹性贝类毒素超标的情况，食用这种海虹会出现中毒现象，可引发口唇、手脚麻木，并伴有恶心呕吐、头晕等症状，严重者则呼吸困难、眩晕、昏迷等，甚至中毒死亡。海虹本身并无毒，吃海虹引起中毒的原因与其体内蓄积的贝类毒素有关，藻类大多可以产生毒素，一旦摄取了海水中的有毒藻类，就会被毒化。对贝类进行净化能够有效提高贝类产品的食用安全。

在贝类净化方面，英国、法国、美国、澳大利亚等国家都对贝类采取了严格的净化措施，要求只有经过净化的贝类才能进入市场。各国所采用的净化方法多种多样，有紫外线净化法、氯消毒法等。1997 年，我国开始启动贝类净化的研究工作，在青岛、大连等地建立了净化厂，但对于贝类上市，我国并未做出强制性净化要求。在现实生产中，考虑到成本等问题，我国贝类净化产业规模有限，只有少数贝类在进入市场前会被采取严格的净化措施。

上述情况其实反映出一种信息不对称的情况，海湾扇贝养殖产业中的信息不对称问题首先存在于养殖者与购买者之间。这是造成海湾扇贝市场失灵的最直接原因，二者中养殖者占据信息优势，消费者作为信息的接收方只能被动地接受信息，消费者效用最大化难以达到。更有甚者，有些养殖者为了利益不惜通过散布虚假信息来蒙蔽消费者，消费者热情受到打击，资源配置无法达到最优。如在海湾扇贝市场中，某种品牌的扇贝销量较好，其所引起的社会效应及消费者的消费欲望就会吸引大量伪劣产品涌入市场，直接仿冒商标或采用类似商标迷惑消费者，造成了“劣币驱逐良币”的现象。为了识别这些伪劣产品，养殖者或销售者可能就需要利用举报有奖等方式鼓励消费者举报，同时还需要投入费用研发防伪技术及标识等。即使这种伪劣产品被发现，其仍会对正牌产品造成信息污染，降低社会需求，为了消除这种污染，养殖者或者销售者就需要付出更多的成本，利用广告、促销等方式重树消费者的信心，在此过程中，外部成本就会产生。

其次存在于养殖者与政府之间。对于海湾扇贝养殖、销售过程中的各环节，养殖者掌握的信息明显多于政府，且出于各种目的，养殖者会刻意隐瞒部分信息，信息掌握的不完全加大了政府管理难度。为了获取这些缺失的信息，政府要付出更多的人力、财力和物力，长久则会导致管制成本大于社会福利，最终造成政府对产业管理的失灵，进而政府将发展重点转移到工业产业，阻碍养殖产业的可持续发展。

最后存在于政府与购买者之间。政府内部存在职权交叉等问题，造成有些问题多头领导或有些问题没有部门负责等现象，致使有关信息未能在政府内部充分传播。同时在信息发布方面，相关部门有时未能将有关信息及时发布，消费者难以获知更多有效信息等，都导致了政府与消费者之间的信息不对称。

而无论是上述哪种信息不对称，都会造成海湾扇贝品质不可控等后果，最终导致群众对产业的满意度不高。

二是养殖工人对工作环境的不满。通过问卷调查发现，2012—2017 年养殖工人对于工作环境的满意度基本类似，非常满意、满意、一般、不满意和非常不满意的占比分别为 0、20%、30%、40% 和 10%，说明大部分养殖工人对于工作环境不满意。养殖工人需要长时间海上或露天作业，强烈的紫外线和海风把他们的皮肤晒得黝黑，长期接触海水使他们的双手皮肤粗糙、裂口。忙时还需昼夜作业，比如分苗季节工人凌晨 4 点钟就到场里了，妇女一般得 2 点钟就起床，工作时间甚至长达每天十几小时，干完活后手腕都会肿痛。安全问题也时常发生，如 2018 年 10 月在口门子海域发生了一起养殖船沉船事件。很多养殖工人表示，因为太辛苦，所以养殖工作对身体素质的要求较高。

三是周围群众对于环境的抱怨。笔者通过对周围群众走访得知，他们对海湾扇贝养殖区环境的不满主要有两点：①养殖产生的垃圾，如死亡扇贝和扇贝壳等。温度高的情况下，这些垃圾会散发出难闻的腥臭味道，持续时间较长。而在扇贝收获季节，大量扇贝壳堆积成山，不仅会阻碍交通，还有碍观瞻。此外，海边还常常发生焚烧垃圾的情况，对周遭空气造成污染。②由于运输等需要，常有货车、摩托车等出入养殖区，对路面造成一定破坏，不利于出行，也给行人带来了安全隐患。

6.2.6.2 政府扶持力度不强

财政补贴方面，海湾扇贝养殖的高风险、周期长等自身弱势和发展现状，决定了金融体系的支持和政府财政补贴在海湾扇贝养殖产业发展中的重要地位。海湾扇贝养殖产业虽然在社会、经济和生态等方面具有综合价值，但在国家或地方政策制定中，海湾扇贝养殖产业并未受到充分重视。产业发展过程中常常受资金限制，对养殖者积极性和风险可控性造成负面影响。

技术支持方面，从海湾扇贝引进至今，养殖模式一直是粗放的劳动密集型，几乎没有集约化养殖，长此以往将会严重阻碍海湾扇贝养殖产业的健康发展。关于养殖技术方面，很多地方都开展了养殖技术的相关培训工作，然而参与培训的人员较少，导致无法使大部分养殖者受益于技术改进。

宣传方面，政府对海湾扇贝产品的宣传力度较弱，并没有“乳山牡蛎节”“钦州蚝情节”等大型宣传活动，使国内外其他地方的消费者对于河北海湾扇贝知道得不多，不利于开拓销路和提高产品价值。

6.2.6.3 劳动力供应不足

评分结果显示，河北海湾扇贝养殖产业从业者总体上年龄偏大，受教育程度低于全国农业就业劳动力，劳动力素质相对较低。中老年人是目前海湾扇贝养殖的主力军，后继无人现象严重，使海湾扇贝养殖业劳动力断层，人力资本状态不乐观，产业可持续发展缺乏青年和较高素质劳动力的支撑。

笔者在调查中得知，即使工人尤其是临时工工资几乎每年都在上涨，但每逢分苗、收获季节，劳动力仍然紧缺。有70%的养殖者表示，寻找工人的难度非常大，人手不足对于养殖户影响较大。以收获季节为例，如果人手足够，可增加每天从海里运回的海湾扇贝数量，加快收获速度。但鉴于人手不足，加上新鲜扇贝存放时间较短，最多隔夜，否则就可能变质，所以收获期只能延长。由于工人难招，很多养殖户将招工的范围延伸到了山东的莱州、临沂、枣庄以及河南等地。为保证工人准时到位，部分养殖户还会雇用大巴车从外地把工人接来河北，管吃管住，即使如此，也很难保证工人不“流动”。

一般来讲，只要工资够高，就不缺乏劳动力，但其中还存在信息不对称的问题。以某村为例，该村共有20余户海湾扇贝养殖者，每到扇贝收获季节，他们都会开会研究扇贝批发价、雇临时工的工钱等问题。若彼此之间“不通气”，工人自然会流向工资更高的养殖户，而其他养殖户就会面临用工荒的问题。最近几年，烟台、威海等地扇贝养殖户也在增加，由于距离较远，对他们开出的工钱无法及时掌握，所以工人常常会被他们以较高工资挖走。此外，扇贝收获时间与很多农产品如苹果等的收获时间重叠，会产生多行业争抢临时劳动力现象。

7 提高河北海湾扇贝养殖产业可持续发展能力的思路与对策

本研究在第6章中对河北海湾扇贝养殖产业可持续发展的影响因素尤其是制约因素进行了分析。本章将在第6章基础上，针对各项影响因素，提出提高河北海湾扇贝养殖产业可持续发展能力的思路与针对性对策。

7.1 基本思路

浅海是贝类养殖的主战场，然而，浅海贝类养殖在快速发展的同时，也面临诸多问题和挑战。河北海湾扇贝是我国贝类养殖的重要组成部分，但在多年的发展之后，河北海湾扇贝养殖产业出现了一些不可持续现象。为改变这种情况，产业发展应在“创新、协调、绿色、开放、共享”发展理念的引领下，以提质、增收、绿色为目标，坚持生态优先、创新驱动、“走出去”战略，以人为本，推进供给侧结构性改革，转变发展方式，走出一条产出高效、产品安全、资源节约、环境友好的海湾扇贝养殖产业可持续发展道路。

河北海湾扇贝养殖产业可持续发展需要遵循如下原则：一是坚持资源依托原则。从海湾扇贝养殖强烈依赖海域资源的特点着手，注重发挥不同海域的比较优势，调整优化产业布局，合理利用资源。二是坚持科技先行原则。健全扇贝养殖、育苗、加工技术推广、病害防治和灾害预报等科技支撑体系。坚持科技创新，利用现代科技改造传统海湾扇贝养殖产业，提高产业素质和产品品质。加强种质资源保护和良种培育，夯实产业发展基础。三是坚持环境友好原则。资源开发与环境保护并重，正确处理海湾扇贝养殖产业发展和资源保护、生态健康的关系。适度开发，倡导生态健康、环境友好型养殖模式，促进产业可持续发展。四是坚持市场导向原则。瞄准市场需求，开发多元化、优质化、特色化、精深化产品，开拓国内外市场。

7.2 对策建议

7.2.1 科学规划海域利用

第6章的研究结果显示，从全国范围来看，河北省海域空间资源总量不足。伴随着用海矛盾的不断加深，养殖空间可能被压缩。面对资源的有效性不足，如何科学规划海域利用显得尤为重要。

养殖用海是我国海洋渔业赖以生存发展的基础资源。随着人口的增加和居民收入水平的提高，对优质海洋蛋白的需求有增无减。因此，无论出于保持海洋渔业健康发展，还是满足居民对海产品需求的考虑，基本养殖用海空间资源都应受到重视。《海域使用管理法》的出台在我国形成了较为完善的养殖用海管理政策体系。《全国海洋功能区划（2011—2020年）》明确提出要“维持渔业用海基本稳定”，确定了养殖用海功能区“至2020年面积不少于260万公顷”的基本目标，并指出“传统渔业水域不被侵占、挤占”是海洋渔业可持续发展的前提。《全国农业可持续发展规划（2015—2030年）》继续将“稳定海水养殖面积”作为未来15年工作任务之一[210]。近年来，国家很重视渔业发展，2019年，农业农村部等七部委联合发布《国家质量兴农战略规划（2018—2022年）》，明确提出要“依法制定出台养殖水域滩涂规划，合理划定水产养殖区、布局限养区、明确禁养区，集成推广稻渔综合种养技术模式，到2022年建成2500个水产健康养殖示范场”。这在一定程度上推进了我国渔业高质量发展，为建设现代渔业强国指明了方向。因此，河北省相关部门在进行海域功能区划时，应有针对性地规划基本海水养殖面积，切勿只顾工农业、旅游业而弃海水养殖于不顾。

在选划基本养殖区时应遵循以下原则：第一，兼顾自然属性与社会属性。选划应根据当地自然资源情况和养殖现状，结合当地社会经济持续发展需求，科学选划。第二，并重经济进步与环境保护。资源有限而需求无限，盲目以需求为导向的海水养殖规划必将威胁产业可持续性[211]。选划必须重视环境资源可持续性，根据海域环境承载能力，因地制宜[212]，合理评估养殖容量，发展立体养殖和深海养殖。第三，前瞻性原则。选划应展望各海洋产业未来发展，避免“朝令夕改”“一产独大”的情况出现。第四，强制性原则。划定“基本养殖区红线”，依靠法律和行政等强制性手段保证基本养殖区不被挤占[213]。

在制订选划方案时，可借鉴下述步骤：首先，量化基本养殖需求量。根据海产品消费需求，有学者对未来河北省基本养殖用海需求量进行了预测，预测结果如图 7-1 所示[214]。该预测结果可为河北省相关政府部门提供参考。其次，明确基本养殖区的位置和范围。以当地海洋功能区划中划定的农渔业区范围为基础，根据海水养殖需要的海域环境条件进一步优选、缩小范围。最后，划定基本养殖红线，以此保证基本养殖区不被其他产业挤占。

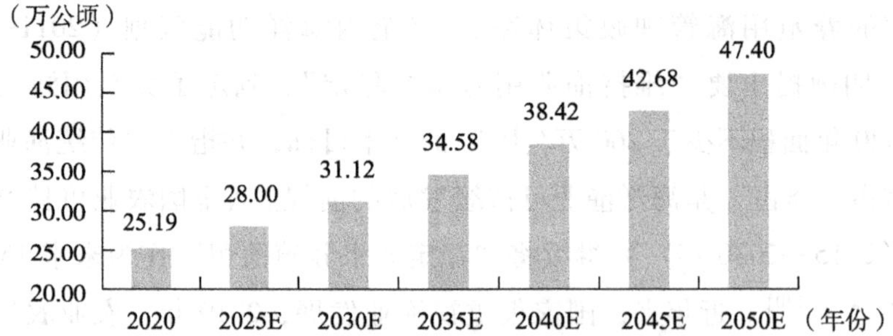

图 7-1　河北省基本养殖用海需求量

2019 年，经国务院批准，农业农村部等十部委联合印发《关于加快推进水产养殖业绿色发展的若干意见》。对于一些地方在处理水产养殖业发展与环境保护关系的时候出现偏差的问题，比如搞“一刀切”，一禁了之、一拆了之，一律拆除、一律禁养这种简单粗暴的做法，该意见提出了明确要求，一是不该禁的不能禁，要科学划定禁养区。二是该禁的要坚决禁，但要给予合理补偿。三是支持养殖户转型升级，实现绿色发展。四是落实养殖者权益保护制度。

7.2.2 弥补产业链薄弱点

第6章的研究结果显示，河北海湾扇贝养殖产业育苗环节存在育苗量不足、波动幅度大和苗种品种老化等问题，加工环节存在总体加工能力不足和加工效率低等问题。针对上述问题，本研究提出以下建议。

7.2.2.1 建设良种场，培育新品种

保证优质苗种供应是河北海湾扇贝养殖产业持续健康发展的基础。面对本地苗种数量不足和种质退化的状况，必须重视良种体系的建设。

一是加强苗种市场的管理。进行良种培育，是改变海湾扇贝种质退化情况的重要途径，但存在资金、人力和技术等方面的障碍，良种培育工作进展速度和普及范围受到制约，还需要长期推进。因此，就现状而言，较为简单实际的减缓种质退化的方法就是尽量避免近亲繁殖。有关部门要加强苗种市场的管理，打击销售劣质苗种的行为，推行苗种生产许可制度。同时，养殖者在购苗时应主动了解亲贝来源、是第几代苗种及亲贝规格等信息。扇贝苗种很难从肉眼分辨是几代苗，即使是同一代苗种也有质量差异，但大部分养殖户也不具备可以对苗种质量进行检测的设备条件，主要通过与苗种销售者的交谈得知苗种相关信息，这就出现了信息不对称的情况。为解决此问题，可以由主管部门主导，建立扇贝种质数据库，对每一批苗种的质量、来源、品牌等进行登记注册，生成独立批号，出具检测证书。同时对养殖户宣传从正规途径购买苗种的重要性，提高养殖户对苗种质量的重视度，并对养殖户登录系统进行检索的能力进行培训。

二是进行良种培育，这是解决种质退化和增加苗种数量的重要方法。根据FAO统计，良种对养殖单产增加的贡献率已达到35%，美国等发达国家甚至达到40%。可通过设立专项资金，建设海湾扇贝良种场和苗种繁育

基地。与科研单位协作，推动苗种选育、新品种开发研究，进行苗种杂交、复壮等工作，以优化种质资源。如2009年，昌黎县通源水产养殖公司承担了秦皇岛市扇贝良种繁育体系项目。该公司从山东引进1000千克优质海湾扇贝苗种，应用现代生物技术手段进行良种保存、繁育，开发适合我国北方养殖需要的海湾扇贝良种，并于2011年获得成功，每年可提供优质扇贝苗种10亿粒左右。

再如2016年包振民教授团队培育出海湾扇贝新品种“海益丰12”(GS-01-006-2016)，该品种是团队以2011年烟台莱州和青岛胶南海域收集的1000枚养殖海湾扇贝优良个体为基础群体，以壳高、抗逆性和壳色为选育目标，采用群体选育结合全基因组选择育种技术，经连续5代选育而成的高产、抗逆扇贝新品种。作为养殖新品种，“海益丰12”海湾扇贝具有一定的养殖生长和存活优势：生长快、产量高，总重较普通海湾扇贝增产39.16%，存活率较普通海湾扇贝提高13.22%。同时，“海益丰12”海湾扇贝制种繁育容易，适合大规模生产推广。2014—2016年，在烟台蓬莱、长岛、大连长海等海域生产性对比实验表明[215]：扇贝左、右壳色为黑褐色，性状遗传稳定；肉柱大，出柱率较高，销售价格较高，商品贝的经济效益明显。“海益丰12”海湾扇贝在浮筏养殖过程中表现出较好的生长、存活优势，其作为新品种在产业中推广将极大地增加产品的产量和利润①。2018年，国家贝类产业技术体系秦皇岛综合试验站在山东3家育苗场进行了苗种委托生产，共培育出壳长3~4mm贝苗2.45亿粒，在示范区示范养殖0.7亿粒、6万笼。在抚宁、昌黎7家养殖单位推广养殖1.75亿粒、约25万笼，示范推广面积6000多亩。结果证明“海益丰12”品种生长优势明显（见表7-1），单笼产值较主养品种提高26~28.8元，养殖效益提高33.0%~42.2%。示范推广31万笼，新增产值800多万元。

---

① 资料来自国家贝类产业技术体系。

表 7-1 不同品种海湾扇贝生长情况对比

养殖品种	养殖地点（海里）	平均体重（g）	平均壳长（mm）	平均贝柱重量（g）
海益丰 12	2.5	40.61±6.88	63.37±4.16	5.985±1.124
主养品种	2.5	29.70±4.16	60.14±3.70	4.453±0.758

资料来源：国家贝类产业技术秦皇岛综合试验站。

7.2.2.2 增强加工能力，提高机械化水平

河北海湾扇贝养殖过程中机械化程度低是造成加工效率低、人工成本高和劳动力紧缺的重要原因。对单笼人工成本进行分析发现，剥贝柱环节的占比最高（如图 7-2 所示），可以说，该环节所需劳动力数量最多。2016 年 11 月，山东莱州柞村镇已出现了可以割贝柱的机器，每小时的产贝柱量是 40~50 千克，为 10~15 个人的工作量（见专栏 7-1）。调查得知秦皇岛也有养殖者试制该类机器，已初见成效，该机器能较干净地分离贝柱且不破坏扇贝柱形状，但仍存在技术难点，尚未投入生产。政府应加大技术和资金方面的支持力度，推动相关机械设备尽快在产业内普及，缓解用工紧缺和劳动力价格上涨对河北海湾扇贝养殖产业发展的制约情况。

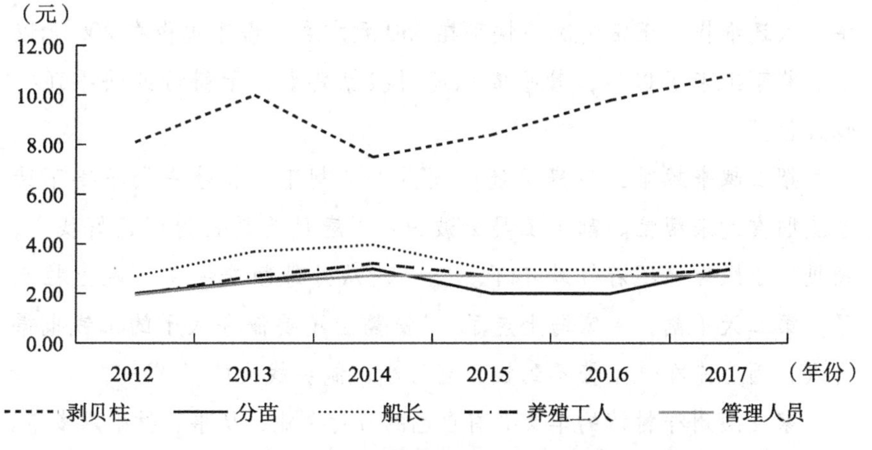

图 7-2 2012—2017 年单笼各项人工成本变动趋势

专栏 7-1

山东莱州市民研制出扇贝自动割丁机

在莱州沿海地区，不少人从事扇贝养殖。一直以来，扇贝丁提取主要靠人工完成，不但劳动强度非常大，而且扇贝养殖户的经济负担也非常重，每到扇贝收获前夕，扇贝养殖户们就会为招割丁工人困难而烦恼。

现在的割丁工当中年轻人很少，多数都是中老年人。莱州市三山岛街道吴二村村民们说，往年他们都是从济宁、临沂等地招收割丁工，一般情况下，一个领工最起码能带十多个人过来，但今年人手不好找了。临沂的李西霞，每年都会带不少姐妹到莱州来割扇贝，但今年从 10 月份她就开始找工人，到如今只带了 3 个工人过来。

一方面，割丁工越来越难招；另一方面，海边的扇贝养殖面积越来越大，对割丁工的需求也越来越多，割丁工的供需矛盾越来越突出。为了吸引更多的割丁工，近年来，养殖户们已经提高割丁工的工资待遇，但是并没有缓解用工难的现状。

莱州市三山岛街道吴一村的原晓凯告诉记者："工资将近翻了一番，人还难找。正常情况下快手在 350 元左右，慢手也得在 200 元以上。割丁工来了以后，管吃管住还得报销路费，干得好的快手还得包红包。"

招工越来越难，但扇贝还必须得人工割丁，养殖户们不得不请亲戚朋友过来帮忙。割丁工吴云波说："扇贝要是长得好还好找点，扇贝一小嫌弃挣不着钱就不干。上一次从外地拉来一些，晚上拉来了，第二天不割，人家马上走了。'俺豁上不要俺今天干的工钱也得走人，因为俺在这里挣不到钱，因为小，俺去找大的。'"

家住莱州柞村镇的牟文孔有自己的石材企业，从事石材生意多年。面对严峻的市场环境，一个偶然的机会，他认识了 73 岁的老郭，老郭在莱州市金城一带养殖扇贝 20 多年了，正是从老郭那里，牟文孔开始接触扇贝养殖业，了解了养殖户招工难，对实现割扇贝丁机械化的渴望。了解扇贝割丁的现状后，经过不断探索，牟文孔研发出了扇贝自动提取机，这部机器可以代替人工割丁，开启了扇贝提取自动化进程。

这几天，牟文孔家里的客人络绎不绝，不少扇贝养殖户慕名而来，观看他研发的这部扇贝自动割丁机。走进车间，客人们很快被眼前的这个“家伙”吸引住了视线。记者看到，在将完整的扇贝从一侧按顺序摆上机器，经过传输后，从另一头儿出来的只剩扇贝丁。“这台机器每小时的产丁量是40~50千克，基本上能达到10~15个人的工作量。”牟文孔告诉记者，他是2014年开始接触的养殖行业，每年11月到12月中旬开始进入割扇贝丁的旺季，每当这时，招工难、工资高，让养殖户叫苦不迭。

在接触扇贝养殖这个行业后，爱钻研的牟文孔听很多老养殖户说，如果能有机械代替人工就好了，这方面的机械现在还没有，很有市场。牟文孔将老前辈的话听在了心里，回去后反复琢磨，就这样开启了探索之路。

“两万到三万笼扇贝就需要三十到四十人，估计一个半月左右才能割完。割扇贝丁这个活季节性比较强，环境比较恶劣，导致人工成本越来越高，而且人越来越难找，从2014年，海边这几个养殖户朋友就经常在一起沟通，开始进行研制。”牟文孔告诉记者。

有了想法，就开始实践，他们联系了清华大学机械系，之后组建了自己的研发团队。在收集了大多数养殖户的意见以后，进入了研发程序，第一台样机今年3月就出来了，采用的是火烤的方式。火烤的方式便捷，但影响扇贝丁的质量和口感，所以，他们开始就否定了。又经过几台机器的研发，最终在研发第八台机器时实现了自动化。

“十个月的时间我们经历了很多困难和坎坷，到现在这台机器属于第八台机器，每个小时的产丁量是四十到五十公斤，基本上能达到10到15个人的工作量，给养殖户节省了大量的人工费用。”牟文孔说。

资料来源：山东莱州市民研制出扇贝自动割丁机［EB/OL］. 水产养殖网，http：//www. shuichan. cc/news_ view-301415. html；割扇贝丁工人一工难求　扇贝割丁机有望投入使用［EB/OL］. 水产养殖网，http：//www. shuichan. cc/news_ view-306015. html.

7.2.3 重视海洋环境保护

第6章的研究结果显示，受外源性污染、养殖自身污染、政府管理缺位和养殖者环保意识低等影响，河北省海洋环境不容乐观。长此以往，难以为海湾扇贝提供优良的生长环境，为此，必须采取措施保护海洋环境。

关于渤海的污染问题，政府采取了一系列措施。1996年，我国制定《中国海洋21世纪议程》，提出渤海的辽河口、锦州湾、天津毗邻海域污染较严重，有必要进行重点整治与保护；2001年，国务院批复同意《渤海碧海行动计划》，以控制陆源污染为重点，以恢复和改善环境为立足点，突出对海岸带的管理，到2015年，渤海海域环境质量明显好转，生态系统得到初步改善；2009年，国务院批复《渤海环境保护总体规划（2018—2020年）》，建立了环渤海四省一市及20多个国家部委组成的省部联席会议制度，加大对渤海的治理力度；2017年，原国家海洋局印发《关于进一步加强渤海生态环境保护工作的意见》，又称“渤海八条”，明确率先在秦皇岛开展“湾（滩）长制”试点，并在环渤海区域全面实施，同时暂停受理、审核渤海内围填海项目；2018年1月，原国家海洋局再次印发《关于率先在渤海等重点海域建立实施排污总量控制制度的意见》，2019年，渤海沿海地市全面建立实施总量控制制度；2018年12月，生态环境部、国家发展改革委、自然资源部联合印发《渤海综合治理攻坚战行动计划》，提出通过三年综合治理，大幅度降低陆源污染物入海量，实施最严格的围填海管控，持续改善海岸带生态功能。结合上述措施，针对河北海湾扇贝养殖产业实际情况，本研究建议保护海洋环境可从以下方面入手。

7.2.3.1 控制陆源污染

水质是海湾扇贝养殖的关键，必须控制沿岸生活和工农业废、污水的排放。2018年印发的《渤海综合治理攻坚战行动计划》，提出了实施三年综合治理，实现海域陆源污染物大幅下降、工业污染源达标排放的目标，到计划期结束，渤海近岸海域Ⅰ、Ⅱ类水质达标率上升到73%左右。为实现此目标，可从以下方面入手：第一，制定污水排放标准，由环保有关部门制发污水排放许可证，限定排放量，降低外部不经济的负面性。第二，利用卫星遥感、无人机和无人船监测等先进技术，准确掌握污水排放口数量和分布情况。第三，制订入海排污口监测计划，配发专业设备，由技术人员对规定海域内的水质进行定期监测，并在线通报详细监测结果。第四，明确责任部门，重视环境监测数据的共享和积累，防患未然，以达到指导实际生产的作用。第五，对存在排污问题的排污口进行溯源，查清污水来源，厘清责任，按照“一口一策”的原则，科学确定入海排污口整治方案。

7.2.3.2 合理安排养殖密度

一是控制养殖密度。养殖容量评估是科学规划海水养殖规模、合理调整养殖结构、推进现代化发展的重要依据。相关部门应加强对养殖海区养殖容量的评估，通过行政干预和政策引导，推行最佳养殖规范（如台距 20 米，台长 100 米，笼距 1 米，每笼 10 层，每层放苗 45 粒[216]）。

除采用标准化养殖外，还可采用多营养层次综合养殖方法来提高养殖容量，减少海域污染，如贝—藻混养、贝—藻—参混养、鱼—贝—藻混养等模式。在这种模式下，基于不同层次营养级生物的生态学特性，循环使用营养物质，能够减少养殖自身的污染，有效减轻对环境造成的压力，还能够生产出多种具有高营养价值的海产品。山东省桑沟湾的海水养殖就是一个运用多营养层次综合养殖模式的成功案例，通过把传统的单一养殖品种的单层高密度养殖模式改为多个品种的立体合理密度养殖模式，使海水养殖成为对水质清洁具有重要贡献的手段，而不是造成环境污染的源头，不仅高效利用资源，还能固碳汇碳，扩大养殖容量，得到了业内高度认可，吸引了全世界多个国家和地区的专家学者到桑沟湾考察，这种养殖模式对于海湾扇贝的生态化养殖具有重要的借鉴意义。

二是避免养殖海区过于集中。据 2018 年国家贝类产业技术体系秦皇岛综合试验站数据，无论是河北海湾扇贝主养品种还是新品种“海益丰 12”，5 海里以外海域养殖海湾扇贝质量明显优于近海（见表 7-2）。6 海里与 2.5 海里相比，养殖后期浮游植物密度高，适宜饵料占比大，是 5 海里外海湾扇贝生长好的主要原因（见表 7-3、表 7-4），因此可尝试养殖点从近海向远海转变。事实上，近年来，河北省昌黎县为促进扇贝养殖可持续发展，通过建设海洋牧场、限制无尽捕捞、将扇贝养殖台筏由浅海海域向深海海域疏散等一系列措施，在利于海洋环境恢复的同时，取得良好经济效益，据悉，该县2018年扇贝养殖面积约3万公顷，预计扇贝产量达18万吨，产值8亿多元。① 此外，还可以采取间养、轮养和暂时休养等措施促进海区恢复。

表7-2　不同养殖区海湾扇贝生长指标对比

养殖品种	养殖地点（海里）	平均体重（g）	平均壳长（mm）	平均贝柱重量（g）
海益丰12	2.5	40.61±6.88	63.37±4.16	5.985±1.124
	7	52.70±5.83	68.31±3.50	7.884±1.151
主养品种	2.5	29.70±4.16	60.14±3.70	4.453±0.758
	7	43.28±7.33	61.44±3.57	5.920±1.301

资料来源：国家贝类产业技术体系秦皇岛综合试验站。

表7-3　抚宁人造河海湾扇贝养殖区2.5海里浮游植物密度与优势种（2018年）

采样时间	浮游植物密度（cell×106/M^3）	优势种及优势度
8月3日	735.75	丹麦细柱藻（77.44%）
8月17日	75.50	柔弱伪菱形藻（20.86%），颤藻（16.23%），尖刺菱形藻（11.26%）
8月30日	296.50	丹麦细柱藻（34.23%），中肋骨条藻（22.6%）
9月7日	475.25	锥状斯克里普（63.81%）
9月20日	120.50	颤藻（12.66%），裸藻sp（10.58%），隐藻sp（9.75%），优美旭氏藻（9.96%），斯氏根管藻（8.92%）
9月27日	60.50	菱形藻sp（33.88%），颤藻（19.83%）
10月11日	209.75	菱形藻sp（18%），丹麦细柱藻（18.47%），柔弱伪菱形藻（14.06%）
10月24日	72.00	柔弱伪菱形藻（23.61%），反曲原甲藻（16.67%），优美旭氏藻（12.85%）
11月6日	204.50	日本星杆藻（66.38%）
平均值	250.03	

资料来源：国家贝类产业技术体系秦皇岛综合试验站。

① 新华社，http：//www.gov.cn/xinwen/2018-10/09/content_ 5328792.htm#1.

表 7-4 抚宁人造河海湾扇贝养殖区 6 海里浮游植物密度与优势种（2018 年）

采样时间	浮游植物密度（cell×106/M^3）	优势种及优势度
8 月 3 日	172.00	小球藻（45.65%），丹麦细柱藻（29.22%）
8 月 17 日	127.50	颤藻（58.24%）
8 月 30 日	321.00	颤藻（66.67%）
9 月 7 日	249.00	颤藻（33.84%），丹麦细柱藻（22.49%）
9 月 20 日	919.00	丹麦细柱藻（29.98%），斯氏根管藻（20.29%）
9 月 27 日	384.80	斯氏根管藻（59.97%）
10 月 11 日	165.50	丹麦细柱藻（51.36%）
10 月 24 日	170.80	舟形藻 sp（42.61%），丹麦细柱藻（37.04%）
11 月 6 日	259.50	日本星杆藻（60.21%）
平均值	307.70	

资料来源：国家贝类产业技术体系秦皇岛综合试验站。

三是通过联合限产和"最大可养量"等制度来规避过度养殖。最大可养量可理解为根据海域环境承受能力，评估在可持续范围内海域最多可接纳的海水养殖数量，然后按照一定标准将养殖额度分配给各养殖主体，以达到控制养殖密度、合理布局养殖区域的目的。

四是做好宣传、教育工作，提高养殖者科学化养殖的主动性。单一的自上而下的政府管理对于养殖户而言是一种被动的约束，养殖户服从管理的意愿较低，政府也无法全天候对养殖户生产作业进行监督，所以，单纯依靠政府来管理养殖户效果不够理想，需要通过宣传教育，让养殖者真正认识到科学养殖的重要性，提高其内在动力。

五是发展生态养殖模式。事实上，近年来，河北省也开始探索海湾扇贝生态养殖模式，如从 2010 年开始，在河北省海洋与水产科学院和黄海水产研究所的指导下，昌黎县先后引进龙须菜、海带等大叶藻类，由扇贝养殖户放入浅海内进行筏式单独试养，逐步改善海洋生态环境和饵料状况，促进扇贝养殖可持续发展。乐亭县水产局以科技创新为动力，多次聘请中国海洋大学专家教授到乐亭深入指导渔民们的养殖技术，探索建设绿色生态科学示范区，推广扇贝筏式挂养和魁蚶底播等综合立体养殖技术。如今，这两项技术的推广面积达到1.33万公顷，乐亭扇贝养殖的绿色生态科学示范区被认定为省级无公害示范基地，所产的海湾扇贝被认定为部级无公害农产品。虽然河北省生态养殖模式取得了一些成效，但其范围有限，仍需进一步推广。可采取以点带面、循序渐进的形式，通过规模以上养殖户或企业与科研机构、政府合作，共建海湾扇贝生态化养殖示范基地，规范产业发展，在全省乃至全国范围形成示范效应，用实际案例来引导养殖者转变发展理念，形成一套绿色健康可持续的生态化养殖模式。

7.2.3.3 突出政府管理职能

首先，完善法律法规及相关标准。从美国《五大湖环境恢复法》和日本《濑户内海环境保护特别措施法》的制定、实施过程可以发现，关于封闭性或半封闭性海域环保立法，国际上一般是先有一般法，再进一步细化为专门法。借鉴此经验，有必要以现有相关法律为基础，注重协调性和针对性，加快河北省海洋环保专门法立法进程。

在相关标准方面，完善并落实对海湾扇贝养殖产业发展有指导意义的标准规范，如《NY/T 5063—2001 无公害食品海湾扇贝养殖技术规范》《SC/T 2038—2006 海湾扇贝、亲贝和苗种》等。其中《NY/T 5063—2001 无公害食品海湾扇贝养殖技术规范》由中国科学院海洋研究所起草，原农业部提出，是为统一我国海湾扇贝苗种培育和养成技术，使其养成产品质量达到无公害食品之要求，特别制定的，于2001年开始发布实施，标准规定了海湾扇贝苗种培育和养成操作技术要点，适用于海湾扇贝亲贝选择、幼虫培育、苗种中间培育、养成，对海湾扇贝科学养殖具有重要指导作用。《SC/T 2038—2006 海湾扇贝、亲贝和苗种》规定了海湾扇贝亲贝和苗种的术语和定义及亲贝、出池苗、商品苗和苗种的质量要求和检验规则，适用于海湾扇贝亲贝与出池苗、商品苗和苗种的质量选择。在上述标准的基础上还应根据海湾扇贝产业实际发展情况以及产业的地域特征进行修改完善，如山东省制定了地方标准《DB37/T 617—2006 海湾扇贝亲贝养殖生产技术规程》，规定了海湾扇贝亲贝养殖生产技术要点，适用于海湾扇贝亲贝的选择与培育；《DB37/T 618—2006 海湾扇贝养成技术规程》规定了海湾扇贝养成技术要点，适用于海湾扇贝苗种的选择及浅海筏式养成和池塘底播养殖。

其次，厘清各部门职责，实现各部门有效沟通或设立新管理机构。

再次，建立专业执法队伍，加大违法处罚力度，执法必严、违法必究。

最后，加强水质监测。水质是海湾扇贝养殖的关键因素，而单纯依靠人眼很难科学监测水质。可以采用采样水泵，设定固定间隔时间对水质进行监测，监测结束结果直接传送至系统，并结合专门技术人员定期采用专业设备对各地区水质情况进行监测，监测项目主要有水域的温度、盐度、浊度、悬浮物、含氧量、饵料量、重金属、农药以及水体的流速等，对详细报告进行在线通报。并设计相关 App 或公众号，宣传到养殖户，帮助其安装智能设备，并指导其使用，使养殖者可时时登录系统查看，利用水质监测系统的实时、连续和远程等特性，达到及时根据水质情况决定养殖密度和对各种病害、污染等进行预警，减少对扇贝养殖造成的损害。此外，还需推进贝壳、网衣、浮球等养殖生产副产物及废弃物集中收置和资源化利用。整治近海筏式、吊笼养殖用泡沫浮球，推广新材料环保浮球，着力治理白色污染。加强网箱网围拆除后的废弃物综合整治，尽快恢复水域自然生态环境。

7.2.3.4 增强养殖者环保意识

海洋环境保护除了对已污染的行为提出治理措施外，更重要的是对养殖者利用海洋的行为进行规范，通过调整他们的行为达到事半功倍的效果。充分利用电视、网络、现场交流等方式向养殖者宣传海洋环保的重要性，以及环保生产要点，提高其海洋环保能力。

7.2.4 提高防灾减灾能力

第 6 章的研究结果显示，河北海湾扇贝养殖产业受赤潮、风暴潮等灾害的影响较大。但面对灾害时，养殖者自身的应对能力不足，且现有保险难以满足灾后恢复生产的需求，使产业在重大灾害面前“不堪一击”。针对上述问题，本研究提出以下建议。

7.2.4.1 监测水质防治赤潮

赤潮产生的根本原因是生态系统不平衡，因此，防治赤潮必须保护生态。一是从源头控制污水入海量，降低海域富营养化水平。二是可通过海湾扇贝与海草、海带等能够吸收营养盐的生物相结合，进行立体化养殖，在净化海水的同时还能提高经济效益。三是在已经出现小范围赤潮的时候，通过喷撒黏土等方式治理，见效较快，但应注意喷撒范围内的生物安全。四是要加强和细化海洋监测。技术人员定期对水质进行检测，查看水质及生物饵料情况。合理安排养殖密度，以饵料丰富程度为依据，选择养殖地点和调节网笼深度。运用水质浮标、环境监测、灾害预警预报等手段，提高应对海洋灾害的能力。监测指标不能只包括水温、水深、浮游动植物、营养盐等常规因素，还应包括气象等可能会诱发赤潮的因素。五是统计沿海养殖区、保护区、排污口等情况，对重点区域增加监测频率[217]。

7.2.4.2 加强风暴潮预报预警

在信息发布手段上要适应信息化时代的要求，优化调整风暴潮灾害预警预报发布渠道，及时向社会公众发布信息，覆盖偏远养殖区，最大程度消除信息盲点。在监测方法上要加强远、近海海洋观测能力建设，将常规化风暴潮监测和航空遥测、卫星遥感技术统一为全方位的监测机制。建设一个布局合理、装备先进、立体化海洋环境观测系统。风暴潮多发期保持24小时不间断监测，实时获取所需数据，有效保障观测系统和数据传输系统的正常运行。开展精细化预报工作，为避险减损提供条件。

7.2.4.3 设立保险减少损失

一是与政府的补贴政策联动。水产养殖风险较高，按其取向和定位，水产养殖保险应属政策性农业保险。除部分商业保险保障和产业提高自身防灾减灾能力外，政策性农业保险也应对海水养殖业采取扶持政策，在资金和政策上给予倾斜，如对经营相关保险的主体在税收方面给予一定优惠。二是与气象观测大数据联动。扇贝养殖气象指数保险是降低海湾扇贝养殖风险、保障渔民增收的有效工具，如烟台、乐亭扇贝养殖和钦州牡蛎养殖的风力指数保险等。但天气指数保险要求有大量精准的气象数据作支持，才能准确计算受灾地区的实际损失与天气指数之间的相关系数。如果涉及的面积较大，由于数据精度问题，就可能出现计算结果与实际灾情严重不符的情况，使群众丧失对天气指数保险的信任。因此，天气指数保险离不开气象大数据的支持，应建立省级气象数据分享合作机制。

7.2.4.4 提高养殖者防灾能力

一是有关部门加强防风技术指导。指导养殖者合理设置浮筏格局，适时增减浮球，调整绠绳长度。二是加快推进防风设施的研发。如把根绳直接注入水泥墩（d=30~40 厘米，g=20 千克）内，由潜水员用水枪坐入海底，这种方式比原有机器打桩技术的抗风能力更强，还可延长设施使用寿命[216]。三是加强对养殖船的管理，有关部门要指导养殖者做好应急救援装备配备和物资储备，加强渔船动态监控，强化宣传教育和监督执法，指导渔船做好船舶防碰撞系统、救生筏等安全设备配备和使用，坚决纠正不开启 AIS、北斗等通导设备的行为。发生灾难后第一时间向搜救部门通报求助，积极组织自救互救，并及时上报事故信息。四是形成安全教育的长效机制，提高养殖者主动分散风险、防范风险的意识与能力。五是成立行业组织，如自保协会等，设立风险基金，以丰补歉，积极进行行业自救。六是相关部门加强对恶劣天气的预警预报。针对海湾扇贝养殖多为开放性水域，环境、气候变化影响大的产业特点，应加强环境数据、气候气象数据等的监测和实时发布，尤其加大与物理海洋、海洋生态等大尺度学科的交叉，充分利用大数据信息分析平台，在大数据积累的基础上进行环境变化的预警预报。政府部门应与科研机构合作建立海区环境监测机构，开发信息发布平台，为养殖企业和养殖户提供水文、气象等实时监测数据，以减少养殖操作的盲目性，提高对养殖灾害的预判能力，有效降低产业损失。

就养殖者本身而言，可采取以下措施：首先，大型养殖企业需加大科研投入，建立专门的研发部门，针对海区环境进行实时监测，提高对气象灾害及养殖病害的预警预报能力，提前做好预防措施。其次，加强产业自律，遵守行业规定，严禁私自扩大养殖面积和养殖密度，避免贝类产业“一高一低”现象的发生。同时，采取品种套养和海区轮作等养殖模式，保证海域的饵料供应及生态修复能力；合理选择养殖种类，平衡养殖结构，加强对区域特色品种的保护。最后，养殖企业和养殖户在养殖操作中，需留心观察、不断总结，以免重蹈前期失败覆辙。另外，要拓展思路、多方借鉴，向国内外模范企业学习先进技术和吸取经验，并结合当地实际尽快完成养殖模式及养殖设施的升级。

7.2.4.5 防治病虫灾害的暴发

首先，领域内专家应特别关注养殖贝类与当地海区生态环境适应的关系，综合利用选择育种、杂交育种及分子标记辅助育种等手段，培育适应当地生态环境的高产、抗逆品种。建立原良种场及土著种质资源库，为贝类遗传改良提供优质基因资源。

其次，建立贝类病害预警预报系统。围绕养殖系统中的环境、病原及宿主相互作用关系开展研究，评价养殖动物的免疫力和健康水平，分析主要病原的分布与演替规律，研究养殖环境中生物和非生物环境因子的变化及其与病害发生的关系，依托海洋渔业大数据信息分析平台，建立贝类病害防控技术体系和病害发生的预警预报模型。

最后，采取“互联网+”模式。虽然在观测期内，河北海湾扇贝养殖业未暴发大规模病虫灾害，但在养殖过程中，海湾扇贝也会受到病虫害的影响，且病虫害具有传播速度快、破坏力强等特点，因此，对于经验不足的养殖者来说一旦出现病虫害，若不能及时采取正确措施，可能会对海湾扇贝造成毁灭性打击。而等待相关专家上门诊断需要时间，可能会贻误病情。对此，一方面，要提高养殖者的相关技能；另一方面，可采用“互联网+”模式，创建海湾扇贝病虫害远程服务网站，设立常见疾病（症状图片、文字等）、自助诊断、专家意见等板块，提供海湾扇贝病情诊断、治疗建议等远程诊疗服务。如此，养殖者遇到病害问题，即可借助该系统进行必要的自主诊断，可降低损失。如江苏省宜兴市和桥镇闸口村于2012年启动建设，2015年试用的“水生动物疾病远程辅助诊断服务网”，可以在线查询40余个养殖种类、200余种疾病及其典型症状图片、近十万字技术资料，为养殖户和技术人员提供了实时在线技术服务。这种利用信息化手段进行技术推广的做法，方便了养殖户应对病害，尤其与过去农业物联网相比，专业性和针对性更强。①

7.2.5　加大社会支撑力度

第6章的分析结果显示，河北海湾扇贝养殖产业可持续发展的社会支撑力度不高。主要体现在消费者对产品的不满、养殖者对工作环境的不满、周围群众对生活环境的不满以及政府在财政、技术和宣传上的扶持力度较弱等方面。针对上述问题，本研究提出以下建议。

7.2.5.1　提高群众满意度

第一，提高消费者满意度。消费者满意度与产品市场需求量密切相关，可以说，消费者满意度越高，产品的市场需求量也会越高，因此，市场需求量的增加在一定程度上意味着消费者满意度变高了。从经济学角度分析，在需求方面，海湾扇贝相关产品的需求量是买者愿意并且能够购买的该种物品的数量。而这种需求量是由很多因素决定的，包括价格、收入、相关物品的价格、嗜好、预期、买者数量等，但其中真正起核心作用的因素就是价格。接下来，本文将对上述因素进行具体分析。

第一个因素是价格，价格越高，则需求越低，反之，则需求可能会增加。第二个因素是收入，由于海湾扇贝对于人们来说，并不是生活中的必需品，所以假设一个人的总收入降低，那他对于海湾扇贝相关产品的需求就会减少，所以，海湾扇贝相关产品可以被称为“正常物品”。第三个因素是相关物品的价格，海湾扇贝作为一种常见的双壳贝类，其替代品是很多的，如栉孔扇贝、虾夷扇贝等，这就造成其他替代品价格的变化也会引起买方对海湾扇贝相关产品的需求量的变化，如栉孔扇贝的价格下降就会引起其销量的增长和海湾扇贝销量的降低，因为消费者在食用二者时并不会感觉到显著的差异。第四个因素是嗜好，决定买方需求量的最显著的因素就是买方的嗜好，如果买方喜欢食用海湾扇贝，那他在日常生活中对海湾扇贝的购买量自然就会高于不喜爱食用海湾扇贝的人群。第五个因素是预期，即消费者对未来的预期，如预期下个月会赚到更多钱，可能就会增

① 农业行业观察，http：//blog. sina. com. cn/s/blog_ 14f9018f90102wb11. html.

加海湾扇贝的消费量，但实际来说，海湾扇贝本身的价格并不高，所以该因素对海湾扇贝消费量的影响并不大。第六个因素是买者数量，买者越多，对海湾扇贝的需求越大。对于海湾扇贝来说，其销量受买者数量影响较大，如沿海地区消费者对海湾扇贝的购买量就会大大高于内陆地区，甚至在某些内陆地区很多人从未购买过海湾扇贝。

进一步分析，在上述因素中，对海湾扇贝市场需求量影响较大的因素应包括嗜好、买者数量。作为一种具有众多替代品的物品，其价格如果过高，会使消费者转向购买其他替代品，但实际中，海湾扇贝本身价格比较亲民，比鲍鱼、海参等海产品低很多，其价格一般也不会产生很大幅度的变动，所以价格、消费者的收入和预期等因素对海湾扇贝的市场需求量来说不会产生太大影响。再者，消费者对海湾扇贝的喜爱程度其实在一定水平上可以抵消价格的稍微上升，所以获得消费者的喜爱也是增加海湾扇贝市场需求量的重要途径。我国除沿海地区外，还有广阔的市场，若能把产品打入内陆市场，其需求量必然会被大幅拉升。为此，为增加海湾扇贝的市场需求量，提高消费者满意程度，可从消费者嗜好和买者数量等方面入手。

首先，提高产品多样性。海湾扇贝有抗肿瘤、降血压的作用，富含 Zn、Fe 及维生素 E 和 B2 等元素，营养价值高，受消费者喜爱，但河北海湾扇贝产品存在同质性过高的问题，导致其竞争力下降，发展空间受到限制。对此，一是要提高品牌竞争优势。品牌是区别于同类竞争产品的重要标志。通过扶持龙头企业和行业组织，增强产业主体凝聚力。借鉴相关经验，培育河北海湾扇贝品牌，提高辨识度及消费者认可度。二是开发新产品。海湾扇贝的传统食用方法限制了消费群体，需要产品适配市场需求，对海湾扇贝进行供给侧改革，开发产品种类，如即食产品、扇贝罐头等，方便随时随地食用，还可开发不同口味，吸引更多消费群体，促进市场供给和需求协同发展。具体通过企业或政府技术部门收集消费者对扇贝相关产品的需求等大数据，深度细分发掘市场需求，以市场数据驱动技术研发，对市场需求做出迅速反应，并将分析结果以无偿或政府补助等形式传送至产业主体，尤其是加工主体手中，最终实现数据双向流通，实现产品多样化，从而形成自下而上的生产导向。

其次，强化质量安全追溯与监管。食品质量安全与人们身体健康息息相关，海湾扇贝产品质量也受到消费者高度重视。为保证海湾扇贝等贝类产品的食品安全，建设一个产品质量安全追溯系统，把海湾扇贝养殖、加工、销售全过程纳入法制化管理轨道十分重要。一是加强检测、监管。提高执法人员素质，制定海湾扇贝产品安全标准，建立净化体系、检测体系和监管体系，推动标准化物流系统建设。例如美国的马萨诸塞州公共卫生部和海洋渔业司密切合作，监测贝类收获区，并控制可能危害健康的地区的收获，只有在经过检测和批准的地区才能合法出售贝类。二是积极申请认证。河北作为我国海湾扇贝出口大省，若能通过 MSC、ASC、BAP 等认证，更有利于国际贸易的发展。MSC 认证是由国际性非营利机构海洋管理委员会负责组织和实施的，是目前全世界最广泛接受的可持续渔业认证。ASC 认证从合法性、自然环境和生物多样性、水资源保护、物种和野生种群多样性的保护、动物饲料和其他资源的合理使用、动物健康和社会责任等出发，旨在建立负责任的水产养殖。BAP 认证代表了最佳水产养殖规范，向消费者、批发商及餐饮场所展示其产品生产均细心考虑了环境责任、社会责任、食品安全、动物权益、可追溯性等因素，意味着该水产品是运用可持续技术和方法规范养殖的，涵盖从养殖场到加工厂、孵化场及饲料厂各个环节。三是建立可追溯制度。2015 年 4 月，“可追溯”第一次写入食品安全法。至今，很多水产品也都实行了可追溯，可以采用由政府主管部门监管为主，制定海湾扇贝产品追溯和承诺制度，由龙头企业带动其他小型主体的形式，对每一批次的产品设置独立的产品编码及产品质量追溯二维码或条形码，使消费者在选择产品时能够通过扫描二维码或条形码就可以获知该产品的品牌、产地、养殖周期、上市时间以及产品质量等相关信息，保证消费者的知情权，同时也能促使生产者重视产品质量，发挥品牌效应。如在 2016 年中国国际渔业博览会上，福建省水产品质量安全可追溯标识正式上线，用手机扫描二维码，就可得知产品所有信息。[①] 可借鉴如上经验，加强行业自律，使海湾扇贝产品有迹可循，增强生产者社会责任感，避免地域品牌被滥用，出现“公地悲剧”现象。

---

① 中国日报，http：//cnews. chinadaily. com. cn/2016-06/05/content_ 25619183. htm.

最后，提高运输能力。海湾扇贝从河北等沿海地区走向全国餐桌是提高海湾扇贝市场需求量的重要途径，而这离不开冷链物流等适合水产品的运输模式的强力支撑。冷链物流一般指冷藏冷冻类食品在生产、贮藏运输、销售，到消费前的各个环节中始终处于规定的低温环境下，以保证食品质量、减少食品损耗的一项系统工程。其具有多种优势，包括提高了食品的保鲜能力，不会影响到食物的营养和味道，同时大大提高了食物的存储期限；具有非常高的效率，不同地域之间的食物输送非常方便，食物在运送到目的地时仍然很新鲜；为食品的安全输送提供了保证，冷藏和冷冻食品需要一个完整的冷链物流对货物进行全程的温度控制，以确保食品的安全，而冷链物流可以实现装卸货物时的封闭环境、储存和运输；等等。这些优势有利于帮助海湾扇贝打开内陆市场，增加买方数量。近年来，政府对冷链物流高度重视，国家层面出台的各类冷链物流相关政策，从多维度指导推动冷链物流行业健康发展。2019 年“冷链物流”上了中央政治局会议，要求实施城乡冷链物流基础设施补短板工程。中央一号文件连续 15 年提及冷链物流发展，2020 年更是明确开展国家骨干冷链基地建设，并于 2020 年发布实施了由国家卫健委和中物联冷链委制定的《食品冷链卫生规范》这一强制性标准。

此外，关于扇贝运输方面，2020 年，虾夷扇贝主产区之一的大连编制并发布了《虾夷扇贝保鲜冷藏道路运输规范》，对虾夷扇贝保鲜冷藏道路运输的设施设备、运输环境指标、运输过程管理等方面进行了规范，也为河北发展海湾扇贝冷链物流运输提供了参考。

第二，加强员工福利。根据期望理论（Expectancy Theory），员工满意度是工作绩效水平高低的重要影响因素。由于海湾扇贝养殖工作大部分需要在自然环境中进行，工作环境提高的空间有限，但可以通过以下方式来提高从业者的满意度：一是加强后勤保障。如保障劳保物品的质量和数量、提高伙食水平和居住条件等。二是保证工作安全。为从业者购买保险，定期检查养殖用设施设备质量等。三是提高员工福利。可以提供多种福利形式，针对不同需要的从业者制定不同福利措施，如对看重经济收益的人，可以采取分红形式；对看重健康的人，采取体检、医疗保险等形式；对喜好休闲的人，采取旅游出行等形式。如此不仅可以激励从业者工作热情，还不易浪费企业成本。以分红形式为例，目前产业内一些养殖企业和养殖户已经开始采用这种模式，如在实地调研中，笔者采访了山东省烟台市某养殖户，该养殖户长期雇用工人负责平时扇贝养殖的日常作业和防止扇贝被盗，起初采用的是年薪制，结果并不理想。工人对扇贝生长状态并不十分在意，并且在收获时节，常发生扇贝被盗的情况，造成经济损失。在这种情况下，该养殖户进行了薪资调整，从固定年薪制调整为年薪加分红制，即每年把总收入的一定比例作为分红分配给工人，如此，工人的收入就与扇贝养殖总利润之间形成了紧密联系，工人的积极性也能被有效调动。事实也说明，薪资调整后，扇贝生长情况和安全情况都有所改善。

第三，实行好邻居政策（Good Neighbor Policy）。借鉴美国的好邻居政策[218]，在进行海湾扇贝养殖作业时注意不对周围居民产生负面影响。如尽量减少或避免生产机器（发动机、吊机等）在休息时间产生的噪声。把死亡扇贝及扇贝壳等养殖生物垃圾储存在具备清洁装置的室内，或“变废为宝”，减少气味。定期清理养殖器材垃圾，而非堆积在路边或直接燃烧。整齐摆放养殖设施，或加装围栏等，以免影响视觉效果。如果管理良好，海湾扇贝养殖其实与海滨美景是不冲突的，反而是互相成就的，比如说通过采用新设备、有序排列等方式来增加海湾扇贝养殖的可观赏性，如广东省汕头市南澳县就通过采用新式养殖浮球为牡蛎养殖打造了优美景观（见专栏 7-2），这样，不仅能够提高养殖生产安全性，与普通的海滨风光相比，排列有序的养殖设施还能够形成一道独特的风景线。

专栏 7-2

“彩色音符”奏响海上生态乐章

2020 年 5 月，前往南澳海岛休闲的游客都会惊奇地发现，在后宅、深澳片区的海面上，成片色彩艳丽的透明浮球方阵在阳光下熠熠生辉，蔚为壮观。这一吸引无数游客驻足的“奇观”，其实是南澳海域生态养殖推广活动中启用的新型环保浮球，它们的上岗在减少海洋环境污染的同时，也将海岛的岸线装扮得分外赏心悦目。

据了解，这些海上浮球是当地养殖牡蛎的专用设施。每年 9 月，养殖户就会把个头如同火柴头大小的牡蛎苗穿串起来如同项链，系在浮球下方浸没在水面下1米多处进行养殖，至次年6-7月，当这些牡蛎苗长成十多斤重的大牡蛎串时，就可打捞上市销售了。而那一个个长60厘米、直径30厘米规格统一的浮球就是专门用来悬挂、固定牡蛎串的。以前浮球都是用泡沫材质的，但泡沫浮球老化破损后会污染海域，随着养殖规模的扩大，白色垃圾带来的污染问题逐渐引起人们的重视。去年12月，南澳县在开展对该县海域养殖区域及沿岸进行清理整治工作的同时开始推行生态养殖，禁止使用泡沫浮球。到目前为止，南澳县生态养殖示范区所有浮球已更换为生态环保养殖浮球。一名养殖户指着海面上的彩色浮球告诉记者，这些浮球都是新型浮球，使用年限到期报废后回收很方便，不会给大海造成污染。

眺望深澳生态养殖区海面，一排排色彩斑斓的生态浮球就如同海面上的五线谱，而那穿梭其中的小船不就是那一个个跃动的音符，弹奏着悠扬的耕牧乐章，流淌着海岛人对美好生活的无限憧憬……

资料来源："彩色音符"奏响海上生态乐章——南澳海域生态养殖启用新型环保浮球![EB/OL]. 搜狐新闻，https://www.sohu.com/a/393441449_120574100.

7.2.5.2 加大政府扶持力度

一是加大财政扶持力度。财政补贴对海湾扇贝养殖产业发展有促进作用，如图7-3所示，AC、MC分别代表平均成本和边际成本曲线，AR_1、MR_1分别代表无补贴情况下的平均收益和边际收益曲线。当补贴出现时，相当于提高了每一单位产量上的收益，则平均收益和边际收益曲线均上移，即AR_2、MR_2分别代表有补贴情况下的平均收益和边际收益曲线。根据经济学原理，当$MR=MC$时利润达到最大化，产量q_1、q_2分别为无补贴、有补贴时经济学意义上的最优规模，可看出财政补贴使最优养殖量从q_1增加到q_2[219]。因此，政府加大财政补贴有利于产业发展。可加大对以下方面的财政支持力度：结合河北海湾扇贝养殖产业发展现状，补贴大型养殖船的购买及燃料使用，鼓励深海养殖的发展；在保险、贷款等方面给予政策倾斜，适当放宽养殖户商业贷款条件，增加贷款额度，延长还款时间，为养殖户生产提供资金支持；各级政府应加强管理，切实保证资金流入养殖者手中，对于冒领和滞留行为严厉查处。

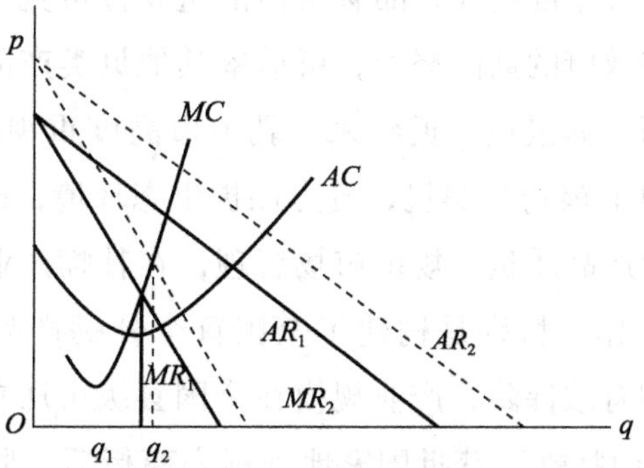

图 7-3 财政补贴对最优养殖量的影响

二是重视技术进步作用。首先，技术人员定期下乡实地指导养殖者生产作业，对养殖者进行培训，扩大新技术的受众范围，使新技术不仅具有理论意义，更能转化为生产力。充分发挥政府的桥梁作用，把“产学研”有效结合起来，使各主体优势互补，共同解决产业中各环节因技术落后造成的问题，突破集约化模式和深海养殖中的技术瓶颈，推动产业升级。其次，要加速技术流通，很多产业主体都清楚技术的重要性，但受资金、设备等方面的限制，很难达到技术更新的效果。对此，互联网可起到一个媒介功能，由政府主管部门或龙头企业牵头，创设交流网站或在主管部门官网开设相关板块，严格审查发布信息的真实性，实行实名制，利用互联网进行技术交流、设备租售和资金融入等活动，解决单个产业主体“孤立无援”的困境，加速技术流通。最后，进行产业升级，最难转变的还是思维、观念和习惯，技术的快速发明创造并不能及时作用于产业参与者，很难快速转换为生产力，尤其是面对部分教育背景不高、思想观念传统老化的个体养殖者群体，这使技术和信息无法发挥其应有的拉动作用。因此，政府相关部门要积极引导产业参与者转变观念，不断进行自我变革，紧跟信息时代潮流，避免被产业发展浪潮淘汰。

三是产品品牌建设。产品的价值不仅有实物价值，还包括品牌价值。品牌价值是品牌管理中最核心的要素组成部分，是一品牌区别于其他同类竞争品牌的重要标志。迈克尔·波特被称为“竞争战略之父”，他在品牌竞争优势中提到，品牌的资产主要体现在品牌的核心价值上，或者说，品牌核心价值也是品牌精髓所在，品牌价值的重要性可见一斑。而品牌价值的实现需要企业与政府的共同努力，可借鉴其他贝类产品创造品牌价值的经验，如乳山牡蛎。据报道，近年来，乳山市高度重视牡蛎产业的发展，抢抓山东建设“海上粮仓”契机，着力保护生态环境，改良牡蛎品种，创新养殖方式，保障产品质量，规范市场管理，在牡蛎产业发展中做了大量创新性、开拓性工作，特别是构建了全国首个牡蛎产品质量安全追溯体系，产品品质得到有效保障，产业规模在全国县级市居首，经济和社会效益显著。① 在“乳山牡蛎”获批国家地理标志商标后，乳山又喜获“中国牡蛎之乡”和“2016 最具影响力水产品区域公用品牌”两项国家级荣誉称号。在农业部对中国农产品区域公用品牌价值评估中，“乳山牡蛎”的品牌价值为 3.01 亿元。“贝隆”新品种的引进，壮大了“乳山牡蛎”家族，与传统养殖的太平洋牡蛎相比，“贝隆”牡蛎售价高，利润率也相对较高。普通的太平洋牡蛎大多论斤卖，按个头大小不同，一斤也就几块钱，但这款高端“贝隆”牡蛎却论个卖，一个能卖到 80 元，虽然在养殖过程中要加倍呵护，但总体利润率能达到 1/3。通过上述案例，对于海湾扇贝养殖产业来说，政府可以在产品质量被保证的前提下，通过龙头企业带动，参与展销会宣传，结合本地旅游资源举办文化节、播放宣传片或建设海洋牧场等提高海湾扇贝产品知名度及品牌价值，更好地满足国内一线城市高端餐饮行业的需求，提高产品附加值，这也是积极响应国家供给侧改革的一个举措。河北海湾扇贝也开始重视品牌建设，据河北省农业农村厅信息，2020 年“昌黎扇贝”已提交申请农产品地理标志，河北省农产品质量安全中心根据《农产品地理标志管理办法》（农业部令第 11 号）和《农产品地理标志登记申请人资格确认评定规范》有关规定，对有关情况进行审查评定和现场核查确认，受理公示，具体信息如下：②

拟申请产品名称：昌黎扇贝。拟确定登记申请人：昌黎县水产养殖协

① https：//www. sohu. com/a/135900304_ 718281。

② 河北省农业农村厅，http：//nync. hebei. gov. cn/article/tzgg/202009/20200900017783. shtml.

会。拟保护地域范围：河北省秦皇岛市昌黎县境内茹荷镇、刘台庄镇、大蒲河镇、团林乡等4个乡镇，具体为邱营村、小蒲河村、焦庄村、栅子里村、团林东村、团林西村、团林中村、苟庄子村、东新庄村、中新立庄村、西新立村、刘台村、左营村、大滩村、棉花坨村、大东庄村、胡草科村、七里庄村、东拗榆树村、中拗榆树村、西拗榆树村、茹荷村、东仓上村等36个行政村。地理坐标：东经119°15′42.660″北纬39°31′58.940″、东经119°33′54.540″北纬39°31′27.250″、东经119°32′46.960″北纬39°21′43.790″、东经119°18′24.044″北纬39°25′54.528″、东经119°15′18.035″北纬39°29′48.924″，保护面积2.6万公顷，养殖面积1.06万公顷，产量10万吨。

四是鼓励培育和壮大养殖大户、家庭养殖场、专业合作社、水产养殖龙头企业等新型经营主体，引导发展多种形式的适度规模经营。新型经营主体具备帮助养殖户形成规模效应、降低生产成本、提高抗风险能力、增强市场话语权、保障产品质量等优势。比如说很多省级、国家级项目，如养殖示范基地等，会要求申报单位需有一定实力和带动能力的渔业企业和农民合作社，或对养殖面积等有要求。如果单纯采取以前的散户模式，很难直接接触到产业尖端信息，不利于实现转型升级。现在河北已经开始探索相关经验，如2016年底乐亭成立全省首家渔业专业合作社联合社，该联合社是全省首家渔业专业合作社联合社，涵盖全县渔业捕捞、扇贝养殖、海参养殖三大主要产业，社员总数达到368户。此次成立的联合社由乐亭县兴乐水产养殖专业合作社、乐亭县海乐渔业专业合作社、乐亭县泓乐水产养殖专业合作社组成。三家合作社成立联合社将取长补短、互为依托、形成合力，进一步推动渔业产业化、规模化发展，提高传统渔业抵御市场风险能力，为渔民增收、渔业资源发展提供有力保障。① 人民网曾于2020年刊登了乐亭县兴乐水产养殖专业合作社的相关新闻（见专栏7-3），该新闻里的主人公虽是个案，但也反映了整个产业在经营主体方面未来的发展趋势以及经营主体改进的优势。

① 河北新闻网，http：//hebei.hebnews.cn/2016-12/12/content_ 6139435.htm.

专栏 7-3

乐亭渤海渔民老杨的“三级跳”

在扇贝的收获季节，位于滦河口的海洋牧场，河北省乐亭县兴乐水产养殖专业合作社理事长杨基珍每天忙得不可开交。

从日夜出海捕鱼，到弃船“耕海”养扇贝，再到“养海”经营海洋牧场，过去 40 多年杨基珍经历了“三级跳”，折射出渤海渔民海洋生态理念的变迁。

第一跳：靠海吃海。

乐亭是全国渔业重点县，海岸线长 124.9 公里，浅海水域 2515 平方公里，近海渔场是对虾、毛虾、梭子蟹、银鱼等海洋经济品种的天然生长繁衍场。

在杨基珍出生的姜各庄镇中海滨村，村民们靠海而居、靠海吃海。杨基珍 27 岁那年，东拼西凑借了 10 多万元，买下两条船单干。经过多年辛苦经营，杨基珍不仅还清了外债，还带领全家过上了衣食无忧的日子。

“当时大海‘肥’得很，鱼虾多着呢，用不着特别先进的渔船和设备，开船转一圈就能满载而归。”想起过去捕捞的场景，老杨非常感慨。

第二跳：退捕“耕海”。

海捕是挣到了钱，可后来杨基珍发现，渔业资源正在严重衰退，人工和燃油成本却越来越高。于是，杨基珍想换个营生。

地方党委政府也在鼓励渔民“弃船上岸”。为培养一批有文化、懂技术、善经营、会管理的新型职业渔民，乐亭县早在 2000 年就组织渔民外出考察。在看到山东养殖扇贝规模效益可观后，杨基珍果断“卖船养贝”。

从“船老大”到“养殖王”，从最初 2000 亩到现在的 1 万亩，杨基珍边学边干，种好了家门口的“海上良田”。如今他年收入达到 300 万元，还带动附近百余人就业。

自 2005 年以来，乐亭县水产品养殖产量已超过捕捞产量，渔业生产逐步由“猎捕型”向“农牧型”“增殖型”转变。

第三跳：悉心“养海”。

2013 年，杨基珍带头创办专业合作社，125 户“单打独斗”的养殖户共同投资兴建海域使用面积为 7.25 平方公里的海洋牧场。截至 2019 年底，牧场内共开发人造礁区 1600 亩，浅海立体增殖区 5000 亩。

“海洋牧场里，海洋生物可形成完整生态食物链，有效保护生物多样性。”乐亭县水产中心副主任刘卫滨说，近年试验表明，海洋牧场中每投放 1 立方米人工礁体，每年将增加 10 公斤左右渔业资源量，牧场的贝类养殖产量、品质明显提升。

如今，杨基珍所在合作社建有一个贝类精深加工厂，增收渠道进一步拓宽。作为国家级海洋牧场示范区，兴乐海洋牧场为唐山海洋牧场建设积累了经验。唐山市农业农村局副局长董硕之介绍，截至目前，唐山市已建国家级海洋牧场示范区 5 个，海域面积达 5.38 万亩。

在杨基珍和渤海渔民们的努力下，当地海洋生态环境与渔业资源得到保护，昔日资源濒临枯竭的海域化身“蓝色粮仓”，反哺地方水产育苗、加工、销售、旅游等相关产业发展。

资料来源：乐亭渤海渔民老杨的“三级跳”[EB/OL]. 人民网，http://he.people.com.cn/n2/2020/1112/c192235-34412036.html.

7.2.5.3 缓解劳动力紧缺

第 6 章的研究结果显示，河北海湾扇贝存在较严重的劳动力供应不足和素质不高等问题。为缓解该情况，本研究提出以下建议。

海湾扇贝养殖业具有较高的经济效益，但青年人仍不愿从事，经调查，主要原因包括工作环境恶劣，从业者看起来“灰头土脸”“没面子”等。而目前大部分养殖者不仅面临年龄大的困境，还存在素质低的问题，养殖技术主要靠口口相传，限于文化水平，掌握复杂技术比较困难。

对此，一方面，多方力量应共同促进产业的转型升级，改善工作环境，提高机械化水平，降低劳动密集程度。例如，大连海洋大学的杨君德教授团队创新研制了扇贝苗种双体清洗分离机，实现了机械化贝苗分离作业。该装置结构简单、使用方便，不仅节省了大量的人力资源，而且极大地降低了劳动人员的劳动强度，提高了生产效率，对扇贝产业升级具有积极的推动作用。该团队针对天然苗进行筛选和疏密作业仍以人工为主，存在劳动强度大、用工量多、贝苗干露时间长等问题，研发了卧式扇贝幼苗筛选装置和立式扇贝幼苗筛选装置。该装置在大连旅顺推广使用，筛选准确率为91.24%，误差率低于10%，作业效率为62.5g/min，约为人工筛选作业效率的4倍。且该装置采用水下筛选的作业模式，有效地消除了机械装置对贝苗的损伤，且采用了筛选前的大体积的杂物过滤网，清除浮杂和海藻等杂质，有效地提高了筛选的清洁度。[①]

另一方面，政府应制定鼓励性政策，引导年轻人，尤其是具有水产养殖等专业背景的高素质人才投身于海湾扇贝养殖产业，充实产业可持续发展人才储备，提高产业科学技术水平，促进产业转型升级，化解用工紧缺问题。

① 资料来自国家贝类产业技术体系。

8 结论与展望

8.1 结论

我国海湾扇贝养殖产业起步虽晚，但发展迅速，截至2016年，海湾扇贝养殖产量和面积已连续11年居世界首位。健康持续发展的海湾扇贝养殖产业对于保障国家粮食安全、丰富动物蛋白种类、维持沿海地区稳定、拓宽就业渠道，增加渔农收入、扩大出口创汇、清洁海域水质和固碳汇碳等方面，都发挥着重要作用，其可持续发展能力越来越得到关注。本研究以海湾扇贝养殖产业为研究对象，尝试从经济、环境、资源、社会和发展潜力等方面，构建产业可持续发展能力评价指标体系。选取层次分析法为主要分析方法，选择我国海湾扇贝主产区之一的河北为研究区域，将评价指标体系与实际相结合，对产业可持续发展能力进行评价，并根据评价结果，为提升河北海湾扇贝养殖产业可持续发展能力提供建议，旨在填补相关研究领域的空白，具有一定理论意义和现实意义。主要研究结论如下：

第一，河北省有30余年海湾扇贝养殖历史，目前养殖区域主要包括昌黎、乐亭和抚宁等地，其中昌黎为最大产区。产业地位方面，近十年，河北海湾扇贝养殖面积稳定发展，养殖产量呈上升趋势，二者在河北海水贝类养殖中均位列第一，在全国扇贝养殖业中的地位仅次于山东和辽宁。产业链方面，本地育苗量在正常年份只能满足苗种需求量的10%左右，其余苗种需从山东莱州等地购买。全部采用浮筏养殖方式，生长周期大约5~6个月。95%以上鲜贝被加工成鲜贝柱，价格主要取决于当年产品质量，被冷冻厂、批发商等上门收购后进一步加工，销往国内外。海湾扇贝产业产出主要是指鲜贝柱的产值，年度现金成本主要包括人工、苗种、养殖器材、海域租金和其他开支。2012—2017年总成本占总产出的比重均高于

40.88%，从单笼成本来看，人工成本占比最高，均在66.88%以上。价值链增值主要是从苗种入海到成贝被加工成鲜贝柱的整个过程，2012—2017年产业价值链增值倍数均高于11.83。

第二，2012—2017年河北海湾扇贝养殖产业可持续发展能力评价得分依次为3.3545、3.2619、3.3452、3.6025、3.4094和3.3710，说明产业可持续发展能力整体上处于一般和较强之间，未出现明显波动。5个准则层指标可持续发展能力从高到低排序依次为产业发展资源条件、产业自身经济水平、产业发展自然环境、产业发展社会环境、产业持续发展潜力。

第三，较好的资源条件和较高的经济效益为河北海湾扇贝养殖产业发展提供了有力支持，但产业发展仍受多种因素制约。一是经济波动性较强烈。尤其是年产值，2012—2017年产业年产值波动幅度在16.83%~216.72%，单笼利润的变动幅度也很大，最低为-11.40元，最高为47.30元。二是海域资源支撑较弱。从全国范围看，河北省大陆海岸线仅占全国的2.71%，管辖海域面积仅为全国的0.25%，岸线系数为全国最末位，工业、旅游业与养殖业间的用海矛盾日益加深。三是产业链环节需完善。苗种方面，2012—2016年本地贝类年育苗量约为海湾扇贝苗种年需求量的19%以下，2017年该比例升高为61.60%，但仍无法满足本地苗种需求。育苗量不稳定，近十年全省贝类育苗量波动幅度最大为321.92%，平均值高达131.48%。此外，苗种质量也呈现退化趋势。加工方面，2012—2017年河北省海水产品加工量占海水养殖总产量的比例均低于33.74%，加工能力严重不足。四是海洋环境不容乐观。观察期内滦河口—北戴河典型生态系统均处于亚健康状态，外源性污染、养殖自身污染、养殖者环保意识低、政府管理缺位等原因造成的海洋环境污染愈演愈烈。五是海洋灾害影响较大。主要体现在灾害发生频率高和应对灾害能力差等方面。六是社会支撑力度不大。主要包括消费者对于产品质量安全的担忧、养殖工人对于工作环境的不满、周围群众对于环境的抱怨、政府扶持力度不强、劳动力供应不足等方面。

第四，河北海湾扇贝养殖产业可持续发展应以“创新、协调、绿色、开放、共享”为发展理念，以坚持资源依托、科技先行、环境友好和市场导向为基本原则，从以下方面入手，提高河北海湾扇贝可持续发展能力：

一是兼顾自然属性与社会属性，并重经济进步与环境保护，结合前瞻性和强制性原则，科学规划海域利用。二是从苗种和加工方面入手，弥补产业链薄弱点。三是采取控制陆源污染、合理安排养殖密度、突出政府管理职能、提高养殖者环保意识等措施，重视海洋环境保护。四是通过加强水质监测和灾害预报预警、利用保险减少损失、提升养殖者防灾能力等方式提高产业防灾减灾能力。五是着眼于群众满意度、政府扶持力度和劳动力供给等方面，提高社会支撑力度。

8.2 不足与展望

本研究从宏观、微观两个层面基本上厘清了河北海湾扇贝养殖产业现状，较为系统、综合地评价了河北海湾扇贝养殖产业可持续发展能力，但限于时间、精力和自身能力，笔者在实地调研和本书写作中仍存在不足并需进一步研究之处。

第一，进一步完善海湾扇贝可持续发展能力评价指标体系和评分标准。鉴于目前尚无海湾扇贝养殖产业可持续发展能力评价指标体系的直接相关文献，本研究只能借鉴相关方面文献的研究结果，主要还是通过咨询专家和归纳调研结果来确定影响因素。但受笔者水平所限，再加上评分标准方面可参考标准寥寥可数，专家意见难免主观，所以该评价指标体系及评分标准仍需进一步完善。

第二，海湾扇贝养殖产业可持续发展能力评价的实证分析缺乏横向比较，且纵向比较不够充分。本研究以 2012—2017 年为时间维度对河北海湾扇贝养殖产业可持续发展能力进行评价，但由于目前各地几乎没有海湾扇贝养殖产业宏观数据的统计，本研究大部分数据来源于多次赴河北与政府部门、养殖户、养殖工人及其他群众的深度访谈和问卷调查，后续又借助电话和通信软件查漏补缺，对于较久远的历史数据，调查对象也难以回忆，信息获取难度很大。限于此，加上本人时间、能力等问题，并未从横向把河北与其他地区海湾扇贝养殖产业可持续发展能力进行对比，选取的时间跨度也不够长。

第三，部分调研数据准确性和详细度不足。由于养殖户大部分都是小规模养殖，没有专业会计，很少形成与生产情况相关的书面材料，大多数问题都是靠调查对象的回忆直接作答。再加上部分调查对象对一些特殊问题，如成本收益等故意有所隐瞒，或对于繁复问题失去回答的耐心，最终结果难免出现部分信息缺失和偏差的情况，对此，笔者也只能通过扩大调查范围，进行多方比对来尽可能避免或减小数据偏差。

参考文献

[1] Hambrey J. The 2030 agenda and the sustainable development goals: The challenge for aquaculture development and management [Z]. FAO Fisheries and Aquaculture Circular No. 1141, 2017.

[2] 麦康森. 转变增长方式是我国水产养殖持续发展的必由之路[J]. 渔业信息与战略, 2012 (1): 1-6.

[3] 李聪明. 莱州市海湾扇贝养殖产业结构与特征初步研究 [D]. 青岛: 中国海洋大学, 2013.

[4] 于千钧. 中国海湾扇贝产业结构、特征和绩效研究 [D]. 青岛: 中国海洋大学, 2014.

[5] 杨公朴. 产业经济学 [M]. 上海: 复旦大学出版社, 2005.

[6] 孙宁, 胡汉辉. 产业可持续发展分析 [M]. 南京: 东南大学出版社, 2003.

[7] 骆玲, 唐志红. 产业可持续发展能力评估指标体系研究 [J]. 西南交通大学学报 (社会科学版), 2007, 8 (5): 6-11.

[8] 许信旺. 安徽省农业可持续发展能力评价与对策研究 [J]. 农业经济问题, 2005, 26 (2): 58-61.

[9] 杨公朴, 夏大慰. 现代产业经济学 [M]. 上海: 上海财经大学出版社, 2002.

[10] 迈克尔·波特. 竞争优势 [M]. 北京: 中信出版社, 2014.

[11] Rachel C. Silent Spring [J]. American Entomologist, 1962.

[12] Meadows D H, Meadows D L, Randers J, et al. The limits to growth: A report for the Club of Rome's project on the predicament of mankind [J]. Technological Forecasting & Social Change, 1972, 4 (3): 323-332.

[13] ONU. Report of the United Nations conference on the human [Z].

Environment held at Stockholm, 1972.

[14] Smith C S, Mcdonald G T. Assessing the sustainability of agriculture at the planning stage [J]. Journal of Environmental Management, 1998, 52 (1): 15-37.

[15] 罗守贵，曾尊固．可持续发展研究述评［J］．南京大学学报（哲学·人文科学·社会科学），2002，39（2）：141-148.

[16] WCED. Our Common Future [M]. Oxford England: Oxford University Press, 1987.

[17] Hens L . Rio Declaration on environment and development [J]. Environmental Conservation, 1992, 19 (4): 3.

[18] Nations U. Earth Summit Agenda 21. The United Nationsprogramme of action from Rio [A] //United Nations Conference on Environment and Development [C]. Rio, 1992.

[19] 郭日生．《中国21世纪议程》的制定与实施进展［J］．中国人口·资源与环境，2007，17（5）．

[20] Subasinghe R , Soto D , Jia J . Global aquaculture and its role in sustainable development [J]. Reviews in Aquaculture, 2010, 1 (1): 2-9.

[21] Bardach J E. Sustainable aquaculture [J]. Quarterly Review of Biology, 1997, 60 (3): 242-245.

[22] Sarika Cullis-Suzuki, Daniel Pauly. Failing the high seas: A global evaluation of regional fisheries management organizations [J]. Marine Policy, 2010, 34 (5): 1036-1042.

[23] Po-Kang Shih, Wen-Lian Chang. The effect of water purification by oyster shell contact bed [J]. Ecological Engineering, 2015, 77 (5): 382-390.

[24] Jitendrakumar T. Tandel, Kirtankumar V. Tandel, Gauravkumar M. Tandel, et al. A socio-economic survey of shrimp aquculture practices in Valsad District, Gujarat, India [J]. International Journal of Research in Applied, 2016, 4 (9): 93-98.

[25] Tisdell C A . Aquaculture, environmental spillovers and sustainable

developments: Links and policy choices [R]. Economics Ecology & Environment Working Papers, 2001 (10): 1-23.

[26] Bardach J E, Ryther J H, Mclarney W O. Aquachlture: The farming and husbandry of freshwater and marine organisms [M]. New York: John Wiley and Sons, 1972.

[27] Caffey R H, R F Kazmierczak, R P S Romaire, and J W Avault. Indicators of aquaculture sustainability: A Delphi Survey [A] //The international triennial conference and exposition of the World Aquaculture Society, the National Shellfisheries Association and the Fish Culture Section of the American Fisheries Society [C]. Las Vegas, 1998: 91.

[28] Focardi S, Corsi I, Franchi E. Safety issues and sustainable development of European aquaculture: New tools for environmentally sound aquaculture [J]. Aquaculture International, 2005, 13 (1-2): 3-17.

[29] Ildiko T. The role of aquaculture for assuring the sustainable development of our society [J]. Aquaculture Aquarium Conservation & Legislation, 2010, 3 (5): 9-13.

[30] Wurts W A. Sustainable aquaculture in the Twenty-First Century [J]. Reviews in Fisheries Science, 2000, 8 (2): 141-150.

[31] Frankic A, Hershner C. Sustainable aquaculture: Developing the promise of aquaculture [J]. Aquaculture International, 2003, 11 (6): 517-530.

[32] Degnbol P. Indicators as a means of communicating knowledge [J]. Ices Journal of Marine Science, 2005, 62 (3): 606-611.

[33] Bosma R H, Verdegem M C J. Sustainable aquaculture in ponds: Principles, practices and limits [J]. Livestock Science, 2011, 139 (1): 58-68.

[34] Fezzardi D, Massa F, Avilazaragoza P, et al. Indicators for sustainable aquaculture in Mediterranean and Black Sea countries: Guide for the use of indicators to monitor sustainable development of aquaculture [M]. Rome: Food and Agriculture Organization of the United Nations, 2013.

[35] Clay J W. Towards sustainable shrimp aquaculture [J]. World Aquacult, 1997, 28 (3): 32-37.

[36] Cheshire A C . Towards the development of regional environmental monitoring systems to ensure sustainable development of the Aquaculture Industry [J]. Journal of Coastal Research, 2006, 59 (12): 79-84.

[37] Boyd C E, Tucker C, Mcnevin A, et al. Indicators of resource use efficiency and environmental performance in fish and crustacean aquaculture [J]. Reviews in Fisheries Science, 2007, 15 (4): 327-360.

[38] Martins C I M, Eding E H, Verdegem M C J, et al. New developments in recirculating aquaculture systems in Europe: A perspective on environmental sustainability [J]. Aquacultural Engineering, 2010, 43 (3): 83-93.

[39] Bailey C. The social consequences of tropical shrimpmariculture development [J]. Ocean & Shoreline Management, 1988, 11 (1): 31-44.

[40] Vandergeest P. Certification and communities: Alternatives for regulating the environmental and social impacts of shrimp farming [J]. World Development, 2007, 35 (7): 1152-1171.

[41] Louis Lebel, Phimphakan Lebel, Po Garden, et al. Places, chains, and plates: Governing transitions in the shrimp aquaculture production-consumption system [J]. Globalizations, 2008, 5 (2): 211-226.

[42] Najma Mohamed, Belinda Dodson. Sustainable rural livelihoods? Evaluating the potential of small - scale aquaculture in the Western Cape [J]. Development Southern Africa, 1998, 15 (1): 103-121.

[43] Lai L W C, Leung P S. Economic indicators of sustainable development in fish culture [M]. Oxford, UK: United Nations Educational, Scientific and Cultural Organization, 2004.

[44] Louis Lebel, Sylvia Lorek, Rajesh Daniel. Sustainable Production Consumption Systems [M]. Dordrecht: Springer, 2010.

[45] Delgado-Gonzólez O E, Jiménez J A, Espejel I, et al. Aquaculture potential of Mexican coasts [J]. Journal of Coastal Research, 2011, 277 (6): 1137-1147.

[46] Carrie J Byron, Di Jin, Tracey M Dalton. An integrated ecological-economic modeling framework for the sustainable management of oyster farming [J].

Aquaculture, 2015 (447): 15-22.

[47] "中国水产养殖业可持续发展战略研究"课题综合组．环境友好型水产养殖业发展战略 [J]. 中国工程科学, 2016, 18 (3): 1-7.

[48] 舒廷飞, 温琰茂, 贾后磊．我国水产养殖业可持续发展的对策 [J]. 水产科技情报, 2001, 28 (4): 150-152.

[49] 曹谨玲, 陈剑杰, 王俊东, 等．建国60年水产养殖业的发展回顾 [J]. 山西农业大学学报 (社会科学版), 2009, 8 (4): 435-438.

[50] 刘锡胤, 王书宁, 王福民, 等．关于推进水产养殖业可持续发展的思考 [J]. 齐鲁渔业, 2004 (6): 52-53.

[51] 吴隆杰, 杨林．海水养殖对生物多样性的影响研究进展 [J]. 海洋环境科学, 2008, 27 (4): 397-400.

[52] 王君玲．海水养殖对我国渔民收入影响研究 [D]. 青岛: 中国海洋大学, 2007.

[53] 邢丽荣, 徐翔．水产养殖经济效率与环境效率的测度及分析——以不同模式下淡水鱼池塘养殖为例 [J]. 农业技术经济, 2016 (4): 105-113.

[54] 杨正先, 孟范平, 朱小山, 等．海水养殖业与可持续发展 [J]. 海洋科学, 2004 (10): 63-66.

[55] 肖乐, 刘禹松．"健康养殖": 中国水产养殖可持续发展必由之路——访农业部渔业局养殖处处长丁晓明 [J]. 中国水产, 2009 (3): 9-11.

[56] 林东年．广东省茂名市水产养殖业可持续发展的对策 [J]. 渔业信息与战略, 2003, 18 (11): 28-30.

[57] 阮雯, 王芸, 纪炜炜, 等．水产养殖业可持续发展及管理的研究进展 [J]. 渔业信息与战略, 2013, 28 (4): 267-272.

[58] 杨坚, 魏宝振, 孙洪波, 等．关于水产养殖可持续发展的战略思考 [J]. 中国渔业经济, 2000 (4): 16-17.

[59] 韦惠兰, 张可荣．自然保护区综合效益评估理论与方法 [M]. 北京: 科学出版社, 2006.

[60] 宋春晓, 杨德利．水产养殖业综合效益评价指标体系及方法研究 [J]. 广东农业科学, 2012, 39 (24): 214-217.

[61] 田传远，蒋涛，李琪，等．一种水产养殖综合效益评价指标系统［P］．山东：CN104680312A，2015-06-03.

[62] 蒋涛，田传远，李琪，等．水产养殖综合效益评价指标体系研究［J］．中国渔业经济，2016，34（4）：77-83.

[63] 黄康康，王秀兰．湖北浠水县水产健康养殖综合效益评价［J］．中国渔业经济，2016，34（3）：90-95.

[64] 车斌，吴楚媛．TOPSIS 模型在区域水产养殖业竞争力评价中的应用［J］．农业经济问题，2007（1）：113-117.

[65] 罗国芝，包存宽，陆雍森．水产养殖规划环境影响评价关键指标的研究［J］．环境污染与防治，2008，30（7）：78-81.

[66] 陈昕．利用 AHP 构建水产养殖区环境质量评价体系［J］．河北渔业，2008（8）：47-50.

[67] 黄世英，郭晓曼．海洋水产养殖企业财务状况综合评价［J］．中国管理信息化，2009（18）：36-39.

[68] 刘超，王权，杨倩．台风灾害对水产养殖业评估指标体系的影响［J］．湖南农业科学，2010（10）：50-52.

[69] 马从国，赵德安．水产养殖过程水质模糊综合评价系统的设计［J］．安徽农业科学，2011，39（17）：10497-10498.

[70] 李京梅，郭斌．我国海水养殖的生态预警评价指标体系与方法［J］．海洋环境科学，2012，31（3）.

[71] 蒲新明，傅明珠，王宗灵，等．海水养殖生态系统健康综合评价：方法与模式［J］．生态学报，2012，32（19）：6210-6222.

[72] 郑伟，石洪华，王宗灵，等．海水养殖区生态系统健康评价指标体系与模型研究［J］．海洋开发与管理，2012，29（11）：76-79.

[73] 王晓蓉，贾宝红，欧阳海鹰，等．基于 Delphi-AHP 和 GIS 的区域水产养殖发展规划研究［J］．渔业现代化，2013，40（3）：66-70.

[74] 陈丹琴，杨京平，蔡燕红，等．海水网箱养殖区环境质量综合评价［J］．海洋学研究，2015，33（3）：62-69.

[75] 林勇，刘述锡，关道明，等．基于 GIS 的虾夷扇贝养殖适宜性综合评价——以北黄海大小长山岛为例［J］．生态学报，2014，34（20）：

5984-5992.

[76] 聂虹霞，王田，常宏，等．黄渤海区域养殖扇贝中重金属污染评价［J］. 安徽农业科学，2016（18）：76-77.

[77] 杨俊丽，李希磊，吴雪，等．烟台四十里湾扇贝养殖区水环境质量研究与评价［J］. 渔业研究，2017，39（3）：209-216.

[78] 李希磊，吴雪，杨俊丽，等．莱州湾扇贝养殖区水体质量调查［J］. 安徽农业科学，2017，45（20）：106-110.

[79] 杨俊丽，吴雪，李希磊，等．莱州湾扇贝养殖区表层沉积物质量评价［J］. 水产科学，2018，37（3）：75-81.

[80] 刘以宏，王兴国．扇贝养殖经济效益评价［J］. 农业技术经济，1987（5）：15-17.

[81] 张福绥．我国海洋水产养殖的第三次浪潮［J］. 商周刊，2014（13）：38-39.

[82] 张福绥．中国海湾扇贝养殖业的发展［J］. 海洋科学，1992（4）：1-4.

[83] 燕敬平，孙慧玲，方建光．我国海湾扇贝养殖现状、问题与发展对策［J］. 海洋水产研究，2000（3）：77-80.

[84] 郑绵雄．异国优种进我省　水产养殖添新花——海湾扇贝人工育苗在河北省获得成功［J］. 河北渔业，1987（2）：69.

[85] 李云福，刘路伟，邢光敏，等．美国海湾扇贝引种制种及选育技术报告［J］. 河北渔业，2000（2）：29-32.

[86] 马英杰．海湾扇贝种质退化及其对策探讨［J］. 海洋科学，1992（6）：64-65.

[87] 姜静颖，高悦勉．海湾扇贝面盘幼虫“面盘解体病”病原的研究［J］. 中国水产科学，2004（1）：31-36.

[88] 刘路伟．海湾扇贝原种引进获得成功［J］. 河北渔业，1999（5）：47-48.

[89] 曹杰英，王凤敏．试论我省海湾扇贝良种产业化建设的必要性和可行性［J］. 河北渔业，2000（3）：7-8.

[90] 张福崇，王六顺，肖秋立，等．2010 年河北省海湾扇贝养殖业调

查报告［J］. 河北渔业，2011（5）：30-32.

［91］夏雪岭．浅谈海湾扇贝在养成期的几项管理技术［J］. 河北渔业，2006（6）：12-14.

［92］王雯夫．河北昌黎海湾扇贝养殖设施上的污损生物 IRI 分析［J］. 河北渔业，2010（11）：42-43.

［93］韩小莲．2014 年河北省水产品进出口贸易成绩斐然［J］. 河北渔业，2015（10）：72-76.

［94］朱亚平．2015 年全国水产品进出口贸易概况［J］. 中国水产，2016（5）：45-47.

［95］马国强，张晓曦．我国区域投资环境指标体系的构建及应用——海南与发达省市投资环境简要比较［J］. 海南大学学报（人文社会科学版），2013，30（1）：111-117.

［96］胡卫伟．旅游业发展对社会变迁影响的评价指标体系研究［J］. 宏观经济研究，2015（2）：127-133.

［97］肖萍．石化工业园循环经济评价模型构建——基于层次分析法［J］. 北京行政学院学报，2013（1）：79-83.

［98］于翠芳，张相坤．国有林场生态效益评价指标体系构建［J］. 学术交流，2013（1）：124-126.

［99］刘亚东，李晖，隋明成．科学构建大学生综合素质评价体系的思考［J］. 湖北社会科学，2005（7）：157-158.

［100］曾昭爽．近海污染对河北省扇贝养殖环境的影响研究［D］. 保定：河北农业大学，2011.

［101］李斌．獐子岛养殖区扇贝质量与环境的相互关系及体内细菌消长特征的研究［D］. 北京：中国科学院研究生院（海洋研究所），2010.

［102］张国范．发展滩涂贝类养殖　构建环境友好海水健康养殖体系——大连滩涂贝类健康养殖模式研究［J］. 中国科学院院刊，2004，19（6）：442-445.

［103］李强，冷传慧，张云霞．基于 SCP 范式的我国鲆鲽类养殖业分析［J］. 中国渔业经济，2014，32（2）：170-176.

［104］高健，楼永．养殖技术对山东省海水养殖渔业可持续发展的作

用［J］. 上海海洋大学学报，2001，10（2）：127-131.

［105］王志慧．浅谈海水健康养殖的重要性［J］. 河北渔业，2002（2）：5.

［106］李凯，景福涛，尹相菡，等．新常态下山东省渔业技术推广现状及发展对策［J］. 基层农技推广，2016（7）：1-2.

［107］蒋逸民，慕永通，姚丽娜．养殖面积和劳动力对中国海水养殖产出的贡献度研究——基于沿海省（市、区）面板数据的分析［J］. 海洋经济，2013，3（1）：32-37.

［108］彭道民，陈丕栋．基于灰色关联—TOPSIS 法的中国沿海省份海水贝类养殖产业评价［J］. 中国渔业经济，2017，35（3）：78-83.

［109］戴志军，任杰．我国海洋污染成因及防治［J］. 中山大学研究生学刊（自然科学），1999（4）：45-51.

［110］刘定慧，宫银燕．我国的海洋污染防治对策初探［J］. 中国环境管理干部学院学报，2000（2）：34-38.

［111］刘勇，黄朋江．近海岸海洋污染源分析和保护措施［J］. 环境与发展，2013（7）：94-96.

［112］王春莉，王静，舒飞涛．国内外海洋污染现状、防治对策研究及对青岛市海洋环境的保护建议［J］. 资源节约与环保，2015（10）：151-152.

［113］陈亮．我国海洋污染问题、防治现状及对策建议［J］. 环境保护，2016，44（5）：65-68.

［114］张宝军，马玉玲，李仪．我国自然灾害分类的标准化［J］. 自然灾害学报，2013，22（5）：8-12.

［115］张兴铭，王喜年．海洋自然灾害对我国沿海经济的影响及对策建议［J］. 海洋预报，1994（2）：35-42.

［116］关道明，战秀文．我国沿海水域赤潮灾害及其防治对策［J］. 海洋环境科学，2003，22（2）：60-63.

［117］陈颙，陈棋福，张尉．中国的海啸灾害［J］. 自然灾害学报，2007，16（2）：1-6.

［118］翟伟康，许自舟，张健．河北省近岸海域赤潮灾害特征分析［J］. 海洋环境科学，2016，35（2）：243-246.

[119] 赵昕，高璐．我国风暴潮灾害造成的渔业损失评价［J］．中国渔业经济，2015（4）：89-94.

[120] 马倩．海水养殖中外来物种入侵防治的法律对策［D］．青岛：中国海洋大学，2012.

[121] 周曙东，易小燕，汪文，等．外来生物入侵途径与管理分析［J］．农业经济问题，2005，26（10）：19-23.

[122] 舒廷飞，罗琳，温琰茂．海水养殖对近岸生态环境的影响［J］．海洋环境科学，2002，21（2）：74-79.

[123] 滕世栋，张建春，刘刚，等．利用扇贝养殖筏架立体养殖裙带菜海带的试验［J］．海洋渔业，2000，22（4）：162-164.

[124] 杨红生，王健，周毅，等．烟台浅海区不同养殖系统养殖效果的比较［J］．水产学报，2000，24（2）：140-145.

[125] 马强，于瑞海，王昭萍，等．防栉孔扇贝养成死亡的新方法——栉孔扇贝与虾夷扇贝混养试验［J］．海洋湖沼通报，2005（2）：51-54.

[126] 侯嘉伟，石其鹏，李琨．立体养殖助力生态效益［J］．农家顾问，2015（23）：21.

[127] 孙军，薛冰．全球气候变化下的海洋浮游植物多样性［J］．生物多样性，2016，24（7）：739-747.

[128] 宋伦，周遵春，王年斌，等．辽东湾浮游植物多样性及与海洋环境因子的关系［J］．海洋环境科学，2007，26（4）：365-368.

[129] 孙军，林茂，陈孟仙，等．全球气候变化下的海洋生物多样性［J］．生物多样性，2016，24（7）：737-738.

[130] 吴鹏，倪勇强，孙毛明，等．舟山钓梁围垦一期工程对附近海域生态系统影响研究［J］．海洋通报，2013，32（5）：540-547.

[131] 张武昌，张翠霞，肖天．海洋浮游生态系统中小型浮游动物的生态功能［J］．地球科学进展，2009，24（11）：1195-1201.

[132] 杨建强，崔文林，张洪亮，等．莱州湾西部海域海洋生态系统健康评价的结构功能指标法［J］．海洋通报，2003，22（5）：58-62.

[133] 欧文霞．闽东沿岸海洋生态监控区生态系统健康评价与管理研究［D］．厦门：厦门大学，2006.

[134] 谢恩年. 海湾生态系统健康诊断与预警对策研究 [D]. 青岛: 中国海洋大学, 2009.

[135] 李志鹏, 杜震洪, 张丰, 等. 基于 GIS 的浙北近海海域生态系统健康评价 [J]. 生态学报, 2016, 36 (24): 8183-8193.

[136] 杨卫华, 高会旺, 张永举. 海水养殖对近岸海域环境影响的研究进展 [J]. 海洋湖沼通报, 2006 (1): 100-107.

[137] 周昌仕, 侯晓梅, 李肖敏, 等. 广西地区牡蛎产业的特征及发展策略——基于养殖户、企业、政府管理部门的深度访谈调查 [J]. 江苏农业科学, 2016, 44 (1): 422-426.

[138] 梁飞龙, 邓陈茂, 符韶. 加强生态环境保护 促进湛江珍珠养殖业持续发展 [J]. 广东海洋大学学报, 2010, 30 (5): 17-19.

[139] 毕远薄, 董婧. 小窑湾双壳贝类筏式养殖对海域环境的影响 [J]. 应用与环境生物学报, 2002, 8 (3): 270-275.

[140] 吴耀泉. 筏式养殖贝类排泄物对水质的污染 [J]. 齐鲁渔业, 1996 (3): 33.

[141] 高维新. 广东出口水产品国际竞争力实证分析 [J]. 南方农村, 2009, 25 (4): 81-84.

[142] 蔡秋红, 范永立, 庄佩芬. 福建省水产品出口竞争力分析 [J]. 福建农林大学学报 (哲学社会科学版), 2011, 14 (1): 34-38.

[143] 孙玲玲. 中国头足类水产品进出口加工贸易研究 [D]. 青岛: 中国海洋大学, 2013.

[144] 姚成胜, 李政通, 王维, 等. 中国水产养殖业地理集聚特征及空间演化机制 [J]. 经济地理, 2016, 36 (9): 118-127.

[145] 宋春晓, 杨德利. 上海市水产品出口竞争力分析 [J]. 中国渔业经济, 2013, 31 (4): 123-130.

[146] 康卫赤. 实现海水养殖与水域环境协调发展的思考 [J]. 渔政, 2006 (2): 20-21.

[147] 李秀彬, 张志军, 陈秀玲, 等. 昌黎县筏式扇贝养殖调查报告 [J]. 河北渔业, 2009 (6): 33-35.

[148] 孙坤言, 杨焕成, 孙树贵, 等. 依靠科学创新与推广 建设高

效生态科普基地 [J]. 齐鲁渔业, 2010 (8): 55-56.

[149] 张莉. 湛江海洋资源开发对策 [J]. 海洋信息, 2001 (3): 26-28.

[150] 杨丽娟, 詹伟芳, 张虹鸥. 广东海洋产业发展态势分析 [J]. 海洋开发与管理, 2009, 26 (4): 116-120.

[151] 黎树式, 黄鹄, 戴志军, 等. 广西海岛岸线资源空间分布特征及其利用模式研究 [J]. 海洋科学进展, 2016, 34 (3): 437-448.

[152] 阿东. 海洋功能区划的意义和作用 [J]. 海洋开发与管理, 1999 (3): 25-28.

[153] 李密茹. 青岛海洋功能区利用效能评估建模与仿真——以渔业养殖区为例 [D]. 青岛: 青岛科技大学, 2014.

[154] 杨山, 张武根, 李荣军. 江苏省海洋功能区划实施评价指标体系与方法 [J]. 长江流域资源与环境, 2011, 20 (10): 1164.

[155] 杨火盛. 福建省鲍的养殖生产及病害流行情况调查 [J]. 渔业研究, 2008 (4): 43-47.

[156] 季蓓蓓. 以灵昆文蛤为例分析温州出口海水养殖产品的成本收益 [J]. 水产养殖, 2014, 35 (3): 37-40.

[157] 毛振鹏. 成长期渔业产业对县域经济社会的影响——以福建省莆田市秀屿区鲍鱼产业为例 [J]. 福建商学院学报 (原福建商业高等专科学校学报), 2016 (3): 7-13.

[158] 陈敬孝. 养殖企业对国家生猪产业扶持政策满意度分析 [D]. 武汉: 华中农业大学, 2016.

[159] 宾幕容, 文孔亮. 基于农户满意度的循环农业技术采纳的绩效研究——以畜禽养殖废弃物利用为例 [J]. 江西社会科学, 2017 (9): 93-99.

[160] 孙前路, 乔娟, 李秉龙. 干部工作效率与程序公平对牧民草原奖补政策满意度的影响——以西藏肉羊养殖户为例 [J]. 农业现代化研究, 2018, 39 (2): 284-292.

[161] Schultz T W. Investment in human capital [J]. American Economic Review, 1961, 51 (1): 1-17.

[162] Becker, Gary S. Human capital: A theoretical and empirical analysis, with special reference to education [M]. Chicago: University of Chicago

Press, 1993.

[163] 柯学．我国水产养殖行业 HACCP 应用还停留在摸索阶段 [J]．现代渔业信息，2006 (8)：32.

[164] 施湘锟．海水养殖业科技成果转化绩效评价研究 [D]．福州：福建农林大学，2015.

[165] 李鹏飞．舟山渔业可持续发展战略研究 [D]．舟山：浙江海洋大学，2016.

[166] 张海清，杨正勇，王子军，等．大城市郊区渔民劳动力素质研究——基于上海市的实地调查 [J]．中国海洋大学学报（社会科学版），2011 (6)：23-27.

[167] 孙银东，等．大宗淡水鱼产业劳动力素质现状及提升对策 [J]．科学养鱼，2014，30 (9)：83-85.

[168] 贾明秀，于会国，慕永通．美加两国联邦政府在水产养殖业中的作用比较 [J]．中国渔业经济，2006 (2)：33-36.

[169] 唐诗，张小锋．促进海水养殖业发展的财政政策研究 [J]．北方经贸，2016 (9)：68-69.

[170] 宋家来．从海水养殖的"三次浪潮"看科学技术是第一生产力 [J]．科技进步与对策，1991 (11)：44-45.

[171] 刘秋明，李美真，胡炜，等．科技进步在我省海带养殖业发展中的地位与作用 [J]．齐鲁渔业，2002 (7)：17-18.

[172] 林海明．对主成分分析法运用中十个问题的解析 [J]．统计与决策，2007 (16)：16-18.

[173] L A Zaden. Fuzzy sets [J]. Information and Control, 1965 (8): 338-353.

[174] Rez J. Some comments on Saaty's AHP [J]. Management Science, 1995, 41 (6): 109-111.

[175] 李萌．基于层次分析法（AHP）的城市创新环境综合评价研究 [J]．科技管理研究，2012，32 (4)：50-53.

[176] 万龙，陈池波．温泉旅游产业可持续发展评价指标体系构建 [J]．统计与决策，2018，34 (9)：62-65.

[177] 谢玲，李海燕，徐华兵，等．深澳湾海水养殖生态系统健康评价 [J]. 生态学杂志，2014，33（5）：1233-1242.

[178] 蒋涛．池塘养殖综合效益评价研究 [D]. 青岛：中国海洋大学，2015.

[179] 彭刚，张军，王天乐，等．沿海滩涂大型池塘养殖成本收益分析 [J]. 农村经济与科技，2014（6）：94-96.

[180] 宋颀，田相利，王芳，等．不同草鱼池塘混养系统结构优化的实验研究 [J]. 水生生物学报，2012，36（4）：704-714.

[181] 田国强，王莉，陈洁．不同规模淡水鱼养殖投入产出比较分析——基于淡水鱼养殖成本收益面板数据的实证研究 [J]. 中国渔业经济，2010（3）：125-131.

[182] 刘洋．我国海水养殖投入产出动态效率研究——基于2004—2013年9省、市面板数据分析 [J]. 海洋开发与管理，2015，32（12）：94-99.

[183] 涂骏学．生态农业开发项目投资分析 [D]. 长沙：中南林业科技大学，2015.

[184] 殷克东，刘士彬，王冰．青岛近海地区风暴潮灾害风险区划研究 [J]. 中国渔业经济，2011，29（1）：41-47.

[185] 赵帅，柴立和，李鹏飞，等．城市生态系统健康评价新模型及应用——以天津市为例 [J]. 环境科学学报，2013，33（4）：1173-1179.

[186] 惠新．两种量表统计方式在公共服务满意度中的比较 [J]. 统计与决策，2009（23）：159-161.

[187] 张偲，王淼．中国海域有偿使用的实证考察：2002—2017年 [J]. 中国软科学，2018（8）：148-164.

[188] 徐风．全国居民人均可支配收入："城乡一体化"的人均收入数据 [J]. 中国经济周刊，2014（8）：84.

[189] 杨新伟，王治明，兰亚佳，等．不同年龄、性别职工工作能力分级研究 [J]. 环境与职业医学，2004，21（3）：194-197.

[190] 王红艳，栗滢超．农民受教育程度与其收入状况研究 [J]. 河南农业，2008（1）：54-55.

[191] Johnson D G. An Appraisal of the 1950 Census Income Data (Chap-

ters) [M]. Massachusetts, USA: National Bureau of Economic Research, 1958.

[192] 郑辉，李志伟. 贝藻混养生态系统模拟实验研究 [J]. 海洋科学，2014，38 (10): 52-55.

[193] 孙桂清，赵振良，穆珂馨，等. 龙须菜与海湾扇贝多营养层次综合养殖技术研究 [J]. 河北渔业，2015 (12): 27-30.

[194] 张德玉，王志清，邸永俊. 对虾与海湾扇贝混养试验 [J]. 河北渔业，1991 (2): 21-23.

[195] 徐永东，王芳，王顺全，等. 混养海湾扇贝对刺参池塘养殖环境的影响 [J]. 河北渔业，2012 (11): 11-14.

[196] 赵永宏. 河北省海洋经济产业特征分析与持续发展对策 [D]. 大连：辽宁师范大学，2008.

[197] 宋素青，高伟明，王卫. 河北省海洋资源比较优势研究 [J]. 国土与自然资源研究，2003 (1): 24-25.

[198] 李辉. 河北省海洋渔业发展研究 [D]. 保定：河北农业大学，2015.

[199] 孙家强，周玮. 海湾扇贝引种及展望 [J]. 河北渔业，2011 (6): 54-56.

[200] 郑新城. 养殖贝类大规模死亡原因及防治策略 [J]. 齐鲁渔业，2008 (6): 11-12.

[201] 张学明. 浅析秦皇岛市近海养殖业存在的问题及其对策 [J]. 河北渔业，2010 (12): 57-58.

[202] 孙玉娟，田建立，韩丽君，等. 2011—2016 年河北省主要入海河流水质及污染状况分析 [J]. 河北工业科技，2018，35 (5): 348-353.

[203] 康伟伟. 河北昌黎海水养殖对海洋生态环境影响研究 [D]. 石家庄：河北师范大学，2011.

[204] Laurent LeGrel, Véronique Le Bihan. Oyster farming and externalities: The experience of the bay of Bourgneuf [J]. Aquaculture Economics & Management, 2009, 13 (2): 12.

[205] 彭霈. 我国海水养殖污染问题与其治理研究 [D]. 青岛：中国海洋大学，2014.

[206] 刘锡胤，于文松，丛日祥，等. 水产养殖执法面临的主要问题及

相应对策［J］. 现代渔业信息，2008（2）：20-22.

［207］夏雪岭．抚宁县南戴河海域海水异常并引发扇贝滞长原因初探［J］. 齐鲁渔业，2010（3）：22.

［208］张占丰．昌黎海域赤潮及海湾扇贝滞长现象的观察与思考［J］. 河北渔业，2012（4）：39.

［209］卢昆，高晶晶，郝平．我国海水养殖资源开发评价及其支持政策分析［J］. 农业经济问题，2016（3）：95-103.

［210］李先杰，刘大海，马雪健．我国沿海地区基本养殖用海需求量预测研究［J］. 海岸工程，2018，37（2）：15-22.

［211］Jacquet J, Pauly D, Ainley D, Holt S, Dayton P, Affiliations J J. Seafood stewardship in crisis［J］. Nature, 2010, 467（2）：28-29.

［212］周昌仕，侯晓梅，杨菁，等．广东西部沿海地区牡蛎产业发展策略研究——基于养殖户、企业和政府部门的深度访谈［J］. 广东农业科学，2015，42（14）：155-162.

［213］刘大海，马雪健，李晓璇，等．海洋功能区划“基本养殖区”的内涵解析与选划思路［J］. 海洋开发与管理，2015，32（10）：13-17.

［214］李先杰．海洋功能区划——“基本养殖区”选划规模定量研究［D］. 青岛：国家海洋局第一海洋研究所，2018.

［215］包振民，黄晓婷，邢强，王有廷．海湾扇贝“海益丰 12”［J］. 中国水产，2017（6）：70-73.

［216］陈秀玲．秦皇岛海湾扇贝标准化高产养殖技术示范与推广［J］. 河北渔业，2013（4）：20-22.

［217］方琼玟．中山大学教授殷克东：赤潮灾害防治应重视［J］. 海洋与渔业，2018（7）：38-39.

［218］Gef Flimlin, Sandy Macfarlane, Edwin Rhodes, et al. Best Management Practices for the East Coast Shellfish Aquacult［M］. Washington, DC, USA：United States Department of Agriculture, 2010.

［219］张润清，李辉，刘文超．海洋捕捞业和海水养殖业中实施渔业补贴的经济学分析［J］. 黑龙江畜牧兽医，2016（10）：45-48.

附　录

附录 1　评价指标体系专家问卷及各因素说明

河北海湾扇贝养殖产业可持续发展能力评价指标专家问卷

附表 1　1~9 标度量表

标度	含义
1	i、j 两因素对上一层某因素的重要程度相当
3	对上一层某因素的重要程度，i 比 j 稍微重要
5	对上一层某因素的重要程度，i 比 j 明显重要
7	对上一层某因素的重要程度，i 比 j 强烈重要
9	对上一层某因素的重要程度，i 比 j 绝对重要
2、4、6、8	上述各重要程度的中间值
标度值的倒数	对上一层某因素的重要程度，j 比 i 的标度值为 i 比 j 标度值的倒数

一、准则层

附表 2　准则层各因素说明

因素	说明
产业自身经济水平	衡量产业发展的经济水平
产业发展自然环境	衡量产业养殖海域环境状况
产业发展资源条件	衡量产业发展的资源丰度和利用情况
产业发展社会环境	衡量产业带来的社会效益和社会对产业的支持情况
产业持续发展潜力	衡量产业链其他环节、技术和劳动力等对产业持续发展的支撑能力

附表 3 准则层各因素重要程度对比

因素	重要程度
产业自身经济水平：产业发展自然环境	
产业自身经济水平：产业发展资源条件	
产业自身经济水平：产业发展社会环境	
产业自身经济水平：产业持续发展潜力	
产业发展自然环境：产业发展资源条件	
产业发展自然环境：产业发展社会环境	
产业发展自然环境：产业持续发展潜力	
产业发展资源条件：产业发展社会环境	
产业发展资源条件：产业持续发展潜力	
产业发展社会环境：产业持续发展潜力	

二、要素层

（一）产业自身经济水平

附表 4 产业自身经济水平各因素说明

因素	说明
总量情况	产值等经济增长情况
效益情况	成本效益率等分析

附表 5 产业自身经济水平各因素重要程度

因素	重要程度
总量情况：效益情况	

（二）产业发展自然环境

附表 6 产业发展自然环境各因素说明

因素	说明
环境污染程度	海水污染情况
海洋灾害情况	每年发生的海洋灾害次数
海域生态系统	生物入侵、养殖品种搭配、生物多样性和近岸生态系统情况
环境保护情况	养殖者环保意识、养殖区海水水质合格情况

附表 7　产业发展自然环境各因素重要程度对比

因素	重要程度
环境污染程度：海洋灾害情况	
环境污染程度：海域生态系统	
环境污染程度：环境保护情况	
海洋灾害情况：海域生态系统	
海洋灾害情况：环境保护情况	
海域生态系统：环境保护情况	

（三）产业发展资源条件

附表 8　产业发展资源条件各因素说明

因素	说明
资源禀赋情况	养殖有关的自然和生物资源丰富程度
资源利用效率	养殖海域的利用效率等情况

附表 9　产业发展资源条件各因素重要程度对比

因素	重要程度
资源禀赋情况：资源利用效率	

（四）产业发展社会环境

附表 10　产业发展社会环境各因素说明

因素	说明
产业就业贡献	产业带来的长期就业人数及人均收入
群众满意程度	从业人员及其他群众对产业的满意程度
从业人员素质	从业人员的年龄、受教育程度
政府支持力度	政府从各方面为产业提供的扶持力度

附表 11　产业发展社会环境各因素重要程度对比

因素	重要程度
产业就业贡献：群众满意程度	
产业就业贡献：从业人员素质	
产业就业贡献：政府支持力度	
群众满意程度：从业人员素质	

续表

因素	重要程度
群众满意程度：政府支持力度	
从业人员素质：政府支持力度	

（五）产业持续发展潜力

附表 12　产业持续发展潜力各因素说明

因素	说明
相关发展能力	苗种生产、产品加工和销售、防灾等能力
技术发展情况	养殖技术的进步情况
劳动力供给情况	群众进入产业的意愿和劳动力数量等情况

附表 13　产业持续发展潜力各因素重要程度对比

因素	重要程度
相关发展能力：技术发展情况	
相关发展能力：劳动力供给情况	
技术发展情况：劳动力供给情况	

三、指标层

（一）产业自身经济水平

附表 14　总量情况各因素说明

因素	说明
产值	产业的年产值
产值增长率	产值的年增长率

附表 15　总量情况各因素重要程度对比

因素	重要程度
产值：产值增长率	

附表 16　效益情况各因素说明

因素	说明
单位投入产出比	单位投入与单位产出的比值
成本收益率	利润与成本的比值

附表 17　效益情况各因素重要程度对比

因素	重要程度
单位投入产出比：成本收益率	

（二）产业发展自然环境

附表 18　环境污染程度各因素说明

因素	说明
河流污染物入海量	每年河流污染物入海总量
入海排污口超标率	入海排污口超标率
油污污染次数	每年海域油污污染次数

附表 19　环境污染程度各因素重要程度对比

因素	重要程度
河流污染物入海量：入海排污口超标率	
河流污染物入海量：油污污染次数	
入海排污口超标率：油污污染次数	

附表 20　海洋灾害情况各因素说明

因素	说明
风暴潮灾害次数	每年高潮位超过当地蓝色警戒潮位值的风暴潮过程次数
赤潮灾害次数	每年赤潮灾害次数

附表 21　海洋灾害情况各因素重要程度对比

因素	重要程度
风暴潮灾害次数：赤潮灾害次数	

附表 22　海域生态系统各因素说明

因素	说明
外来生物入侵问题	海湾扇贝养殖对当地生物的影响
养殖品种多样性	和其他海水养殖种类混养情况
浮游植物多样性	浮游植物多样性指数
近岸生态系统健康状况	近岸生态系统健康状况

附表 23　海域生态系统各因素重要程度对比

因素	重要程度
外来生物入侵问题：养殖品种多样性	
外来生物入侵问题：浮游植物多样性	
外来生物入侵问题：近岸生态系统健康状况	
养殖品种多样性：浮游植物多样性	
养殖品种多样性：近岸生态系统健康状况	
浮游植物多样性：近岸生态系统健康状况	

附表 24　环境保护情况各因素说明

因素	说明
养殖者海洋环保意识	养殖者对于保护海洋的重视程度
筏式养殖区水质情况	筏式养殖区符合功能区要求第二类海水水质标准的站次平均比例

附表 25　环境保护情况各因素重要程度对比

因素	重要程度
养殖者海洋环保意识：筏式养殖区水质情况	

（三）产业发展资源条件

附表 26　资源禀赋情况各因素说明

因素	说明
资源禀赋系数	河北扇贝资源在国内的比较优势
浅海海域面积比例	浅海海域面积与省内海域总面积的比值
岸线系数	海岸线长度与陆域面积的比值

附表 27　资源禀赋情况各因素重要程度对比

因素	重要程度
资源禀赋系数：浅海海域面积比例	
资源禀赋系数：岸线系数	
浅海海域面积比例：岸线系数	

附表 28　资源利用效率各因素说明

因素	说明
功能区面积利用率	海湾扇贝养殖面积占增养殖功能区面积的比例
养殖单产	海湾扇贝总产量与养殖面积的比值

附表 29　资源利用效率各因素重要程度对比

因素	重要程度
功能区面积利用率：养殖单产	

（四）产业发展社会环境

附表 30　产业就业贡献各因素说明

因素	说明
长期从业人员人均年收入	产业长期工人的年薪
带动长期从业人口数	产业长期工人的数量

附表 31　就业贡献各因素重要程度对比

因素	重要程度
长期从业人员人均年收入：带动长期从业人口数	

附表 32　群众满意程度各因素说明

因素	说明
从业人员满意度	从业人员对工作环境和生活环境的满意程度
其他群众满意度	其他群众对产业环境和产品质量的满意程度

附表 33　群众满意程度各因素重要程度对比

因素	重要程度
从业人员满意度：其他群众满意度	

附表 34　从业人员素质各因素说明

因素	说明
平均年龄	长期从业人员的平均年龄
受教育程度	长期从业人员受教育程度

附表 35　从业人员素质各因素重要程度对比

因素	重要程度
平均年龄：受教育程度	

附表 36　政府支持力度各因素说明

因素	说明
财政支持力度	每年用于产业发展的财政支持程度
技术支持力度	政府对产业技术发展提供的帮助
宣传力度	政府为提高产品知名度采取的措施

附表 37　政府支持力度各因素重要程度对比

因素	重要程度
财政支持力度：技术支持力度	
财政支持力度：宣传力度	
技术支持力度：宣传力度	

（五）产业持续发展潜力

附表 38　相关发展能力各因素说明

因素	说明
苗种生产能力	苗种年产量
产品加工能力	年产品加工量
产品销售能力	产品销售的难度
防灾减灾能力	对海洋灾害的应对能力

附表 39　相关发展能力各因素重要程度对比

因素	重要程度
苗种生产能力：产品加工能力	
苗种生产能力：产品销售能力	

续表

因素	重要程度
苗种生产能力：防灾减灾能力	
产品加工能力：产品销售能力	
产品加工能力：防灾减灾能力	
产品销售能力：防灾减灾能力	

附表 40　技术发展情况各因素说明

因素	说明
技术更新速度	养殖历史中养殖技术的更新速度
养殖者对现有技术的满意度	现有养殖技术能够满足养殖者生产需求的程度

附表 41　技术发展情况各因素重要程度对比

因素	重要程度
技术更新速度：养殖者对现有技术的满意度	

附表 42　劳动力供给情况各因素说明

因素	说明
寻找工人的难度	养殖者寻找养殖作业工人的难度
青年人从事养殖的意愿	18~25 周岁或大学学历以上人群从事养殖的意愿

附表 43　劳动力供给情况各因素重要程度对比

因素	重要程度
寻找工人的难度：青年人从事养殖的意愿	

附录2　调查问卷

河北海湾扇贝养殖户调查问卷

尊敬的养殖户：

您好！感谢您帮助完成本调查问卷，您的养殖实情及相关建议将会对我们的研究起到很大的作用，本问卷仅用于学术研究，请放心作答！（请在画线的地方填写，适合的选项处打“√”）。

1. 所在地：________市/县________镇/乡________村/街道
2. 企业（户）主年龄：________岁
3. 企业（户）主学历：________
4. 从________年开始从事扇贝养殖
5. 现养殖面积：________亩，养殖模式：________________
6. 主要养殖品种：________，是否混养其他品种：________
7. 苗种来源：________________________
8. 保护海洋环境非常重要，您是否同意？

A. 非常同意　　B. 同意　　C. 说不准　　D. 不同意

E. 非常不同意

9. 您是否愿意为保护海洋环境降低养殖密度？

A. 肯定不会　　B. 别人降低我才降低　　C. 肯定会

10. 您对现有的养殖技术是否满意？

A. 非常满意　　B. 满意　　C. 一般　　D. 不满意

E. 非常不满意

若不满意，请填写不满之处：________________________________

11. 您每年从哪里寻找长期工和临时工？________________________
12. 您目前雇用了几位长期工？人均工资是多少？________________
13. 您寻找工人的难度大吗？

A. 难度很小　　B. 难度较小　　C. 一般　　D. 难度较大

E. 难度很大

14. 您每年销售产品的难度大吗？

A. 难度很小　B. 难度较小　C. 一般　D. 难度较大

E. 难度很大

15. 您每年能够销售出去的产品占总产品的比例是多少？

A. 20%以下　B. 20%~40%　C. 40%~60%　D. 60%~80%

E. 80%以上

16. 养殖过程中，您应对自然灾害的能力如何？

A. 非常弱　B. 弱　C. 一般　D. 强

E. 非常强

17. 您是否愿意继续从事海湾扇贝养殖？

A. 非常不愿意　B. 愿意　C. 一般　D. 不愿意

E. 非常不愿意

原因：____

18. 您想要表达的其他问题或意见建议：____________________

河北海湾扇贝养殖工人调查问卷

尊敬的调查对象：

您好！感谢您帮助完成本调查问卷，您的帮助及相关建议将会对我们的研究起到很大的作用，本问卷仅用于学术研究，请放心作答！

1. 所在地：________市/县________镇/乡________村/街道

2. 调查对象年龄：________岁

3. 调查对象学历：________

4. 从________年开始从事扇贝养殖作业

5. 您年收入：________万元

6. 您对目前工作是否满意？

A. 非常不满意　B. 不满意　C. 一般　D. 满意

E. 非常满意

若不满意，请填写原因：____________________________

7. 您对目前生活水平是否满意？

A. 非常不满意　B. 不满意　C. 一般　D. 满意

E. 非常满意

若不满意，请填写原因：________________

8. 您想要表达的其他问题或意见建议：________________

河北海湾扇贝养殖群众调查问卷

尊敬的调查对象：

您好！感谢您帮助完成本调查问卷，您的帮助及相关建议将会对我们的研究起到很大的作用，本问卷仅用于学术研究，请放心作答！

1. 所在地：________市/县________镇/乡________村/街道

2. 调查对象年龄：________岁

3. 调查对象学历：________

4. 您是否生活在海湾扇贝养殖区？

A. 是　B. 否

若选 A，请看第 5 题，若选 B，请直接看第 6 题

5. 您对养殖区的环境是否满意？

A. 非常不满意　B. 不满意　C. 一般　D. 满意

E. 非常满意

若不满意，请填写原因：________________

6. 您对海湾扇贝产品质量是否满意？

A. 非常不满意　B. 不满意　C. 一般　D. 满意

E. 非常满意

若不满意，请填写原因：________________

7. 您想要表达的其他问题或意见建议：________________

附录 3

昌黎县人民政府关于对昌黎黄金海岸国家级自然保护区用海开展专项整治的通告

各用海单位及养殖户：

按照国家海洋局海洋专项督察整改要求以及《河北省人民政府关于开展“绿盾 2017”自然保护区违法违规开发建设活动整治专项行动的通知》的相关精神，为做好昌黎黄金海岸国家级自然保护区海洋环境保护工作，维护自然保护区内自然资源和生态环境安全，进一步规范我县用海秩序，依据《中华人民共和国海域使用管理法》《中华人民共和国自然保护区条例》《海洋自然保护区管理办法》等涉海法律法规，经县政府研究，决定依法清理昌黎黄金海岸国家级自然保护区核心区内违法违规用海行为，对缓冲区内养殖用海实施退养。现将相关事宜通告如下：

一、对昌黎黄金海岸国家级自然保护区核心区范围违法违规用海实施专项清理

1. 清理范围（卫导点）：

①119°35′32. 380″39°36′51. 620″；

② 119°35′32. 380″39°32′00. 580″；

③119°27′58. 320″39°32′00. 580″；

④119°27′58. 320″39°36′51. 620″。

2. 清理方式和期限：2017 年 12 月 31 日前自行清理养殖设施，2018 年后不允许存在任何形式的养殖行为。

二、对昌黎黄金海岸国家级自然保护区缓冲区范围用海实施退养

（一）协议截止到 2017 年 12 月 31 日的养殖用海

1. 退养范围（卫导点）：

① 119 °27′17. 970″39° 35′00. 320″;

②119°27′19. 170″39°37′24. 370″;

③119°37′09. 210″39°37′19. 260″;

④119°37′04. 810″39°31′27. 450″;

⑤119°27′16. 500″39°31′27. 480″;

⑥119°27′16. 490″39°32′00. 500″;

⑦119°35′32. 380″39°32′00. 580″;

⑧119°35′32. 380″39°36′51. 620″;

⑨119°27′58. 320″39°36′51. 620″;

⑩119°28′00. 000″39°35′00. 000″。

2. 退养方式及期限：2017 年 12 月 31 日前自行清理养殖设施，不再办理续期手续，2018 年后不允许存在任何形式的养殖行为。

（二）协议截止到 2018 年 12 月 31 日的养殖用海

1. 退养范围（卫导点）：

①119°17′00. 000″39°35′00. 000″;

② 119°28′00. 000″39°35′00. 000″;

③ 119°28′00. 000″39°32′00. 000″;

④119°15′45. 310″39°32′00. 000″。

2. 退养方式及期限：2018 年 12 月 31 日前自行清理养殖设施，不再办理续期手续，2019 年后不允许存在任何形式的养殖行为。

三、 相关要求

凡未按规定期限和要求完成设施清理的用海单位或养殖户，县政府将联合昌黎黄金海岸国家级自然保护区依法实施强制清退，一切损失及后果由用海单位或养殖户自行负责。

特此通告。

昌黎县人民政府

2017 年 10 月 26 日

重要术语索引

后　记

本书是我在博士期间研究成果的进一步完善和深化。在写作过程中，课题组多次赴河北省进行实地调查，过程中有多人对我提供了帮助，心中不胜感激。

感谢中国海洋大学慕永通教授，作为我的博士生导师，慕教授的指导在我的学术生涯中具有重要意义，也为本书的出版提供了丰富的珍贵资料。

感谢国家贝类产业技术体系各专家，尤其是秦皇岛综合试验站站长张福崇给予的帮助和支持。感谢中国海洋大学各教师尤其是朱玉贵副教授的指导，感谢中国海洋大学渔业经济与管理课题组成员在工作中对我的无私帮助。感谢在调查中各级政府、企业、养殖户和其他群众的积极配合。感谢广东海洋大学各位领导、老师的大力支持。感谢中国经济出版社的编辑老师对本书出版付出的辛勤工作。

感谢广东海洋大学科研启动经费资助项目（R20016）、广东海洋大学管理学院公共管理重点学科经费给予本书出版的资助。

海湾扇贝养殖产业覆盖范围较广，具体情况复杂多样，涉及人员较多，不同地区在各方面都存在差异性，在调查研究的过程中难免存在不足之处，后续将不断改进，恳请专家、同仁和读者给予批评斧正。